觀見滄海

青花瓷、鄭芝龍與大航海時代的文明交流

林梅村

1 Haza al-mawzi' īzari g

2 Arz al-Turkmāniyyat

22 Âmul. Vilāyat al-

21 va? Bulghār va Rūs

5

6 Bilād-i Ma

4 Bilād-i Māvar al-Nahr

3 Khwārazm

7 Sayhūn

al-Zanibar 20

Urus 23

24 Āzarba

8 Bilād-i Qar

19 Bilād-i Andalus

9 Bilād al-Sīn

10 Bilād al-Sīn va Bilād

26 Bilād al

15 Bilād al-Sīn

ristān

16 Bilād al-Hind

17 Bahr al-Sīn

30

18 Bilād al-Hind Bahr al-Hind

ād YRQH va Afriqiyya 3

Bilād al-Misriyya

34

目次

推薦序

欣見《觀滄海》繁體版

陳國棟
（中央研究院歷史語言研究所研究員）

林梅村先生的《觀滄海》一書於 2018 年出版簡體字版。時隔三年，很高興聯經出版事業公司讓它在臺灣與讀者見面。

書題「觀滄海」三字，來自於樂府詩《步出夏門行》序章之後的第一篇，作者是一代梟雄曹操。東漢末年，曹操北征烏桓，路過位於現在河北省昌黎縣的碣石山，寫了那組詩。詩中最有名的句子其實是末篇的「老驥伏櫪，志在千里；烈士暮年，壯心不已。」許多人都認為於我心有戚戚焉。

作者借用曹操「東臨碣石，以觀滄海。水何澹澹，山島竦峙」詩句中的「觀滄海」三個字，點出本書的內容關於海洋、島嶼，以及針對二者的觀察、紀錄這類的討論，十分得宜。簡體版副標題上直截了當地標示「大航海時代諸文明的衝突與交流」，具體顯示內容的多樣性。作者的學術背景是考古學與文物研究，對於物質文化的鑽研特別專精。現在的聯經版則把副標題稍許更動了一下，變成「青花瓷、鄭芝龍與大航海時代的文明交流」，更清楚地揭示內容精采處之所在。

海洋占居地球表面甚大，因此在航海不太發達的時候扮演較強的阻隔角色。到十五世紀左右，人類利用海洋的能力長足改善，於是透過海洋的交通便產生了頻繁接觸的機會。不同國家、不同背景、牽涉不同利益的人群，一方面從交流中彼此獲益，另一方面也因利益矛盾或者認知上的誤解而激發衝突。

過去五、六百年間全球交流與衝突的這段歷史，到今天已經累積了汗牛充棟的相關著作。《觀滄海》所收錄的文章，可以說觸及了近些年來最熱門的若干課題，並且

開發利用了一些過去看不到或者罕受關注的文獻，加上作者處理物質文化的訓練，因此頗有值得留意的新鮮見解。此外，正因為交流史的內容跨越時空、涉及不同的文化背景，本來容易讓讀者畏難卻步。作者林梅村的敘事手法倒是十分親民，能夠做到深入淺出，並且提供深入其文章的背景資訊，讀起來並不困難。

　　本人在此推薦大家翻閱此書，也建議細看。不過，有創意的作品，就是有讓人參一腳的地方。我就來野人獻曝一下。

　　本書第八篇題為《鄭芝龍航海圖》，原刊於 2013 年第 9 期的《文物》期刊，原來的題目作〈《鄭芝龍航海圖》考〉。這篇文章討論收藏在英國牛津大學的一幅地圖，在西方世界一般稱作「Selden Map」，前幾年聯經出版卜正民討論該幅地圖專著的譯本，給的中文書名是《塞爾登先生的中國地圖》。不過，中文世界的不少研究者卻頻頻出點子來為這幅地圖改名字。林梅村先稱之為《雪爾登中國地圖》，本來十足恰當。然而經過他仔細地研究之後，他認為該地圖「集明末東西洋航線之大成，而掌握這些航線的正是鄭芝龍海上帝國」。因此，他認為該圖實在是《鄭芝龍航海圖》。他終究也加入替 Selden Map 改名的行列。為了證明他的立論有道理，作者周諮博覽，參考了很多的資料，他的主張自然有一定的參考價值。

　　為了主張 Selden Map 就是《鄭芝龍航海圖》，作者在論述時，也帶出中國國家博物館館藏的，所謂「鄭芝龍題款」《日本印度洋地圖卷》。他並且也正確地推論說，該圖是鄭大郁編印、鄭芝龍參與鑑定的《經國雄略》附圖之一的底圖。我們也可以補充一下說：沒錯！《日本印度洋地圖卷》正是《經國雄略》〈四夷考〉所收附圖的一個抄本；雕版印刷的《經國雄略》附圖畫得一模一樣，只是稍微精緻一點。《經國雄略》現在很容易看到，讀者不妨去翻翻，當會發現這樣小小有趣的事情：原來讓典藏者誤以為是鄭芝龍的題款，其實是來自《經國雄略》的〈倭情〉那一篇文章，可是作者是鄭大郁，而不是鄭芝龍。所謂「鄭芝龍題款」也就是個誤會。《日本印度洋地圖卷》「題款」末尾的「南安伯鄭芝龍飛虹鑑定」諸字，事實上是屬於《經國雄略》下一卷〈奇門考〉卷首的標記。林梅村的《鄭芝龍航海圖》一文雖然沒有講到這麼細，但是卻可以導出若干值得探索、反省的問題，十分有趣。

　　本書收錄的十二篇文章，主題都不重覆。內容豐富，開卷之後，必能大開眼界。謹向讀者推薦。

前言

　　自古以來，中國就是一個以農耕文化為主導的內陸國家。儘管中國大陸海岸線長達 18,000 多公里，但歷代統治者卻遵從儒家「重農抑商」的傳統思想，沒有充分開發利用海洋資源。西元前 2 世紀，張騫開啟絲綢之路。明代以前中國主要以中亞粟特商人為中介，經絲綢之路沙漠路線與西方交往。大航海時代以後，中國才開始與歐洲直接進行經濟文化交流，而葡萄牙、西班牙、荷蘭在海上絲綢之路貿易中扮演重要角色。儘管明王朝實施「片板不許入海」的嚴厲海禁政策，但是未能阻止景德鎮青花瓷和龍泉窯青瓷走私中東伊斯蘭世界。挑戰朝貢貿易的主要是中國東南沿海地區的穆斯林海商，他們還積極參與明代景德鎮窯廠青花瓷設計製造，並對正德朝皇家藝術產生重要影響。17 世紀初，鄭芝龍成為臺灣海峽最具實力的海盜之王。1628 年就撫明王朝，實際上仍保持極大獨立性。1633 年料羅灣大捷，鄭芝龍擊敗荷蘭艦隊，以臺灣北港為中心，建立鄭氏海上帝國。鼎盛時期，出入長崎港的鄭芝龍商船數遠超荷蘭商船。葡萄牙人、荷蘭人、西班牙人、英國人、日本人都是其生意夥伴，每年收入數以千萬計，富可敵國。令人遺憾的是，清王朝未能利用鄭芝龍或其子鄭成功海上生力軍開拓疆土，中國失去爭奪海洋霸權的最後一個機會。

　　「東臨碣石，以觀滄海。」本書借用曹操〈觀滄海〉為書名，探討大航海時代西方天主教、中東穆斯林和明王朝的衝突與交流。例如：葡萄牙人首航中國的登陸地──屯門島於今何處？16 世紀全球貿易的中心──雙嶼（Liampo）究竟在什麼地方？景德鎮外銷瓷透過什麼途徑運往歐洲，並對 16 至 17 世紀歐洲文明產生過什麼影響？當然，本書並非僅限於考古學，而是以考古學為依據，在藝術、文學、科學等領域全面探討大航海時代中外經濟文化交流。

1

東臨碣石，以觀滄海

東臨碣石，以觀滄海。
水何澹澹，山島竦峙。
樹木叢生，百草豐茂。
秋風蕭瑟，洪波湧起。
日月之行，若出其中；
星漢燦爛，若出其裡。
幸甚至哉，歌以詠志。

—— 曹操〈觀滄海〉

　　古羅馬哲學家西塞羅有一句名言：「誰控制了海洋，誰就控制了世界。」1890 年美國海軍戰略思想家馬漢（Alfred T. Mahan）在《海權對歷史的影響：1660-1783》一書提出：海權是決定世界強國興衰的根本原因，也是影響歷史進程的重大因素。16 世紀以來，葡萄牙、西班牙、荷蘭、英國乃至當今美國在世界上占據優勢，皆以海權為基礎。[1] 大航海時代開始後，葡萄牙艦隊繞過好望角，達‧伽馬開闢通往印度和中國的東方新航線。新航線的開闢使歐洲與中國直接建立經濟文化聯繫，而地處絲綢之路要衝的埃及、波斯等千年古國則從文明中心淪為文明的邊緣。本書將探討大航海時代東西方文明之間的衝突與交流。在開始我們的討論之前，有必要回顧一下兩千多年來中國遠洋航海史。

1　Alfred T. Mahan, *The Influence of Sea Power Upon History: 1660-1783*, Boston: Little, Brown and Company, 1890. 關於馬漢海權論的評述，參見吳征宇：〈海權的影響及其限度——阿爾弗雷德‧塞耶‧馬漢的海權思想〉，《國際政治研究》2008 年第 2 期，第 97-107 頁。

　　自古以來，中國就是一個以農耕文明為主導的國家。儘管中國大陸海岸線長達18,000多公里，但歷代統治者卻遵從儒家「重農抑商」的傳統思想，沒有充分開發利用海洋資源。中國最早嘗試開發海洋的是一個地方政權——西元前 2 世紀稱雄嶺南地區的南越國。秦始皇三十三年，秦軍平定百越，在嶺南設立南海郡、桂林郡、象郡三郡，任囂為首任南海郡尉；下設博羅、龍川、番禺、揭陽四縣，治番禺（今廣州）。趙佗任龍川縣令，後升南海郡尉。秦朝滅亡前夕，趙佗起兵，兼併桂林郡和象郡及越南北部地方，在嶺南地區建南越國。西元前 183 年，趙佗成功抗擊漢朝後，夜郎等西南夷諸國紛紛投靠南越國，並保持一種鬆散的役屬關係。[2]

　　元鼎五年（西元前 112 年）秋，漢武帝調遣罪人和江淮以南水兵共十萬人，兵分五路，攻打南越國。翌年，伏波將軍路博德、樓船將軍楊僕等率師平定南越之亂。西漢五路大軍南下，利用嶺南交通道路系統，完成軍事征服，也推進文化融合。[3] 漢武帝在平定南越後，將原來的南越國屬地置交趾刺史部，下設南海、蒼梧、鬱林、合浦、交趾、九真、日南、珠崖、儋耳九郡。日南郡，班固《漢書·地理志》本注曰：「故秦象郡，元鼎六年開，更名……屬於交州。」[4] 其實，秦象郡和漢日南郡不在一地，日南是南越國新開拓的疆土。秦象郡治臨塵，在今廣西崇左；漢日南郡治西卷縣，在今越南河東，新莽改為「日南亭」，東漢恢復「日南郡」舊名。西漢交趾、九真、日南三郡在今天越南北方，皆為南越王新開拓的疆土。[5] 全盛時期，南越國疆土包括中國廣東、廣西大部分地區、福建一小部分地區、海南、香港、澳門，以及越南北部、中部大部分地區。1970 年代，在廣州象崗山發掘的南越王墓，是南越國第二代國王趙眜的陵墓。[6] 墓中出土越南東山文化青銅提梁桶、非洲象牙、阿拉伯乳香、波斯銀盒（圖1-1），說明南越國與印度支那半島、阿拉伯半島乃至波斯灣地區有一定規模的海上貿易。[7]

　　《漢書·地理志》記載：「自日南障塞、徐聞（今廣東徐聞縣）、合浦（今廣西合浦縣）船行可五月，有都元國；又船行可四月，有邑盧沒國；又船行可二十餘日，有諶離國（今馬來半島克拉地峽）；步行可十餘日，有夫甘都盧國。自夫甘都盧國船

2　冼劍民：〈南越國邊界考〉，《廣東社會科學》1992 年第 3 期，第 85-90 頁。

3　王子今：〈秦漢時期南嶺道路開通的歷史意義〉，《中國社會科學報》2012 年 12 月 28 日第 A06 版。

4　《漢書·地理志》，北京：中華書局，1962 年，第 1630 頁。

5　敬軒：〈本世紀來關於秦漢古象郡的爭論〉，《中國史研究動態》1995 年第 4 期，第 9-12 頁。

6　廣州象崗漢墓發掘隊：〈西漢南越王墓發掘初步報告〉，《考古》1984 年第 3 期，第 222-230 頁；廣東省文物管理委員會等編：《南海絲綢之路文物圖集》，廣州：廣東科技出版社，1991 年，第 24 頁。

7　王元林：〈秦漢時期番禺等嶺南港口與內地海上交通的關係〉，《中國古都研究》第二十三輯，西安：三秦出版社，2007 年，第 151-174 頁。

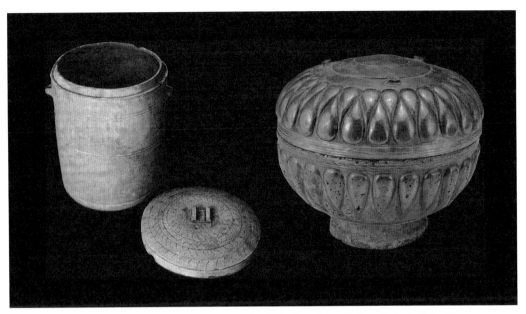

圖 1-1　廣州南越王墓出土波斯銀盒與廣西合浦漢墓出土九真銘陶罐

行可二月餘，有黃支國；民俗略與珠崖（今海南島）相類。其州廣大，戶口多，多異物。自武帝以來皆獻見。有譯長，屬黃門，與應募者俱入海市明珠、璧流離、奇石異物，齎黃金雜繒而往。所至國皆稟食為耦，蠻夷賈船，轉送致之。亦利交易，剽殺人，又苦逢風波溺死，不者數年來還。大珠至圍二寸以下。……黃支之南，有已程不國（Serendiva，今斯里蘭卡），漢之譯使自此還矣。」[8] 黃支國在今印度東海岸康奇普拉姆（Kachipuram），那麼長安城黃門譯長應該懂泰米爾語。《漢書・地理志》記載：「今之蒼梧、鬱林、合浦、交阯、九真、南海、日南，皆粵分也……處近海，多犀、象、毒冒（玳瑁）、珠璣、銀、銅、果、布之湊，中國往商賈者多取富焉。番禺（今廣州），其一都會也。自合浦徐聞南入海，得大州（今海南島），東西南北方千里。」[9] 漢武帝兼併南越國以前，今雷州半島南端的徐聞縣屬於南越國，那麼隨黃門譯長前往黃支國的「應募者」或為熟悉印度洋貿易的南越國遺民。已程不國源於阿拉伯—波斯語 Serendiva，意為「僧伽羅島」，是今斯里蘭卡的別稱。可知西漢使者遠洋航海最遠至斯里蘭卡島。

8　《漢書・地理志》，第 1671 頁。

9　《漢書・地理志》，第 1669-1670 頁。據考證，「果布」源於馬來語 Kapur Barus，意為「龍腦香」（韓槐准：〈龍腦香考〉，《南洋學報》第 2 卷第 1 輯，1941 年）。

　　三國紛爭時期，曹操〈觀滄海〉一詩寫得氣勢磅礡，但曹魏政權對海洋開發毫無貢獻，反倒是曹操的對手孫權在建安（今福州）設立典船校尉官邸，以便海上遠征和探險。《三國志·吳書》記載：「（黃龍）二年（230 年）春正月……遣將軍衛溫、諸葛直將甲士萬人浮海求夷州及亶州。亶州在海中……所在絕遠，卒不可得至，但得夷洲數千人還。」[10] 一般認為，夷州即臺灣，而亶州指菲律賓。東吳黃武五年（226 年），交州刺史呂岱還派中郎將康泰、宣化從事朱應出使南海諸國，遠至印度支那半島的林邑（今越南）、扶南（今柬埔寨）等國。康泰撰寫《吳時外國傳》，朱應著《扶南異物志》一卷，分別記述他們出使扶南等國的見聞。東吳亡國時，晉軍繳獲吳船多達五千餘艘，可見吳國造船業之興盛。[11]

　　東晉葛洪《抱朴子內篇·論仙》記載：「外國作水精碗，實是合五種灰以作之，今交廣多有得其法而鑄作者。」[12] 交廣指今天廣西、廣東和越南一帶，可見東晉時期兩廣和越南等地就從外國引進造玻璃碗的技術。其實，東吳時期西方玻璃乃至玻璃製作技術已傳入中國。東吳萬震《南州異物志》記載：「琉璃本質是石，欲作器，以自然灰治之。自然灰狀如黃灰，生南海濱。亦可浣衣，用之不須淋，但投之水中，滑如苔石，不得此灰，則不可釋。」[13] 由於世界各地燒造玻璃所用助熔劑不同，地中海東岸、波斯、古羅馬為鈣鈉玻璃，古代中國為鉛鋇玻璃，而兩廣和越南玻璃器則為印度鉀玻璃。[14]

　　1950 年代，湖北鄂城五里墩 121 號西晉墓出土一些玻璃碗殘片。據安家瑤考證，這件透明度頗高的玻璃碗或為薩珊波斯燒造的。不過，王仲殊認為，這個玻璃碗也許屬於帕提亞王朝玻璃碗，可能是東吳從海路傳入長江流域的。[15] 這個西晉玻璃碗經黏合（圖 1-2 右），器型和紋樣確實與帕提亞晚期蜂窩紋玻璃碗（圖 1-2 左）相似。劉宋僧人竺枝根據親身經歷寫成《扶南記》一書。該書介紹：「安息去私訶條國（今斯里蘭卡）二萬里，國土臨海上……戶近百萬，最大國也。」[16] 安息即伊朗歷史上的帕

10 《三國志·吳書·吳主傳第二》，北京：中華書局，1959 年，第 1136 頁。

11 錢江著，亞平、路熙佳譯：〈古代亞洲的海洋貿易與閩南商人〉，《海交史研究》2011 年第 2 期，第 2-3 頁。

12 王明：《抱朴子內篇校釋》增訂本，北京：中華書局，1986 年，第 22 頁。

13 〔東吳〕萬震：《南州異物志》；〔宋〕李昉：《太平御覽》卷八○八《珍寶部七》，北京：中華書局影印本，1960 年，第 3591 頁下。

14 熊昭明、李青會著：《廣西出土漢代玻璃的考古學與科技研究》，文物出版社，2011 年，第 115-146 頁。

15 王仲殊：〈試論鄂城五里墩西晉墓出土的波斯薩珊朝玻璃碗為吳時由海路傳入〉，《考古》1995 年第 1 期，第 81-87 頁。

16 轉引自劉迎勝：《絲路文化：海上卷》，杭州：浙江人民出版社，1995 年，第 32 頁。

提亞王朝，滅於薩珊波斯。當時中國人對印度洋的知識主要來自在華傳教的印度高僧。

繼西漢黃門譯長之後，在印度洋航海的中國人是法顯。他從斯里蘭卡乘外國商船回國。《法顯傳》記載：這艘商船採用牽星術導航，「大海彌漫無邊，不識東西，唯望日、月、星宿而進」。[17] 牽星術是古代印度洋航海家的一大發明，利用儀器觀測天體高度確定船舶在海上的位置。明代李詡《戒庵老人漫筆》提到的「蘇州馬懷德牽星板」，就是阿拉伯航海家所用牽星術導航工具。[18] 中國古代舟師不懂遠洋航海的牽星術，因此西漢使者出訪南印度，要乘「蠻夷賈船，轉送致之」。[19]

中國古代科技史專家王振鐸先生早年將指南針的發明定在先秦兩漢。不過，據中國國家博物館孫機先生近年考證，中國堪輿羅盤最早見於北宋楊維德《塋原總錄》。航海羅盤最早載於北宋朱彧《萍洲可談》。江西臨川北宋朱濟南墓出土的手持羅盤之「張仙人」瓷俑更可視為實物證據。因此，羅盤在中國的發明不晚於11世紀，應用於航海不晚於12世紀初。而磁針在歐洲文獻中最早見於英人尼坎姆（A. Neckman）於1190年間的記載，已經是12世紀末葉，故羅盤無疑是中國最先發明的。[20] 換言之，唐代尚未發明羅盤，亦未用於航海，那麼唐代不可能有中國海舶遠航波斯灣。唐代杜佑《通典》卷一九一記載：「族子（指杜環）隨鎮西節度使高仙芝西征，天寶十載（751年）至西海。寶應初（762年），因賈商船舶，自廣州而回。」[21] 據《大唐西域求法高僧傳》記述，義淨「於時咸亨二年坐夏揚府（今揚州）。初秋，忽遇龔州使君馮孝詮，隨至廣府（今廣州）與波斯舶主期會南行。復蒙使君令往崗州（今廣東新會）」。[22] 故知唐代波斯灣至廣州航線並無中國商船，阿拉伯史料所謂「中國海船」，實乃運送中國貨的外國商船。

2003年，印度和英國聯合考古隊在南印度西海岸發現一艘中世紀沉船（圖1-3），出土地點在喀拉拉邦柯欽市南邊的泰加勒‧迦達克拉帕里。這艘沉船身長達22公尺，今稱「泰加勒沉船」（Thaikkal Shipwreck）。這艘海船為平底船，帶有密封防水艙，並大量使用鐵釘，明顯有別於阿拉伯—波斯或印度縫合木船。水密隔倉在中國的運用始於唐代，如1973年在江蘇如皋發現的唐船就有九個水密隔艙，[23] 比歐洲早了一千一百

17 章巽：《法顯傳校注》，上海古籍出版社，1985年，第167頁。
18 嚴敦杰：〈牽星術——我國明代航海天文知識一瞥〉，《科學史集刊》第九期，北京：科學出版社，1966年，第77-88頁。
19 《漢書‧地理志》，第1671頁。
20 孫機：〈簡論「司南」兼及「司南佩」〉，《中國歷史文物》2005年第4期，第9頁。
21 〔唐〕杜佑：《通典》卷一九一《邊防典》，上海：商務印書館影印本，1935年，第1029頁。
22 〔唐〕義淨：《大唐西域求法高僧傳》，王邦維校注，北京：中華書局，1988年，第152頁。
23 福建省泉州海外交通史博物館：《泉州灣宋代海船發掘與研究》，福州：海洋出版社，1987年，第63頁。

圖 1-2　帕提亞玻璃碗與湖北鄂城五里墩西晉墓出土玻璃碗

圖 1-3　南印度西海岸宋代沉船發掘現場

多年，故泰加勒沉船必為中國海船無疑。據碳十四年代數據，此船沉沒於 11 世紀初，說明北宋年間中國海船已開始參與爭奪印度洋海上霸權。[24]

南宋泉州人根據阿拉伯尖底船創製世界上最先進的船種——福船。1974 年泉州灣後諸港遺址發掘出這樣一艘南宋時代尖底海船，殘長 24.2 公尺，寬 9.15 公尺。復原之後，它的長度可達 36 公尺，寬 11 公尺，載重量達 200 噸以上，是南宋泉州所造中型貨運海船。從它的剖面模型上，可以見到它有十三個水密隔倉（圖 1-4）。[25]

無論是航行規模，還是造船和航海技術方面，元代遠洋航海都遠超唐宋時代。元代海舶可以承載千餘人，有十餘道風帆。元順帝至元六年（1346 年），摩洛哥旅行家伊本·巴圖塔出訪中國。他在遊記中說：泉州和廣州製造的船舶，「大船有十帆，至少是三帆。帆係用藤篾編織的，其狀如席」，「其中海員六百，戰士四百……船上造有甲板四層，內有房艙、官艙和商人艙。官艙的住室附有廁所，並有門鎖，旅客可以攜帶婦女、女婢，閉門居住……並在木槽內種植蔬菜鮮薑」。[26]

汪大淵先後兩次（1330-1390 年）從泉州出發，航海遠遊，行蹤遍及南海、印度洋，遠達阿拉伯半島及東非沿海地區。[27] 汪大淵在《島夷志略》一書記述的國名、地名多達九十六處。該書還提到南印度東海岸有一座中國佛塔：「土塔。居八丹之平原，赤石圍繞，有土磚甃塔，高數丈。漢字書云：『咸淳三年（1267 年）八月畢工。』傳聞中國之人其年販彼，為書於石以刻之，至今不磨滅焉。土瘠，田少。氣候半熱，秋冬微冷。俗好善，民間多事桑香聖佛，以金銀器皿事之。男女斷髮，其身如漆。繫以白布。有酋長。地產綿布、花布、大手巾、檳榔。貿易之貨，用糖霜、五色絹、青緞、蘇木之屬。」[28] 據調查，八丹土塔在印度南部東海岸納加帕蒂南（Negapatam）西北約 1 英里處。[29] 1846 年，這座佛塔還殘存三層，有磚簷相隔，內部蕩然無存，直通塔頂（圖 1-5）。令人遺憾的是，1867 年，這座千年佛塔行將坍塌，納加帕蒂南的耶穌會傳教士經英印殖民政府同意，將其拆毀。[30]

---

24 Victoria Tomalin et al., "The Thaikkal-Kadakkarappally Boat: An Archaeological Example of Medieval Shipbuilding in the Western Indian Ocean", *The International Journal of Nautical Archaeology* 33.2, 2004, pp. 253-263; 林梅村：《絲綢之路考古十五講》，北京大學出版社，2006 年，第 245-249 頁，圖 11-23。

25 本書圖 1-4 泉州灣後渚港遺址宋代海船復原圖，引自福建省泉州海外交通史博物館：《泉州灣宋代海船發掘與研究》，第 17 頁，圖十。

26 （摩洛哥）伊本·巴圖塔：《伊本·白圖泰遊記》，馬金鵬譯，銀川：寧夏人民出版社，1985 年，第 486 頁。

27 劉迎勝：〈汪大淵兩次出洋初考〉，《「鄭和與海洋」學術研討會論文集》，北京：中國農業出版社，1988 年，第 301-312 頁。

28 〔元〕汪大淵：《島夷志略校釋》，蘇繼頃校釋，北京：中華書局，1981 年，第 285 頁。

29 陳佳榮等編：《古代南海地名匯釋》，北京：中華書局，1986 年，第 1003 頁。

30 耿引增：《中國人與印度洋》，鄭州：大象出版社，2009 年，第 141 頁。

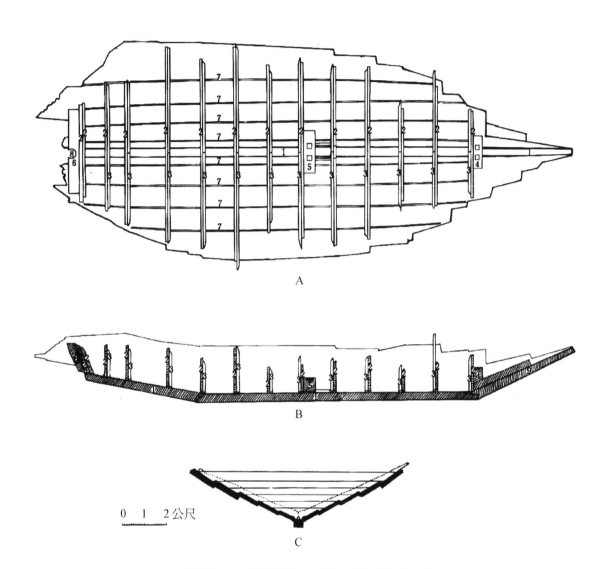

A. 平面圖、B. 縱剖面圖、C. 橫剖面圖（第八隔艙）

1. 龍骨、2. 隔艙板、3. 肋骨、4. 頭桅座、5. 中桅座、6. 桅承座、7. 船殼板、8. 舵孔、9. 艄柱

圖1-4　泉州灣後渚港遺址南宋海船復原圖

圖 1-5　《島夷志略》所記南印度八丹土塔

　　元代遠洋航運的發展還促進國際貿易貿港的繁榮，尤其是泉州港，在元代達到歷史上最輝煌的時代，不僅是中國重要的對外貿易港和東方第一大港，而且是世界上最著名的國際貿易港，史稱「刺桐港」。摩洛哥旅行家伊本・巴圖塔作了生動的描述：「該城的港口是世界大港之一，甚至是最大的港口。我看到港內停有大艟克約百艘，小船更多得無數。這個港口是一個伸入陸地的巨大港灣，以至與大江會合。該城花園很多，房舍位於花園中央，這很像我國希哲洛瑪賽城的情況。」[31]

　　元代末年，張士誠以江浙沿海地區為基地，舉兵反元，試圖建立海上帝國。張士誠本「以操舟運鹽為業」，元末舉兵起義，成為抗元起義軍領袖之一；襲據高郵，自稱誠王，建國號大周，建元天祐。張士誠割據的地盤，南到紹興，北超徐州，到達濟寧金溝；西邊占據汝寧府（河南汝南縣）、潁州（安徽阜陽）、濠州（安徽鳳陽東北）、泗州（江蘇盱眙），東邊直到大海，縱橫兩千餘里。[32] 元至正二十三年（1363 年）九月，張士誠自立為吳王，按照王的身分地位設置屬官，在蘇州城另造府第，讓弟弟張士信任浙江行省左丞相。控制江蘇昆山、太倉、澉浦等海港後，他迫切希望從海外貿易獲得更多收入。太倉婁江港（後來訛稱「劉家港」）始建於元代初年，由歸順元朝的江洋大盜朱清、張宣開創。太倉港不僅是元朝海道漕運的起點，而且還是海外貿易重要碼頭之一，時稱「六國碼頭」。[33] 至正二年，元朝正式在太倉設慶元等處市舶分司。至正十六年，張士誠占領蘇州。「次年築城太倉，即毀（隆福寺）像改市舶司。」[34] 2008 年中國進行全國第三次文物普查時，在江蘇太倉市城廂鎮南郊發現元末明初海運倉遺址，由兩個長方形土台組成，總面積 11 萬平方公尺以上。海運倉遺址發現元末明初龍泉窯瓷片，與張士誠吳國統治海運倉年代一致。[35]

　　元末從事海外貿易的主要人物，是投靠張士誠的陳寶生、孫天富和朱道山等泉州海商。為了躲避亦思巴奚戰亂，陳寶生、孫天富、朱道山等泉州海商紛紛投奔張士誠，在婁江港從事海外貿易長達十年之久。[36] 王彝《泉州兩義士傳》記載：「孫天富、陳

31 伊本・巴圖塔：《伊本・白圖泰遊記》，第 545 頁。

32 《明史》記載：「當是時，士誠所據，南抵紹興，北逾徐州，達於濟寧之金溝，西距汝、潁、濠、泗，東薄海，二千餘里，帶甲數十萬。以士信及女夫潘元紹為腹心，左丞徐義、李伯升、呂珍為爪牙，參軍黃敬夫、蔡彥文、葉德新主謀議，元學士陳基、右丞饒介典文章。又好招延賓客，所贈遺輿馬、居室、什器甚具。諸僑寓貧無籍者爭趨之。」（《明史・張士誠傳》，北京：中華書局，1974 年，第 3694 頁。）

33 李金明：〈明初泉州港衰落原因新論〉，《海交史研究》1996 年第 1 期，第 57-61 頁。

34 高榮盛：〈元代海外貿易的管理機構〉，《元史論叢》第七輯，南昌：江西教育出版社，1999 年，第 87-96 頁。

35 江蘇太倉市普查組：〈江蘇太倉海運倉遺址〉，《2008 年第三次全國文物普查重要新發現》，北京：科學出版社，2009 年，第 64 頁。

36 陳高華：〈元代泉州舶商〉，《陳高華文集》，上海辭書出版社，2005 年，第 543-545 頁。

寶生者，皆泉州人也。天富為人外沉毅而含弘，寶生性更明秀，然皆勇於為義。初寶
生幼孤，天富與之約為兄弟，乃共出貨泉，謀為賈海外⋯⋯兩人相讓，乃更相去留，
或稍相輔以往。至十年，百貨既集，猶不稽其子本。兩人亦彼此不私有一錢。其所涉
異國，自高句驪（今朝鮮半島）外，若闍婆（今印尼爪哇）、羅斛（今泰國華富里），
與夫東西諸夷，去中國無慮數十萬里。其人父子君臣，男女衣裳，飲食居止，嗜好之
物，各有其俗，與中國殊。方是時，中國無事，干戈包武庫中，禮樂之化，煥如也。
諸國之來王者且驪蔽海上而未已，中國之至於彼者如東西家然。⋯⋯天富字惟善，寶
山字彥廉，今居吳之太倉，方以周窮援難為務。」[37]至正二十七年（1367 年），張士
誠割據政權滅於朱元璋，他所推行的民間海外貿易亦戛然而止。

　　在元末農民戰爭中失敗的張士誠、方國珍餘部逃遁海上，與倭寇勾結。明朝初
年，正值日本南北朝分裂時期，在內戰中失敗的武士以及一部分浪人和商人得到日本
西南部一些封建諸侯和大寺院主的資助，經常駕馭海盜船隻到中國沿海武裝掠奪騷
擾，史稱「倭患」。故明朝政府實施「片板不得入海」的海禁政策。[38]不過，中國與
波斯之間的民間貿易往來並未中斷，洪武年間仍有泉州海商遠航波斯灣。嘉靖六年十
月二十六日（1527 年 11 月 19 日），明代哲人李贄生於福建泉州府南門外。李贄原名
林載贄，為避當朝皇帝朱載垕名諱，恢復始祖李姓，更名李贄，號卓吾。一世祖林閭，
字君和，元末明初在海外經商。[39]《清源林李宗譜》記載：「公諱駑⋯⋯洪武十七年
（1384 年），奉命出航西洋忽魯謨斯（今波斯灣霍爾木茲島）。等教不一，為事不諧。
行年三十，遂從其教，受戒於清淨寺教門。號順天之民，就娶色目婢女，歸於家。卒
年四十六。」[40]英國考古學家威廉姆森在忽魯謨斯島發現許多元末明初龍泉青瓷，[41]或
為洪武年間李贄先祖從泉州泛海運往波斯灣的。明代官方國際碼頭在南京附近太倉劉
家港，李贄祖先在洪武年間從泉州港遠航忽魯謨斯顯然不是「奉命」出洋。中國東南
沿海地區居民，尤其是泉州人世世代代以下海通番為生，因此私自泛海貿易屢禁不絕。
李贄祖先在洪武十七年（1384 年）遠航忽魯謨斯，當是泉州海商的一次私人海外貿易，

37〔明〕王穉撰：〈王常宗集續補遺〉，《王常宗集（二）》，臺灣商務出版社，1969 年，第 5-6 頁。

38 任世江、何孝榮：〈明代「倭患」問題辨析〉，《歷史教學》2008 年第 5 期，第 5-6 頁。

39 陳泗東：〈李贄的家世、故居及其妻墓碑——介紹新發現的有關李贄的文物〉，《文物》1975 年第 1 期，第
　34-43 頁。

40 參見《清源林李宗譜》，清嘉慶十二年刊本（轉引自陳泗東：〈李贄的世系及先世改姓探原〉，《福建師大學
　報》1980 年第 4 期，第 96 頁）。

41 Seth M. N. Priestman, *Settlement & Ceramics in Southern Iran: An Analysis of the Sasanian & Islamic Periods in the
　Williamson Collection*, Durham University: M.A. Thesis, 2005.

比永樂十年（1412 年）十一月鄭和艦隊首航忽魯謨斯早二十八年。

　　儘管明初朱元璋多次派外交使團或僧團下西洋，但明朝海外貿易與張士誠的海外貿易有著本質的不同。後者傳承宋元時代以來中國海商在印度洋建立的自由市場經濟貿易，而明朝海外貿易則為朝貢貿易。永樂、宣德年間，鄭和七下西洋將朝貢貿易推向極致，徹底摧毀中國民間海外貿易網。但鄭和下西洋一結束，明朝在印度洋沿岸設立的「官廠」，以及中國官方壟斷的國際貿易網便頃刻瓦解。

　　大航海時代開始後，中國海商本來可以像達‧伽馬一樣遠航印度古里（今科澤科德），或者像哥倫布一樣發現美洲新大陸。由於明朝政府實施嚴厲的海禁政策，中國海商不得不躲在中國近海一些荒島上從事走私貿易。在海外貿易巨大利益的驅使下，中國東南沿海地區走私貿易屢禁不絕，廣州鐵局港出土明代四爪大鐵錨就是那個時代的產物（圖 1-6）。據明朝安邊館事都指揮黎秀報告，福建沿海「軍民趨利忘害，而各處輕生之徒，攘臂向前，私通貿易。……其船皆造於外島而泊於內澳，或開駕以通番，或轉售於賊黨。而嵩嶼、漸尾、長嶼、海滄、石馬、許林、白石等澳，乃海賊之淵藪也」。[42]明代抗倭名將俞大猷亦站在「重農抑商」的立場上，對福建海商橫加指責。他在〈呈福建軍門朱公揭〉寫道：「此村有林、田、傅三大姓，共一千餘家。男不耕作，而食必粱肉；女不蠶織，而衣皆錦綺。莫非自通番接濟為盜行劫中得來，莫之奈何。」[43]

　　隆慶元年，明廷不得不開放海禁，允許民間私人遠販東西二洋，但對日本仍採用海禁政策，以防倭患，史稱「隆慶開關」。從此中國民間私人海外貿易獲得合法地位，中國東南沿海各地民間海外貿易進入一個新時期。明朝出現一個全面開放的局面。於是，美洲白銀大量流入中國，促成晚明中國白銀貨幣化。玉米、紅薯、菸草、辣椒等美洲作物相繼引進中國並得以推廣，極大豐富中國的食品結構。西方天主教傳教士與中國士大夫進行交流合作，天主教開始在中國民間廣為流行。中國外銷瓷、絲綢、茶葉等中國產品大批出口海外，並對文藝復興時期的歐洲產生巨大影響。

　　17 世紀，泉州南安石井鎮海商鄭芝龍以走私為業，發跡於日本平戶，後來離開日本到臺灣建立新根據地。鄭芝龍不僅擁有一支實力強大的私人海軍，而且效仿明朝在臺灣設建置，形成初具規模的地方割據政權。明王朝無力剿滅鄭芝龍便轉而招安，1628 年，鄭芝龍接受明廷招撫，官拜都督同知，與明朝政府合作，兼併其他海盜集團。

42〔清〕周學曾等纂修：《晉江縣志》上冊，福州：福建人民出版社，1990 年點校本，第 97 頁。
43〔明〕俞大猷：《正氣堂集》卷二〈呈福建軍門朱公揭〉，收入《四庫未收書輯刊》第 5 輯第 20 冊，北京出版社，1997 年，第 111 頁上。

崇禎六年六月，料羅灣大捷，鄭芝龍擊敗素有「海上馬車夫」之稱的荷蘭艦隊。西班牙傳教士帕萊福在《韃靼征服中國史》記述：「這個海盜（指鄭芝龍）燒毀了八艘他們（指荷蘭人）最好的海船，一次三艘，另一次五艘。他們最後被迫向鄭芝龍納稅，每年三萬埃庫斯（一埃庫斯相當於十至十二法郎）。因此，彼此相安無事，荷蘭人得到了從臺灣進入中國的完全自由，並成為鄭芝龍的朋友。荷蘭人向鄭芝龍，而不是向北京派遣使節，給他種種榮譽，向他貢獻各種禮物。有一次甚至貢獻了王杖一枝，金冠一頂，企圖引起他自立為王的欲望。」[44] 中國國家博物館藏鄭芝龍題款《日本印度洋地圖卷》（圖 1-7），生動展示鄭和下西洋結束兩百年後，鄭芝龍重建中國海上霸權的雄心壯志。1661 年，鄭芝龍之子鄭成功收復臺灣，在東起長崎、西至馬六甲建立一個龐大的海上帝國。然而，在清王朝殘酷打擊下，鄭氏海上帝國最終功虧一簣。

鄭成功之後，中國海軍屢戰屢敗，究其原因就是中國人嚴重缺乏海權意識。19 世紀美國海軍專家馬漢的海權論傳入中國以前，中國人對海洋的認識是：海洋可以興漁鹽之利，可以通舟楫之便。[45] 至於海洋可以作為通往世界的要道，可以作為國家對外貿易的重要途徑，以及海洋可以作為軍事上重要的戰略基地，控制敵國海岸以保障本國海上貿易順利進行等觀念，中國人從來沒有。[46] 1903 年，梁啟超在日本版《新民叢報》上發表〈論太平洋海權及中國前途〉一文，表達他對馬漢海權論的崇敬和欽佩。梁啟超在文中寫道：「所謂帝國主義者，語其實則商國主義也。商業勢力之消長，實與海上權力之興敗為緣，故欲伸國力於世界，必以爭海權為第一義。」他還認為太平洋海權問題，是 20 世紀第一大問題。[47]

鄭和下西洋時代，西方帆船無論在規模、船舶性能、載重量等方面遠不如中國發達。不過，兩個世紀後，中國帆船不斷受到禁海令的限制和打擊，日趨衰落，完全喪失與西方海船的競爭力。19 世紀初，一種高速帆船在美國出現，通稱「飛剪式帆船」。1840 年代，美國人駕駛這種高速海船到中國從事茶葉和鴉片貿易。以後美國西部發現金礦而引起淘金熱，飛剪式帆船得以迅速發展。1853 年美國人建造的「大共和國」號，長 93 公尺，寬 16.2 公尺，深 9.1 公尺，排水量 3,400 噸，主桅高 61 公尺，全船帆面積 3,760 平方公尺，航速每小時 12 至 14 海里，橫越大西洋只需十三天，標誌著帆船的發展達到頂峰。

---

44 （西）帕萊福等著：《韃靼征服中國史》，何高濟譯，北京：中華書局，2008 年，第 62-64 頁。

45 吳珊珊、李永昌：〈中國古代海洋觀的特點與反思〉，《海洋開發與管理》2008 年第 12 期，第 15-16 頁。

46 周益鋒：〈「海權論」東漸及其影響〉，《史學月刊》2004 年第 4 期，第 39 頁。

47 梁啟超：〈論太平洋海權及中國前途〉，《新民叢報》第 26 號，1903 年（轉引自周益鋒，前揭文，第 39 頁）。

圖 1-6　廣州鐵局港出土明代四爪大鐵錨與《天工開物》中的錘錨圖

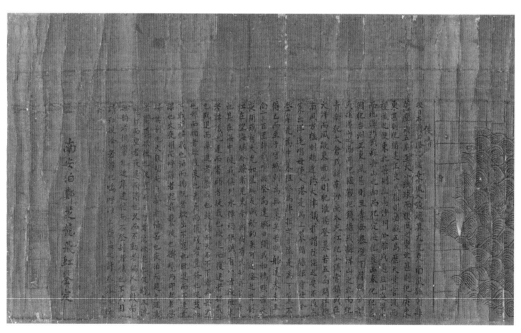

圖 1-7　中國國家博物館藏《日本印度洋地圖卷》之鄭芝龍題款

　　1807 年，美國機械工程師富爾頓（Robert Fulton）發明輪船，採用蒸汽機為動力，航速最高可達二十二節。輪船不僅克服帆船必須候風的低效率缺點，而且大大降低船員的勞動強度，鴉片戰爭前夕就有近二十艘英國輪船在廣州海域從事海上運輸活動。1869 年，蘇伊士運河允許輪船通航後，西方來華航程比好望角航程縮短了一半。1870 年代以後，輪船在遠洋航海取得絕對優勢，永遠結束海上傳統交通帆船的時代。[48]

---

48 席龍飛等主編：《中國科學技術史・交通卷》，北京：科學出版社，2004 年，第 233 頁。

2

中國與伊斯蘭世界的經濟文化交流

15 至 16 世紀，中國東南沿海地區的穆斯林紛紛下海通番。不僅如此，他們至少在弘治年間（1488-1505 年）就直接參與景德鎮民窯明青花的設計製造，在菲律賓、汶萊、敘利亞相繼發現穆斯林工匠在弘治年間設計燒造的伊斯蘭風格的明青花。正德年間景德鎮民窯燒造的伊斯蘭風格的瓷種，甚至對明朝皇家藝術產生一定影響。另一方面，景德鎮瓷器輸入中東伊斯蘭世界後，不僅成為鄂圖曼帝國蘇丹宮廷珍藏的對象，而且對波斯細密畫藝術產生重要影響。

一、挑戰朝貢貿易的穆斯林海商

中國東南沿海地區大規模走私貿易活動的產生，有這樣一個歷史背景。鄭和下西洋活動結束不久，河西走廊有大批穆斯林遷入中國東南沿海地區。正統三年（1438 年）八月，「命給江浙觀海諸衛新徙回回月糧，時回歸回回二百二人，自涼州（今武威）徙至浙江」。[1] 正統四年七月，又有回回編制於漳州。[2] 正統六年元月，「徙甘州（今張掖）、涼州寄居回回於江南各衛，凡四百三十六戶，一千七百四十九口」。[3] 河西「回回」的祖先是中亞撒馬爾罕的粟特人，有著與生俱來的經商天賦。漢唐時代粟特人一直充當絲綢之路中間商的角色。7 世紀阿拉伯人大舉東進，中亞各地逐漸伊斯蘭化。粟特人皈依伊斯蘭教後，繼續扮演絲綢之路中間商的角色。明代河西「回回」講波斯

1　《明英宗實錄》卷十八正統元年六月乙卯條，第 362 頁。
2　《明英宗實錄》卷四十五正統三年八月戊辰條，第 875 頁。
3　《明英宗實錄》卷五十七正統四年七月辛未條，第 1098 頁。

圖 2-1　菲律賓利納沉船出水波斯風格的青花筆盒

圖 2-2　敘利亞發現的弘治窯青花瓷

圖 2-3　敘利亞出土弘治窯青花筆盒、青花執壺和香港竹篙灣遺址出土弘治窯青花盤

語，而波斯語不僅是絲綢之路通商用語，而且也是南海貿易的國際交際語。永樂七年（1409 年），鄭和錫蘭山布施碑採用三種語言，其中一種就是波斯語。[4]

成化二十三年（1487 年）發生這樣一件事。《明孝宗實錄》記載：「暹羅（今泰國）國王國隆勃剌略坤尤地亞，遣使臣江悅等」，攜「金葉表文入貢謝恩。且言：『舊例，本國番字與回回字互用。近者，請封金葉表文及勘合諮文間有同異。國王凝（疑）國人書寫番字者之弊，乞賜查辯。』」。這是說，暹羅以前與明朝往來，有時用暹羅文，有時用波斯文。由於明朝暹羅文譯員水準不高，導致暹羅人讀不了明廷回賜的表文和勘合文件，暹羅方面要求明朝追查此事。明朝暹羅文譯員不僅暹羅番字寫不好，就連暹羅國入貢表文也「難於辨識」。於是明廷下令以後只許用波斯文為暹羅國寫表文及勘合文件，「不得寫難識番字（指暹羅文），以絕弊端」。[5]

正統初年遷入中國東南沿海地區的穆斯林，不久就以自由商人的姿態下海通番。正統九年二月，「潮州府民濱海者，糾誘傍郡亡賴五十五人私下海，通貨爪哇國」。[6] 正統十年三月，「福建緣海民有偽稱行人正使官，潛通爪哇國者」。[7] 正統十一年四月，「福建都指揮僉事薛誠提督海道，奸民通番不能防捕」。[8]

正統十四年（1449 年）明廷重申禁海令，而中國東南沿海走私貿易卻屢禁不絕。《明英宗實錄》卷一七九引明朝福建巡海僉事董應軫之言：「瀕海居民私通外夷，貿易番貨，泄漏事情，及引海賊劫掠邊地者，正犯極刑，家人戍邊，知情故縱者，罪同。比年民往往嗜利忘禁，復命申明禁之」。[9] 1458 年，廣東珠江口再次出現大規模走私貿易活動。《香山縣鄉土志》記載：「天順二年（1458 年）三月，海賊四百餘犯香山千戶所，燒毀備邊大船。備倭都指揮張通坐失機，上令殺賊贖罪。七月，海賊嚴啟盛來犯。先是啟盛坐死，囚漳州府，越獄聚徒，下海為盜，敵殺官軍。至廣東，招引蕃舶，駕至邑沙尾外洋。巡撫右僉都御史葉盛廉其實，會同鎮守左少監阮能、巡按御史呂益，命官軍駕大船衝之，生擒啟盛，餘黨悉平。十二月，以獲海賊故，升張通一級。」[10]

大航海時代始於明孝宗弘治年間，一個新興的景德鎮瓷器消費市場在歐洲逐漸形成，而景德鎮陶冶業卻在這個時期一派蕭條。據中國上海博物館古陶瓷專家陸明華分

---

4 劉迎勝：《海路與陸路——中古時代東西交流研究》，北京大學出版社，2011 年，第 93-95 頁。

5 《明孝宗實錄》卷二成化二十三年九月己酉條，第 36 頁。

6 《明英宗實錄》卷一一三正統九年二月己亥條，第 2278 頁。

7 《明英宗實錄》卷一一七正統十年三月乙未條，第 2542 頁。

8 《明英宗實錄》卷一四〇正統十一年四月丁卯條，第 2782 頁。

9 《明英宗實錄》卷一七九正統十四年六月壬申條引，第 3476 頁。

10 清宣統《香山縣鄉土志》卷三《兵事錄・明代諸寇》，中山市地方志編纂委員會辦公室，1988 年影印本，第 5 頁。

析：「明孝宗當政十八年，對監燒瓷器內官的遣召諭旨減燒是十分頻繁的，其間僅罷
免、召回燒造內官的次數就至少有五六次，而減燒、蠲免的事例也時有出現，這種撤
而復遣，遣而復罷的做法，在許多朝代皆有，但在弘治朝顯得特別多，而且別的朝代
往往是監燒者不力，燒造品質下降而遭朝廷訓斥或貶謫；但弘治朝則是宦官『騷擾百
姓』等原因造成。凡此種種，對御器廠的正常生產影響很大，於是產量劇減，多種品
種取消，質量有下降趨勢。」[11]《明史‧食貨志》在敘述正德朝瓷器時統計：「自弘治
以來，燒造未完者三十餘萬器。」[12] 計畫內的三十餘萬件沒有完成任務，這主要是由
於朝廷採取上述一系列限制措施後逐漸拖欠積壓的。

　　中國東南沿海地區的穆斯林海商就在這個時期乘虛而入，不僅積極推動景德鎮瓷
器外銷，而且直接參與景德鎮瓷器設計製造。模仿伊斯蘭金屬器或玻璃器燒造的明青
花計有：帶蓋豆、花澆、雙耳綬帶瓶、抱月瓶、軍持、天球瓶、大扁壺、燈籠瓶、臥
足碗、執壺、筆盒等。1997 年，在菲律賓東北部巴拉望的利納淺灘發現一艘弘治三年
沉沒的民間商船，船上載有大批安南、素可泰陶瓷和景德鎮民窯青花瓷，今稱「利納
沉船」（Lena Cargo）。[13] 這艘沉船內發現許多伊斯蘭風格的青花壺和波斯風格的青花
筆盒（圖 2-1）。這種筆盒不是為中國文人設計的，其原始造型來自波斯細密畫家使
用的一種金屬筆盒。波斯細密畫雖受宋元工筆畫影響，但是畫幅小，所用毛筆細小，
耗墨量不大，因此波斯筆盒往往與調色盤合二為一，採用混合多層式設計。

　　據芝加哥大學教授卡斯威爾調查，大約兩百多件景德鎮弘治窯青花被走私到美索
不達米亞北部的敘利亞，其中包括荷塘紋青花碗、孔雀紋青花盤、纏枝紋青花碗（圖
2-2）、伊斯蘭風格的青花執壺，以及波斯風格的青花筆盒（圖 2-3：2）。[14] 這件青花
執壺為黎巴嫩私人藏品（圖 2-3：1），與菲律賓明代沉船發現的伊斯蘭風格的青花執
壺完全一樣，說明至少在弘治三年，穆斯林海商就參與景德鎮青花瓷的設計製造。香
港竹篙灣外銷瓷遺址出土穿花孔雀紋青花盤（圖 2-3：3），與敘利亞發現穿花孔雀紋
青花盤（圖 2-2：2）如出一轍，說明這批弘治窯青花應也是從香港竹篙灣走私出境的。

　　16 世紀中葉至 19 世紀初，絲綢、茶葉、陶瓷等中國商品一枝獨秀，在海外形成

---

11 陸明華：〈明弘治景德鎮官窯：瓷業的衰落〉，劉新園主編：《景德鎮陶瓷》1986 年第 2 期，第 53-36 頁。

12 《明史‧食貨志》，第 1999 頁。

13 Franck Goddio et al., *Sunken Treasures: Fifteenth-century Chinese Ceramics from the Lena Cargo*, London: Periplus Publishing, 2000.

14 John Carswell, *Blue and White: Chinese Porcelain around the World*, London: British Museum, 2000, pp. 131-134. 最近上海博物館收購這批敘利亞發現的明青花，參見北京故宮博物院、上海博物館編：《明清貿易瓷》，上海書畫出版社，2015 年，第 58-90 頁。

巨大市場。中國十大商幫亦在明代中葉應運而生。除了福建商幫之外，江蘇洞庭商幫也積極開闢海外貿易市場。[15] 弘治—正德朝大學士李東陽在《懷麓堂集》介紹說：洞庭東西山人「散而商於四方，蹤跡所至，殆遍天下」。[16] 明代小說家凌濛初《初刻拍案驚奇》有一篇白話小說，名曰〈轉運漢巧遇洞庭紅〉，描寫明成化年間東山商人文若虛在經商屢遭失敗後，陷入窮困破產的境地。後來朋友到海外經商順便邀他同往，開船前他用了一兩銀子買了一簍太湖特產洞庭紅橘子，準備在路上自己享用。不料到了海外吉零國後，這一簍紅橘竟然賣出一千多兩銀子。他在返程途中撿到一隻大海龜（玳瑁），在福建登陸後被一位波斯商人當作稀世珍寶，用五萬兩銀子買去。後來文若虛用海外貿易賺來的錢在沿海地區重置家業，娶妻生子，家道殷富不絕。[17] 吉零即吉令（Klang）的別譯，《鄭和航海圖》稱作「吉令港」（圖2-4），乃今馬來半島西岸吉令河口的巴生港。[18] 這篇話本小說反映明代中葉商業發達，中國商人紛紛下海經商的生活場景。

明代東洞庭山人張本筆記小說《五湖漫聞》記載洞庭商幫另一則傳奇故事。其文曰：「東洞庭傅永紀，正德初商遊廣東，泛海被溺，獲附舟木，三日夜流至孤島。惟疊石磊砢，徧無纖草。所服之衣，齧吞殆盡。度不能存，呼天泣曰：『居於山饑必至死，附於木或可得生』。乃復附木出沒波濤，七日至海濱，見一漁翁張網獨立，乃拜，書詢為某處。漁翁書示曰：『機郎佛國』。永紀又書曰：『我夏人也，覆舟隨波至此，賴君可以生乎？』漁翁遂允為館穀。久之意氣彌篤，以女妻之。永紀善為紙竹扇，一扇鬻金錢一文，不二年至於巨富。機郎王召見，授以爵。正德末年，機郎太子以永紀為通事（翻譯），進刀釧於華夏。武宗禮遇優渥，永紀遂勿復去。嘉靖初年，罪其私通，乃致之瘐死，時年四十八。」[19] 機郎佛國即佛郎機國，指1511年後葡萄牙人統治下的馬六甲。有學者認為，傅永紀就是葡萄牙使團的翻譯火者亞三。[20] 這個說法不一定正確，因為史籍明載火者亞三為江西浮梁（今景德鎮）穆斯林。[21] 顯然，《五湖漫聞》把火者亞三的一些故事附會到傅永紀身上，不足為信。

---

15 范金民、夏愛軍：《洞庭商幫》，合肥：黃山書社，2005年。

16 〔明〕李東陽：《懷麓堂集》卷三十二〈南隱樓記〉，收入《影印摛藻堂四庫全書薈要》集部第64冊，臺北：世界書局印行，1985年，第357頁上。

17 〔明〕凌濛初：《初刻拍案驚奇》，天津古籍出版社，2004年，第5頁。

18 向達整理：《鄭和航海圖》，北京：中華書局，1961年，圖16。

19 〔明〕張本：《五湖漫聞》清抄本，虞山周氏學佛盦，1915年，第26b頁。

20 金國平、吳志良：〈「火者亞三」生平考略：傳說與事實〉，中國社會科學院歷史研究所明史研究室編：《明史研究論叢》第十輯，北京：紫禁城出版社，2012年，第226-244頁。

21 P. Pelliot, "Le Hoja et le Sayyid Husain de l'histoire de Ming", *T'oung Pao* 39, 1949, pp. 193-208.

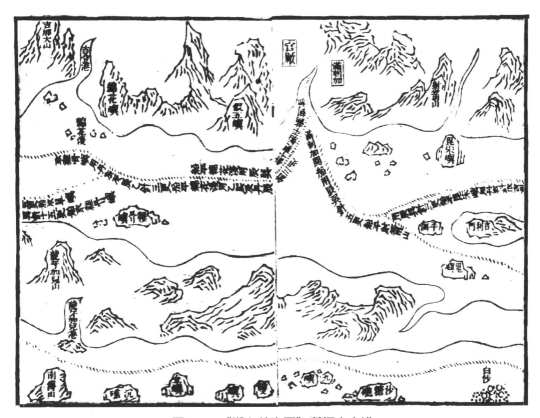

圖2-4　《鄭和航海圖》所標吉令港

正德年間，許多穆斯林活躍於景德鎮或江西地區。《明史‧外國傳》記載：「滿刺加，在占城南。順風八日至龍牙門，又西行二日即至。……正德三年（1508年），使臣端亞智等入貢。其通事亞劉，本江西萬安人蕭明舉，負罪逃入其國，賂大通事王永、序班張宇，謀往浡泥索寶。而禮部吏侯永等亦受賂，偽為符印，擾郵傳。還至廣東，明舉與端亞智輩爭言，遂與同事彭萬春等劫殺之，盡取其財物。事覺，逮入京。明舉凌遲，萬春等斬，王永減死罰米三百石，與張宇、侯永並戍邊，尚書白鉞以下皆議罰。劉瑾因此罪江西人，減其解額五十名，仕者不得任京職。」[22] 這位「亞劉」就是江西萬安縣的穆斯林，漢名「蕭明舉」。「回回人」通曉波斯語，故滿刺加使團聘請亞劉當通事（翻譯）。

除了蕭明舉之外，在滿刺加從事貿易活動的還有前文提到的火者亞三，葡萄牙使團首次訪華時被聘為通事。《殊域周咨錄》記載：「正德十四年（1509年），佛郎機

大酋弒其國主,遣加必丹末等三十人入貢請封。有火者亞三,本華人也,從役彼國久,至南京,性頗黠慧。時武宗南巡,江彬用事,導亞三謁上。喜而留之,隨至北京。入四夷館,不行跪禮,且詐稱滿剌加國使臣,朝見欲位諸夷上。」[23]《殊域周咨錄》言簡意賅,未載火者亞三的籍貫。在廣州負責接待葡萄牙使團的是海道副使顧應祥。他在《靜虛齋惜陰錄》一書披露:「正德間,予任廣東按察司僉事,時巡海副使汪鋐進表赴京,予帶管海道。驀有番舶三隻至省城下,放銃三個,城中盡驚。蓋前此番舶俱在東莞千戶所海澳灣泊,未有徑至城下者。市舶提舉吳洪賜稟,予親至懷遠驛審視。其通事乃江西浮梁人也,稟稱此乃佛郎機國遣使臣進貢,其使臣名加必丹,不曾相見。」[24]可知這位葡萄牙使團的「回回」通事原來是浮梁人,亦即明代燒造陶瓷的中心——江西景德鎮人。

二、伊斯蘭文化對正德朝皇家藝術之影響

伊斯蘭文化「尊奉獨一的真主阿拉,反對偶像崇拜」,所以清真寺以植物紋或幾何圖案為裝飾,而無人物、動物畫像或雕像。阿拉伯藝術家還獨具匠心,利用阿拉伯文美術字裝點清真寺。這種裝飾工藝被穆斯林工匠應用於景德鎮明青花。明代以「回回字」為飾始於永樂青花,以後宣德、天順、成化、正德、嘉靖等朝御窯廠均有燒造,但景德鎮御窯廠大批燒造「回回字」青花瓷卻是在正德朝。有學者認為正德窯瓷器大量出現「回回字」,與明武宗及其寵妃信奉伊斯蘭教密切相關。[25]不過,據史書記載:「武廟樂以異域事為戲,又更名以從其習。學韃靼言,則自名曰忽必列;習回回食,則自名曰沙吉敖爛;學西番剌麻僧教,則自名為太寶法王領占班丹。」[26]景德鎮珠山明代御窯廠遺址出土的正德窯瓷片中,除了「回回字」之外,還有八思巴文和藏傳佛教金剛杵圖案,很難說明武宗獨尊伊斯蘭教。[27]況且,伊斯蘭風格的青花瓷在弘治年間就出現了,顯然是中國東南沿海穆斯林海商出於外銷的需要,在弘治年間直接參與

---

23 〔明〕嚴從簡:《殊域周咨錄》,北京:中華書局,2009 年,第 320 頁。

24 〔明〕顧應祥:《靜虛齋惜陰錄》,《四庫全書存目叢書》子目第 84 冊,濟南:齊魯書社,1997 年影印本,第 207 頁。

25 納巨峰:〈明武宗回教信仰考〉,《世界宗教研究》2012 年第 2 期,第 143-157 頁。

26 〔明〕蔣一葵:《堯山堂外紀》卷九十四〈毅皇帝〉,《四庫全書存目叢書》子部第 148 冊,濟南:齊魯書社,1995 年影印本,第 437 頁。

27 正德窯底款八思巴文青花碗殘片,參見香港大學馮平山博物館、景德鎮市陶瓷考古研究所編:《景德鎮出土五代至清初瓷展》,香港大學馮平山博物館,1992 年,圖 253。

明青花的設計製造，這種新型的圖案設計後來對正德朝皇家藝術產生重要影響。

　　元代至明朝初年的「回回字」皆為波斯文（阿拉伯字母拼寫波斯語），正德窯青花瓷開始用阿拉伯文（阿拉伯字母拼寫阿拉伯語）「回回字」，尤其是《古蘭經》一般都用阿拉伯文抄寫。北京東四清真寺保存一件明代青花瓷牌屏，上書阿拉伯文美術字「清真言」，讀作：「萬物非主，只有阿拉，穆罕默德是阿拉的使者。」這件青花屏風現為倫敦戴維德基金會藏品。近年景德鎮珠山發現許多正德官窯「回回字」青花瓷片（圖2-5）。[28] 北京故宮收藏的正德官窯「回回字」青花瓷多達二十餘件。據李毅華介紹，北京故宮藏品以碗、盤為主，亦有爐、盒、燭台、筆山、深腹罐等。一件正德朝「回回字」青花碗，是典型的官窯器，碗底寫有「大明正德年製」青花雙圈六字楷款。碗呈雞心式，器型規整，胎釉皆精細（圖2-6：2）。內外白沿飾回紋邊一周，外壁飾以六個雙圈圓形開光，其間隙輔飾花卉圖案，碗足繪飾捲枝花邊，整個器物給人穩重、古樸的感覺。六圓開光內分別書寫波斯文單字，按順序釋為「政權」、「君王」、「永恆」、「每日」、「在增加」、「興盛」，意為：「政權君王永恆（王權永恆）」、「興盛與日俱增」。這裡的「王」可作「皇帝」或「君主」釋。碗的內底書寫阿拉伯文字句，環以雙圈線之內的捲葉紋飾。碗心釋文為「感謝他（真主）的恩惠」。

　　北京故宮還有一件「回回字」款礬紅瓷盤，盤內以三周雙線圓圈簡單裝飾。第二層圈內四個以阿拉伯文書寫的字句，讀作：「清高尊大的真主說。」盤心所書三行阿拉伯文抄自《古蘭經》第十七章第二十九節下半段經文，讀作：「你不要把手完全伸開（或你不要鋪張），以免你變成悔恨的受責備者。」盤外壁同樣以雙線圓圈為飾，上書《古蘭經》經文，讀作：「清高尊大的真主說，行塵埃大的善事者，將見其善報；做塵埃大的惡事者，將見其惡報。」底款用阿拉伯和波斯文混合書寫，共有三行文字。中間一行為阿拉伯文，上下兩行為波斯文，讀作：「迪麥尼可汗即阿曼‧蘇來曼沙。」所謂「可汗」或「沙」，是波斯或中亞穆斯林國家對最高統治者的稱號，那麼這件礬紅瓷器是為中亞或中東伊斯蘭教國家君主訂燒的。吐魯番、撒馬爾罕的穆斯林講波斯語，天方國講阿拉伯語。這件正德窯「回回字」礬紅瓷碗書寫阿拉伯文，本來是為天方國使團燒造的，不知什麼原因留在宮裡。

　　臺北故宮博物院還收藏四件正德窯波斯文青花瓷和一件波斯紋礬紅盤。第一件為波斯文番蓮紋尊（圖2-6：1），波斯文讀作：「噢，神！保護他的管轄者，消滅他的敵人」；第二件為波斯文番蓮紋七孔花插（圖2-6：3），波斯文讀作：「噢，神！保

---

28 香港大學馮平山博物館和景德鎮市陶瓷考古研究所，前揭書，第 138 頁和第 254 頁彩色圖版。

圖 2-5　景德鎮珠山明代御窰廠遺址出土正德窰「回回字」青花瓷片

2

1

3

圖 2-6　北京故宮博物院藏正德窰「回回字」款瓷器

圖 2-7　雅加達國家博物館藏正德窯玉壺春瓶、正德窯青花盤

圖 2-8　雅加達國家博物館藏正德窯青花盤和應龍紋青花罐

護他的國家和他的子民」；第三件為波斯文梅花罐，波斯文讀作「一個睿智的領導者，能使頑強難制者及謀叛者，聚齊一堂而相安無事」；第四件為青花蓮花盤，底款為「大明正德年製」，盤心波斯文為「豐盛」，外壁波斯文讀作：「依德而行，免於陷惡。」那件礬紅盤在盤心寫有波斯文，讀作：「噢，最慷慨的神啊！爾可讓拜火教徒與基督徒分享爾的豐富寶藏，爾難道會寬容敵人，而不更加善待爾的信徒嗎！」外壁波斯文讀作：「擁有此盤者，自始至終皆吉祥幸福。」[29]

三、蘇門答臘──明代「回青」的貿易中心

由於缺乏燒造青花的鈷料「回青」，景德鎮在正德年間面臨生產危機，因此正德御窯廠一度燒造大批紅綠彩或礬紅瓷器。《窺天外乘》記載：「回青者，出外國。正德間，大璫（指太監）鎮雲南，得之，以煉師為偽寶，其價初倍黃金。已知其可燒窯器，用之果佳。」[30] 由此可知，正德年間鎮守雲南的太監將大批「回青」從雲南運往景德鎮，以解決明朝御窯廠的鈷料危機。

在明代，「回青」從南海和西域兩條路線輸入中國。呂坤上奏萬曆皇帝說：「今天下之蒼生貧困可知矣。自萬曆十年以來，無歲不災……至饒州磁器，西域回青，不急之須，徒累小民敲骨。陛下誠一切停罷，而江南、陝西之人心收矣。」[31] 不過，明代從西域貢道進口「回青」始於嘉靖三十三年（1554年）。《大明會典》土魯番條記載：「嘉靖三十三年，進貢回回青三百一十斤八兩。」[32] 此前，「回青」皆從南洋蘇門答臘進口，有三則相關史料。

其一，《明史・外國傳》記載：「蘇門答剌，在滿剌加之西。順風九晝夜可至。……永樂二年……遣使朝貢。五年至宣德六年屢遣使來貢……十年復封其子為王。……貢物有寶石、瑪瑙、水晶、石青、回回青、善馬、犀牛、龍涎香、沉香、速香、木香、丁香、降真香、刀、弓、錫、鎖服、胡椒、蘇木、硫黃之屬。貨舶至，貿易稱平。」[33]

---

29 陳擎光：〈從宗教性紋飾探討十七至十八世紀中國貿易瓷供需之問題〉，《中國古代貿易瓷國際學術討論會論文集》，臺北歷史博物館，1994年，第284頁。

30 〔明〕王世懋：《窺天外乘》，《叢書集成初編》第2810-2811冊，上海：商務印書館，1937年，第20頁。

31 《明史・呂坤傳》，第5938頁。

32 〔明〕徐溥等纂修：《大明會典・禮部・給賜三・外夷下》，收入《續四庫全書》卷七九一《史部・政書類》卷一一二，上海古籍出版社，第136頁。

33 《明史・外國傳六》，第8421-8422頁。

其二，萬曆十七年（1589年）王世懋《窺天外乘》記載：「宋時窯器，以汝州為第一，而京師自置官窯次之。我朝則專設於浮梁縣之景德鎮。永樂、宣德間內府燒造，迄今為貴。其時以棕眼甜白為常，以蘇麻離青為飾，以鮮紅為寶。」[34]

其三，萬曆十九年（1591年）高濂《遵生八箋》亦載：「余意，青花成窯不及宣窯五彩，宣廟不及憲廟。宣窯之青，乃蘇浡泥青也，後俱用盡。至成窯時，皆平等青矣。宣窯五彩，深厚堆垛，故不甚佳。而成窯五彩，用色淺淡，頗有畫意。」[35]

有學者認為，「蘇麻離青」與「蘇渤泥青」表示兩種不同鈷料。其實，二者只是譯名不同。顧名思義，「蘇麻離青」或「蘇渤泥青」意為「來自蘇門答臘的鈷料」，那麼蘇門答臘當係明代「回青」貿易中心，專門為安南、雲南和景德鎮等青花窯廠提供伊斯蘭世界出產的鈷料「回青」。15世紀中葉，朝鮮李朝在京畿道廣州官窯開始燒造青花瓷，因鈷藍顏料稀有，所以朝鮮早期青花瓷非常珍貴，考古發掘的朝鮮早期青花瓷亦十分有限。《慵齋叢話》卷十記載：李朝「世宗朝御器，專用白磁，至世祖朝，雜用彩磁。求回回青於中國，畫樽罍杯觴，與中國無異，然回青罕貴，求中國亦未多得。朝廷議曰：『中國雖窮村茅店，咸用畫器，豈皆回青所畫，應有他物可畫者。』訪於中國，則皆曰此土青也。然所謂土青者，亦未求得，由是我國畫磁器甚少」[36]。可知朝鮮李朝是從中國進口「回青」。

1433年鄭和下西洋結束後，明廷仍從蘇門答臘進口「回青」，如宣德十年（1435年）蘇門答臘國貢物中就有「回回青」。《明史·外國傳六》記蘇門答臘國曰：「成化二十二年，其使者至廣東，有司驗無印信勘合，乃藏其表於庫，卻還其使。別遣番人輸貢物京師，稍有給賜。自後貢使不至。」[37]實際上，蘇門答臘國與明朝只是在成化二十二年後停止官方貿易，兩國民間貿易從未中斷。雲南為了燒造建水青花，一直與蘇門答臘保持密切聯繫。正因為如此，鎮守雲南的太監才能在正德年間從雲南得到「回青」，緩解景德鎮御窯廠的「回青」危機。至於「回青」究竟產自伊斯蘭世界的什麼地方，目前學界尚無明確的結論。

《明史·外國傳》記載：滿剌加國「自為佛郎機所破，其風頓殊。商舶稀至，多直詣蘇門答剌。然必取道其國，率被邀劫，海路幾斷」[38]。據葡萄牙史料記載，葡萄

---

34 《窺天外乘》，第20頁。
35 〔明〕高濂：《遵生八箋》，收入《四庫全書珍本九集》卷十四第13冊，臺北：商務印書館，1935年，第50頁。
36 （朝）成倪：《慵齋叢話》卷十，《韓國漢籍民俗叢書》第3冊，臺北：萬卷樓圖書股份有限公司，2012年，第250頁。
37 《明史·外國傳六》，第8421頁。
38 《明史·外國傳六》，第8419頁。

牙人占領馬六甲第二年（1512 年），幾乎沒有任何外國商船在馬六甲停泊。[39] 在印尼發現許多正德窯青花瓷，現藏雅加達國家博物館。其中一件纏枝番蓮「長命富貴」款玉壺春瓶（圖 2-7：1），與香港竹篙灣遺址出土正德窯穿花鳳紋盤的部分紋飾相同，必屬同一時代。印尼出土正德窯明青花，如荷塘紋青花盤、麒麟望月青花盤等（圖 2-7：2-5），以及喜盈門青花盤、番蓮紋青花盤（圖 2-8：1-2）、正德窯應龍紋青花罐（圖 2-8：3），就是這個時期從中國東南沿海地區運到爪哇或蘇門答臘的。

16 世紀末，蘇門答臘國更名「啞齊國」。《明史・外國傳》記載：「迨萬曆間，國兩易姓。……貢物有寶石、瑪瑙、水晶、石青、回回青、善馬、犀牛、龍涎香、沉香、速香、木香、丁香、降真香、刀、弓、錫、鎖服、胡椒、蘇木、硫黃之屬。貨舶至，貿易稱平。地本瘠，無麥有禾，禾一歲二稔。四方商賈輻輳。華人往者，以地遠價高，獲利倍他國。其氣候朝如夏，暮各秋，夏有瘴氣。婦人裸體，惟腰圍一布。其他風俗類滿剌加。篡弒後，易國名曰啞齊。」[40] 啞齊，即今蘇門答臘島北端的亞齊。為了和葡萄牙人爭奪馬六甲，鄂圖曼帝國蘇丹曾經派艦隊到亞齊建立海外軍事基地。

據葡萄牙史料記載，鄂圖曼帝國蘇丹曾在 16 世紀將五百名土耳其人，以及大型石炮和大量軍需物資送給亞齊的蘇丹，用以支持亞齊國攻打葡萄牙人占領的馬六甲。這個五百人的土耳其海外兵團，由槍手、翻砂工和軍械工程師組成。儘管遲至嘉靖四十五年（1566 年）或隆慶元年（1567 年），這支鄂圖曼帝國艦隊才有兩艘船抵達亞齊，但這只是鄂圖曼帝國派往蘇門答臘島的第一批軍火運輸船隊。在一份萬曆十三年（1585 年）寫成的葡萄牙文獻中，詳細記述各種口徑的土耳其青銅炮、槍枝，以及海軍人員和能夠增強與保衛要塞的軍械工程師。土耳其人不僅教授亞齊人製造火槍，而且也把已擁有優勢的火槍型號傳給他們在亞齊的穆斯林夥伴。在亞齊鑄造的一門大炮讓葡萄牙人留下深刻印象，以至於他們把它作為一件禮品贈送給西班牙國王。到 17 世紀早期，亞齊蘇丹伊斯坎達・穆達號稱有一個約兩千件武器的軍火庫。[41]

四、鄂圖曼帝國宮廷藝術的中國文化因素

鄂圖曼帝國，史稱「魯迷國」或「日落國」。前者源於波斯語 Rum（羅馬），趙汝適《諸蕃志》作「蘆眉」。日落國，阿拉伯語作 Djabulsa；《諸蕃志》譯作「茶弼

39 金國平編譯：《西方澳門史料選萃（15—16 世紀）》，廣州：廣東人民出版社，2005 年，第 32 頁。
40 《明史・外國傳六》，第 8419 頁。
41 （澳）尼古拉・塔林主編：《劍橋東南亞史》第 1 卷，賀聖達等譯，昆明：雲南人民出版社，2003 年，第 314 頁。

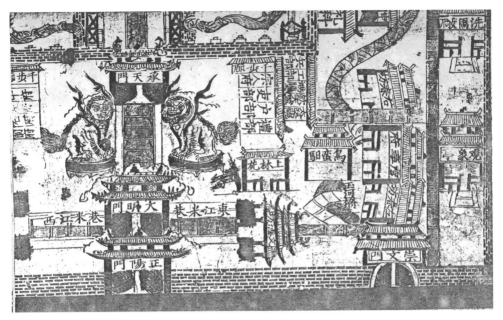

圖 2-9　《北京城宮殿之圖》之烏蠻驛

圖 2-10　托普卡匹宮藏15世紀波斯細密畫《畫冊》局部

沙國」，泛指歐洲或拜占庭帝國。永樂年間始有拜占庭使者來明朝。《明史·西域傳》記載：「日落國，永樂中來貢。弘治元年（1488 年），其王亦思罕答兒·魯密·帖里牙復貢，使臣奏求紵、絲、夏布、瓷器，詔皆予之。」[42]《續通典》亦有相同記載。[43] 關於永樂年間「日落國」來朝年分，清初談遷《國榷》說：「永樂二十一年（1423 年）二月辛酉，魯迷入貢。」[44]

　　1453 年，鄂圖曼帝國攻克君士坦丁堡，滅東羅馬帝國。於是，該城被鄂圖曼帝國蘇丹更名為伊斯坦堡，而城中東正教索菲亞大教堂則改建為大清真寺。既然如此，那麼永樂二十一年來朝的「日落國」當為拜占庭帝國，而弘治元年來朝的「日落國」則為鄂圖曼帝國。亦思罕答兒之名譯自波斯語 Iskanderih，其名源於希臘拉丁語 Alexandria（亞歷山大城）。這位鄂圖曼帝國使臣或許是一個入仕鄂圖曼帝國的羅馬人。魯迷屬於西域之國，按明朝法律規定，魯迷貢使須走西域貢道。《大明會典》卷一○七記載：「魯迷，嘉靖三年（1524 年）自甘肅入貢。」明朝法律還規定，西域使團大部分人要在甘肅嘉峪關從事貿易活動，所以這個魯迷國使團只有一少部分人允許入京朝貢。在京城期間，西域使者入住會同館北館，並且只能在京城會同館南館附近烏蠻驛從事貿易活動。

　　沈德符《萬曆野獲編》記載：「余於京師，見北館伴……館夫裝車，其高至三丈餘。皆韃靼、女真諸虜，及天方諸國貢夷歸裝所載。他物不論，即瓷器一項，多至數十車。予初怪其輕脆，何以陸行萬里。既細叩之。則初買時，每一器內納少土，及豆麥少許。疊數十個，輒牢縛成一片。置之濕地，頻灑以水。久之則豆麥生芽。纏繞膠固。試投之犖確之地，不損破者。始以登車。臨裝駕時，又從車上擲下數番，其堅韌如故者，始載以往。其價比常加十倍。蓋館夫創為此法。無所承受。」[45] 據萬曆年間刊刻《北京城宮殿之圖》標注，明代會同館北館在今北京城王府井大街東側，而烏蠻驛在明代北京城崇文門內，即今崇文門大街西北（圖 2-9）。[46]

　　儘管景德鎮御窯廠在洪武、永樂年間燒造大批釉裡紅、青花瓷，但是很大程度上是模仿前朝藝術。明朝皇家藝術實際上是宣德窯創立的，所以景德鎮明清窯廠皆模仿宣德窯器型、花紋乃至仿寫宣德年款。宣德窯瓷器還透過絲綢之路陸路傳入帖木兒帝

---

42 《明史·西域傳六》，第 8601 頁。

43 〔清〕嵇璜、劉墉等奉敕撰，紀昀等校訂：《續通典》卷一四九《邊防三》，杭州：浙江古籍出版社，2000 年，第 2010 頁。

44 〔清〕談遷編修：《國榷》卷十七第 2 冊，張宗祥校點，北京古籍出版社，1958 年，第 1200 頁。

45 〔明〕沈德符：《萬曆野獲編》卷三十，北京：中華書局，1959 年，第 780 頁。

46 此圖現藏日本宮城縣東北大學圖書館，參見孫果清：〈最早的北京城古代地圖──《北京城宮殿之圖》〉，《地圖》2007 年第 3 期，第 106-107 頁。

國。托普卡匹宮收藏的 15 世紀波斯細密畫《畫冊》中，有一幅〈佇列圖〉（圖 2-10），表現穆斯林商人在絲綢之路上運送明青花。[47] 在紐約大都會藝術博物館（圖 2-11：1）、上海博物館（圖 2-11：2）收藏有類似的明青花，皆為景德鎮宣德窯燒造。[48]

　　瓷器太重且易碎，難以從陸路長途販運，所以唐宋至元明時代，中國陶瓷外銷主要靠海路。因此，明代穆斯林商人一直謀求從海路將景德鎮瓷器運往鄂圖曼帝國。弘治年間，敘利亞已在鄂圖曼帝國統治之下，而敘利亞發現的兩百多件弘治窯青花，顯然是穆斯林商人從海路走私到鄂圖曼帝國的。此外，景德鎮弘治窯青花還被遠銷到鄂圖曼帝國首府——伊斯坦堡。例如：伊斯坦堡托普卡匹宮收藏三件穆斯林喜愛的弘治窯青花大盤。第一件為牡丹紋青花大盤，第二和第三件為纏枝番蓮紋青花盤，在里斯本桑托斯宮天花板明青花中，有一件弘治窯纏枝番蓮紋青花盤，與托普卡匹宮的第二件弘治窯青花盤幾乎完全相同。

　　明朝與鄂圖曼帝國民間貿易往來活動在正德朝達到高潮，托普卡匹老王宮收藏許多正德窯青花瓷和紅綠彩瓷，其中不乏精品瓷種。[49] 據考證，「明代正德朝罕見的攀紅回回文瓷器確實與較多數量的青花回回文瓷器，屬於兩種不同的體系」；「以存世數量而言，近百件的正德青花回回文瓷器遠遠多過僅有八件完整的攀紅回回文瓷器，後者應以陳設精品為目的，故量少而製作精良，基本都是官窯燒造的」。駱愛麗曾對正德朝九件攀紅「回回文」瓷器和四十餘件青花「回回文」瓷器上的銘文進行文字考釋，認為內容多為《古蘭經》、《聖訓》及文學名句。[50] 伊斯坦堡托普卡匹宮收藏兩件正德窯波斯文青花碗。第一件為穿花龍紋青花碗，底款為「大明正德年製」，口沿內側、碗心、碗內壁四個開光處寫有波斯文祝詞，但訛誤甚多。研究者認為，此碗寫了一段波斯文 Shi'ite 禱詞，可知是為波斯人燒造，而不是為土耳其或埃及市場製作的。第二件為波斯文青花碗，口徑 12.5 公分，底款為「正德年製」，碗心、外壁和內壁都寫有波斯文款（圖 2-12：3）。碗心波斯文讀作：「我在祈禱。」外壁波斯文讀作：「神祝福尊貴的穆罕默德，並祝福其家族。」內壁四行波斯文讀作：「阿拉是唯一的真神，穆罕默德是阿拉的先知。」[51]

47 （日）杉村棟編：《世界美術大全集　東洋編》第 17 卷，東京：小學館，1999 年，圖版 154。

48 陸明華：《明代官窯瓷器》，上海人民出版社，2007 年，第 28 頁。

49 Regina Krahl and Nurdan Erbahar, *Chinese Ceramics in the Topkapi Saray Museum, Istanbul: A Complete Catalogue*, London: Sotheby's Pubns., 1986.

50 駱愛麗：《十五～十六世紀的回回文與中國伊斯蘭教文化研究》，臺北：文史哲出版社，2008 年，第 167-168 頁。

51 波斯文青花碗照片，引自（土耳其）愛賽‧郁秋克主編，歐凱譯：《伊斯坦布爾的中國寶藏》，伊斯坦堡：阿帕設計出版印刷公司，2001 年，第 76 頁。

1　　　　　　　　　　2

圖 2-11　　紐約大都會藝術博物館和上海博物館藏宣德窯青花

1

2　　　　　　　　　　3

圖 2-12　　托普卡匹宮藏正德窯「回回字」青花碗、獅子鬥牡丹紋紅綠彩大盤和內青花外紅綠彩碗

　　托普卡匹宮還收藏兩件正德年間燒造的伊斯蘭風格的大盤。第一件為正德窯卷草紋青花大盤，盤心寫有梵文咒語。第二件為正德窯紅綠彩大盤，盤心飾獅子鬥牡丹紋，內壁飾穿花鳳紋（圖 2-12：1）。[52] 由於景德鎮「回青」面臨危機，正德窯燒造許多紅綠彩瓷和青花紅綠彩瓷，以節省鈷料。在香港竹篙灣外銷瓷遺址不見任何紅綠彩瓷片，而在廣東上川島外銷瓷遺址卻發現大批正德窯紅綠彩瓷，可見景德鎮正德窯大批燒造紅綠彩在 1514 年竹篙灣遺址廢棄之後。托普卡匹宮還藏有一件景德鎮正德窯內青花外紅綠彩瓷碗（圖 2-12：2），[53] 在廣東上川島外銷瓷遺址發現許多明代青花紅綠彩瓷，說明托普卡匹宮收藏的青花紅綠彩瓷碗的年代當在正德朝後期。

---

52 正德窯紅綠彩大盤照片，引自愛賽‧郁秋克，前揭書，第 85 頁。

53 景德鎮正德窯內青花外紅綠彩瓷碗，引自 Topkapi Palace Museum Porcelain（http://www.transanatolie.com/English/Turkey/In%20Brief/Museums/Topkapi/Porcelains/74a.jpg）。

3

大航海時代中國與西方的衝突與交流

　　明朝開國不久，朱元璋就頒布「片板不許下海」的禁海令，嚴禁中國百姓從事海外貿易。[1] 明朝海外貿易唯一合法方式是「朝貢貿易」，也就是外國與明廷進行有時間、地點規定的官方貿易。外國商船載貢品、土特產來華，明廷收取貢品等物後，以賞賜方式回酬外商所需中國貨物。各國貢期有三年、五年、十年不等，如規定琉球、高麗一年一貢；爪哇、暹羅、安南、占城三年一貢；日本十年一貢；滿剌加和古里不定期。西域諸國須走西域貢道，而西洋諸國則走南海貢道。貢舶須持明廷頒發的「勘合」（執照簽證），亦稱「勘合貿易」或「貢舶貿易」。《大明會典·朝貢通例》記載：「凡勘合號簿，洪武十六年（1383 年）始給暹羅國，以後漸及諸國。每國勘合二百道，號簿四扇。如暹羅國暹字號勘合一百道及暹羅字號底簿各一扇，俱送內府。羅字勘合一百道及暹字號簿一扇，發本國收填。羅字號簿一扇，發廣東布政司收比餘國亦如之。每改元，則更造換給，計有勘合國分：暹羅、日本、占城、爪哇、滿剌加、真臘、蘇祿國東王、蘇祿國西王、蘇祿國峒王、柯支、浡泥、錫蘭山、古里、蘇門荅剌、古麻剌。」[2] 大航海時代開始後，葡萄牙殖民者為代表的歐洲天主教文明、穆斯林海商為代表的中東伊斯蘭文明與中國文明之間的衝突與交流，最初是圍繞「朝貢貿易」展開的。

1　《明史·朱紈傳》記載：「初，明祖定制，片板不許入海」（《明史》，第 5403 頁）。
2　〔明〕徐溥等纂修：《大明會典·禮部六十六·朝貢四·西戎下》，《續修四庫全書》，上海古籍出版社，2002 年，第 106 頁。

一、明朝海禁的惡果

1405 至 1433 年，鄭和下西洋將明帝國朝貢貿易推向極致。鄭和艦隊在馬來西亞滿剌加（今馬六甲）、印尼蘇門答臘、孟加拉吉大港、印度古里（今科澤科德）、波斯灣忽魯謨斯島（今伊朗霍爾木茲島）建立一系列海外基地（史稱「官廠」），[3] 印度洋一度成了中國的內海。殊不知，這種官方壟斷貿易摧毀宋元海商在印度洋開闢的自由市場經濟型貿易網，除了印度、波斯王宮珍藏的明帝「賜賚瓷」之外，印度洋沿岸港口幾乎見不到永樂、宣德民窯瓷器。

鄭和下西洋一結束，明朝在印度洋的諸多官廠和中國官方壟斷的國際貿易網便頃刻瓦解。明朝海禁的惡果令人始料不及。宋元時代遠銷埃及、威尼斯的龍泉窯青瓷、埃及福斯塔特遺址出土的龍泉窯瓷片、土耳其伊斯坦堡托普卡匹宮所藏龍泉窯瓷器，年代皆在宋元至明初，[4] 由於找不到銷路，龍泉窯在明代中期被迫停產。深受伊斯蘭世界喜愛的景德鎮青花瓷亦外銷無門，在正統、景泰、天順三朝進入漫長的黑暗時代，古陶瓷學家稱之為「空白期」。[5]

1990 年代，在馬來西亞海域發現五艘明代沉船，包括洪武三年圖靈號、洪武十三年南洋號、建文元年龍泉號、天順四年皇家南海號，以及弘治十三年會安號。這五艘民間商船運載的貨物，大部分是暹羅素可泰仿龍泉及釉下黑彩瓷、[6] 安南青花等東南亞陶器。中國瓷器罕見，只在圖靈號和龍泉號沉船內發現為數不多的龍泉窯青瓷盤和蓋罐，而在皇家南海號沉船內只有一件景德鎮天順民窯月梅紋青花碗。[7] 據《中國古瓷在非洲的發現》一書介紹，東非的基爾瓦和麻林迪（肯亞古海港）發現明代早期青花瓷片，計有：錦地紋青花碗（內壁有瓔珞紋）、八寶蓮花紋青花碗、纏枝牡丹紋碗、纏

3　鄭和在滿剌加、蘇門答臘和古里所設官廠見《鄭和航海圖》（向達整理：《鄭和航海圖》，北京：中華書局，2000 年，第 50、53、58 頁）。關於孟加拉吉大港官廠的考證，參見周運中：〈明初張璇下西洋卒於孟加拉國珍貴史料解讀〉，《南亞研究》2010 年第 2 期，第 123-133 頁。

4　（日）三上次男著：《陶瓷之路》，李錫經等譯，北京：文物出版社，1984 年，第 13-14 頁和第 55-56 頁。據報導，威尼斯博物館藏有義大利海底沉船內打撈的元代龍泉窯印花大盤殘片（葉喆民：〈義大利所藏中國古陶瓷考察記略〉，《故宮博物院院刊》2000 年第 3 期，第 11-12 頁）。

5　耿寶昌：《明清瓷器鑑定》，北京：紫禁城出版社，1993 年，第 69 頁。

6　暹羅素可泰陶瓷又稱「宋加洛陶瓷」，參見王建保：〈宋加洛瓷器的磁州窯風格〉，《收藏》2014 年第 8 期，第 52-53 頁。

7　Roxanna Brown and Sten Sjostrand, *Maritime Archaeology and Shipwreck Ceremics in Malaysia*, Kuala Lumpur: Department of Museum and Antiquities, 2004. 龍泉窯牡丹紋青瓷蓋罐，參見該書第 15 頁，圖 6；景德鎮天順民窯月梅紋青花碗，參見該書彩版 117 圖。

8　馬文寬、孟凡人編：《中國古瓷在非洲的發現》，北京：紫禁城出版社，1987 年，圖版壹拾肆至壹拾陸。

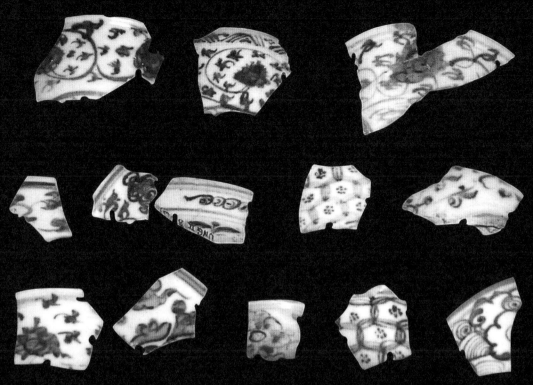

圖 3-1　肯亞麻林迪出土的景德鎮弘治—正德窯青花瓷片

圖 3-2　香港竹篙灣出土景德鎮弘治—正德窯青花瓷片

枝牡丹福字碗、牡丹菊紋碗、松竹梅紋碗等等。[8] 肯亞格迪博物館亦展出麻林迪出土的明青花（圖3-1）。[9]

據我們研究，這些東非出土明青花並非明代早期之物。從該書圖版看，錦地紋青花碗、如意頭紋盤、纏枝牡丹紋盤、纏枝菊紋盤，皆為景德鎮弘治民窯典型器；[10] 而八寶蓮花紋青花碗、纏枝牡丹紋青花碗、纏枝牡丹福字碗，牡丹菊紋青花碗、松竹梅紋青花碗、梵文青花碗，則為景德鎮正德民窯典型器。[11] 在香港竹篙灣外銷瓷遺址發現許多類似的明青花瓷片，如竹篙灣出土弘治窯龜背錦紋青花碗和歲寒三友紋青花碗（圖3-2：1 和 3）亦見於東非出土的明青花瓷片（圖3-1）；竹篙灣出土正德窯獅子滾繡球青花盤（圖3-2：2）的邊飾，與東非出土纏枝蓮紋青花碗（圖3-1 上中）邊飾相同。總之，東非出土的明青花瓷片的年代當在 15 至 16 世紀，亦即弘治—正德時期。[12]

1453 年，鄂圖曼帝國攻克君士坦丁堡（今伊斯坦堡），滅東羅馬帝國，控制經地中海通往東方的要衝，影響東西方貿易的發展極大。開闢通往東方的新航路，成為西歐國家的強烈要求。15 世紀末，伊比利亞半島的葡萄牙和西班牙擺脫摩爾人的統治，首先展開探索新航線和在海外進行殖民掠奪的活動。為了尋找《馬可・波羅遊記》提到東方香料和黃金，哥倫布向西航行，1492 年發現美洲新大陸；同時，葡萄牙人向東航行，1488 年抵達非洲南端的好望角。這一系列地理大發現，標誌著人類開始進入大航海時代。1498 年，在摩爾水手伊本・馬吉德的導航下，達・伽馬從麻林迪橫越印度洋，首航印度西海岸古里（今科澤科德）。當達・伽馬船隊返回里斯本時，船上滿載絲綢、瓷器、香料等東方物產，其價值相當於費用的六十倍。

1501 年，第二次遠航印度的葡萄牙艦隊將兩位景教徒從古里帶回里斯本。其中一位名叫若澤，曾前往羅馬和威尼斯觀見教皇和執政官。1502 年 6 月，若澤在威尼斯的講演被整理成書，1507 年以《若澤論印度航行》為題在威尼斯出版發行。據該書記載：「印度的百貨在此（指古里）匯集。以前契丹人在此貿易時尤甚。契丹人是基督徒，

---

9 圖 3-1 肯亞麻林迪出土的景德鎮弘治—正德窯明青花瓷片，引自胡廷武、夏代忠主編：《鄭和史詩》，昆明：雲南人民出版社，2006 年，第 314 頁。

10 菲律賓利納淺灘明代沉船內發現如意頭和錦地紋青花器，年代在弘治三年（1490 年），參見 Franck Goddio, *Sunken Treasures (Fifteenth Century Chinese Ceramics from the Lena Cargo)*, London: Periplus Publishing, 2000。

11 關於景德鎮正德窯典型器，參見耿寶昌，前揭書，第 111-123 頁。

12 圖 3-2 弘治窯龜背錦紋青花碗、正德窯獅子滾繡球紋青花盤，引自香港城市大學中國文化中心陶瓷下西洋研究小組編：《陶瓷下西洋——十三至十五世紀中國外銷瓷》，香港城市大學出版社，2003 年，第 41 頁，圖 87-89；圖 3-2 正德窯歲寒三友紋青花碗，引自中港考古研究室：《竹篙灣遺址 2001 年考古搶救發掘主要收穫》網路版（http://www.archaeology-hongkong.org/main.php）。

像我們一樣白，十分勇敢。八十或九十年前，他們在古里有一個特殊商站。古里王曾侮辱他們。一怒之下，他們集合一支龐大的船隊來古里，摧毀了它。從那時至今，他們從未來此貿易，但是他們到了一個屬於那羅辛哈王、名叫馬六甲的城市。該城沿印度河東行 1,090 海里可至。這些人名叫馬六甲人。他們運輸來各種絲綢、銅、鉛、錫、瓷器及麝香，換取完全加工過的珊瑚及香料。」[13] 1405 年頃，鄭和艦隊在馬六甲和古里先後設立過明帝國兩個官廠，那麼葡萄牙東來之前八十或九十年遠航馬六甲、古里的中國船隊，正是鄭和率領的明帝國艦隊。

　　就目前所知，東非出土的明青花，年代皆在 1498 年達·伽馬首航古里之後，想必是葡萄牙人從事東方貿易的遺物。換言之，達·伽馬開闢東方新航線後不久，一個新興的景德鎮瓷器消費市場於 15 至 16 世紀在歐洲形成。

二、朝貢貿易的崩潰

　　洪武三年，明朝在浙江、福建、廣東三地設市舶司，負責對外通商貿易，並規定：「寧波通日本，泉州通琉球，廣州通占城、暹羅、西洋諸國。」[14] 史載：「明市舶提舉司署在府城外西南一里即宋市舶亭海山樓故址。」[15] 廣東市舶司故址在今廣州市北京南路和東橫街交界處。明廷規定：「凡外夷貢者，我朝皆設市舶司以領之……許帶方物，官設牙行與民貿易，謂之互市。是有貢舶即有互市，非入貢即不許其互市。」[16] 外國貢船在廣州城西南珠江邊蜆子步（今廣州市西關十七甫路）停泊；外國貢使則入住懷遠驛（今廣州市十八甫路懷遠驛巷）。懷遠驛其內建有房舍一百二十間，雕梁畫棟，由市舶提舉司負責管理（圖 3-3）。[17] 按《大明會典》規定，赴京進貢者只能是外國使團中一少部分人，大部分人只能留在廣州從事貿易活動。[18]

---

13 金國平：〈葡萄牙史料所載鄭和下西洋史事探微〉，陳信雄、陳玉女編：《鄭和下西洋國際學術研討會論文集》，臺南：稻鄉出版社，2003 年，第 330-331 頁。

14 《明史·食貨志五》，第 1980 頁。

15 〔清〕史澄：《光緒廣州府志》卷八十四《古蹟略二》，光緒五年刊本（《中國方志叢書第一號》，《廣東省廣州府志（2）》，臺北：成文出版社影印本，1966 年，第 452 頁；王元林：〈明代初期廣東沿海貢舶貿易港考〉，《中國歷史地理論叢》2003 年第 1 期，第 57 頁。

16 〔明〕王圻：《續文獻通考》卷三十一《市糴考》，《四庫全書存目叢書》子部第 185 冊，濟南：齊魯書社，1997 年影印本，第 477 頁。

17 此圖引自中共廣州市委宣傳部、廣州市文化局編：《廣州文化遺產》文獻輯要卷，北京：文物出版社，2008 年，第 189 頁，圖五六。

18 李慶新：〈明前期市舶宦官與朝貢貿易管理〉，《學術研究》2005 年第 8 期，第 102-148 頁。

圖 3-3　明末清初廣州懷遠驛

　　在談到爪哇國穆斯林使用中國瓷器時，隨鄭和下西洋的馬歡說：他們「用盤滿盛其飯，澆酥油湯汁，以手撮入口中而食……一般國人最喜中國青花磁器……」[19] 為此，永樂和宣德帝賜予穆斯林國家君主許多景德鎮御窯廠特製的青花大盤，在伊朗阿爾德比勒靈廟和托普卡匹宮皆有收藏。鄭和下西洋結束後，通往印度洋的陶瓷之路亦中斷，但是穆斯林國家君主卻欲罷不能，他們已養成消費中國瓷器的嗜好。明代《回回館譯語》有一篇中亞撒馬爾罕國使臣向明廷乞求瓷器的「來文」。其文曰：「撒馬爾罕地面奴婢塔主丁皇帝前奏：今照舊例赴金門下叩頭，進貢玉石五十斤、小刀五把，望乞收受。朝廷前求討織金段（緞）子、磁碗、磁片等物，望乞恩賜，奏得聖旨知道。」[20] 瓷器和絲綢不一樣，難以透過陸路交通長途販運，所以中亞撒馬爾罕國商人亦推波助

19〔明〕馬歡著：《瀛涯勝覽校注》，馮承鈞校注，上海：商務印書館，1935 年，第 11-15 頁。
20（日）本田實信著：《回回館譯語》，胡軍譯，北京：中央民族大學東干研究所，2005 年，第 241-242 頁。

瀾，積極加入到南海貿易活動中。

為了從中國得到更多的絲綢和瓷器，撒馬爾罕國使臣費盡心機，他們想到的一個招數是貢獅。獅子為中國所不產，作為一種珍禽異獸，東漢以來西域諸國時以為貢。獅子的威儀尤為永樂帝喜愛，每當西域諸國貢獻獅子時，往往厚加賞賜。群臣紛紛詠詩作賦，成為永樂朝一大盛事。由於貢獅回報最高，撒馬爾罕國不斷向明廷貢獅。成化十四年至弘治三年，撒馬爾罕使臣一共七次向明廷貢獅。[21] 北京國家博物館藏萬曆己酉年〈皇都積勝圖〉上有一幅貢獅圖（圖 3-4），描繪的正是成弘治之際撒馬爾罕使臣貢獅的喧鬧場面。[22]

太監韋眷時任廣東市舶司提舉，以為外國使臣往滿剌加國市獅可以牟取暴利，便利用番禺私商黃肆、王凱父子召集撒馬爾罕等國夷商，下海通番。黃肆等人怙勢殺人、驚擾地方，被番禺縣知縣高瑤遣兵搜沒番貨巨萬。此事申報廣東左布政陳選後，得到行文嘉獎。不料，韋眷勾結朝中太監，惡人先告狀。陳選反而被奪職，押送京城。高瑤亦落職，而韋眷升任鎮守巡撫兩廣等處太監。[23] 三年之後，印度洋至廣州的海上通道被撒馬爾罕使臣怕六灣開通。《明孝宗實錄》記載，弘治二年十一月，撒馬爾罕「阿黑麻王遣使從滿剌加國取路進獅子、鸚鵡等物至廣州，兩廣總鎮等官以聞」。[24] 倪岳《止夷貢疏》亦載，撒馬爾罕使臣罕扎呼遜由滿剌加國前來貢獅。到廣州後，韋眷將貢獅、鸚鵡支給官錢，買辦餵養，並差人報送至京。皇帝下令禮部處理此事。禮部左侍郎倪岳認為南海非西域貢道，請卻之。皇帝採納這個意見，但是沒追究廣東鎮巡官的罪過。[25]

撒馬爾罕使臣不死心，這次貢獅不成，三年後再次從海路朝貢方物。弘治五年九月，「虎剌撒國回回怕魯灣等從海道至京，至玻璃、瑪瑙等方物。上卻之，命給口糧、腳力遣還」。[26] 虎剌撒國，即撒馬爾罕西部呼羅珊，[27] 而怕魯灣即成弘之際貢獅的撒馬爾罕使臣怕六灣。撒馬爾罕國從海路朝貢違反西域使者須走西域貢道的規定，再次遭到明廷卻貢。此後，正史再無撒馬爾罕使臣從海路朝貢的紀錄。[28]

21 張文德：《明與帖木兒王朝關係史研究》，北京：中華書局，2006 年，第 130-131 頁。
22 圖 3-4〈皇都積勝圖〉之貢獅圖，引自鄭和下西洋六百週年籌備領導小組等編：《雲帆萬里照重洋》，北京：中國社會科學出版社，2005 年，第 152 頁。
23 〔明〕嚴從簡編：《殊域周咨錄》，余思黎點校，北京：中華書局，1993 年，第 485-486 頁。
24 《明孝宗實錄》卷三十二，第 717 頁。
25 〔明〕倪岳：〈青溪漫稿〉，收入《四庫明人文集叢刊》，上海古籍出版社，1991 年，第 145-148 頁。
26 《明孝宗實錄》卷六十七，第 1276-1277 頁。
27 本田實信，前揭書，第 174 頁。
28 張文德：《明與帖木兒王朝關係史研究》，北京：中華書局，2006 年，第 130-131 頁。

韋眷不僅私下通番，還阻撓其他番商來華貿易，史載「成化二十三年，其國（天方國）中回回阿力以兄納的遊中土四十餘載，欲往雲南訪求。乃攜寶物鉅萬，至滿刺加，附行人左輔舟，將入京進貢。抵廣東，為市舶中官韋眷侵克。阿力怨，赴京自述……時眷懼罪，先已夤緣於內。帝乃責阿力為間諜，假貢行奸，令廣東守臣逐還，阿力乃號泣而去」。[29] 天方國在沙烏地阿拉伯的麥加，不在《大明會典》規定的朝貢貿易國之列，故阿力請滿刺加人幫忙入京朝貢。韋眷「與海外諸番相貿易，金繒寶玉犀象珍玩之積，郿塢如也」。[30] 這位天方國富商的到來自然影響韋眷的生意，因此他對阿力百般刁難。

韋眷後來被大臣參劾，死在京城，屍體運回廣州下葬。1964 年，廣州東山附近鐵路工人文化宮發現一座古墓，墓旁石碑鑴刻「大明弘治八年十一月初五日吉……欽命總鎮兩廣內官監韋公之墓」等碑文，可知是成化至弘治年間廣東市舶司太監韋眷之墓。他曾在廣州建東山寺，俗稱「太監寺」。韋眷墓就建在東山寺旁，用紅砂岩砌築墓室，內分前室和主室兩部分，全長 7.44 公尺。前有豎穴式墓道，石室兩壁券牆和後壁石牆厚達 1 公尺多。前部券拱五重，後部券拱四重。石室之外有厚達半公尺的三隔磚壁襯護。儘管如此，韋眷墓還是被人盜掘，劫後殘餘只有外國銀幣三枚、圓形素面薄金片一枚、殘斷珊瑚一枝、宋錢三枚和南漢鉛錢一枚。[31]

韋眷墓出土三枚外國銀幣中，有兩枚是孟加拉（明史稱「榜葛剌」）銀幣。據夏鼐考證，皆為孟加拉國王陪巴克沙（Ruku al-din Barbak）發行的（圖 3-5：2 和 4）。韋眷墓出土第三枚外國錢幣是威尼斯銀幣。夏鼐委託義大利學者調查，認為是威尼斯總督馬利皮埃羅（Pasquale Malipiero）發行的。威尼斯城保護神聖馬可在錢幣正面圖案右邊（圖 3-5：3），威尼斯總督馬利皮埃羅在左邊（圖 3-5：1）。[32] 這種帶十字架圖案的西方銀幣或稱「克魯扎多」（Cruzado），每枚約合明代白銀一兩。[33]

據牛津大學教授懷特豪斯調查，埃及馬木魯克蘇丹阿布勒費特·哈麥特曾於 1461 年贈予威尼斯總督馬利皮埃羅二十件中國瓷器。這批瓷器是目前所知最早傳入歐洲的明代瓷器之一。[34] 古代東西方海上交通的西方航線一直在威尼斯人操控之下，元初來

29 《明史·西域四》，第 8622 頁。

30 〔明〕黃榆撰：《雙槐歲抄》卷九〈獎賢文〉，北京：中華書局，1999 年，第 195 頁。

31 廣州市文物管理處：〈廣州東山明太監韋眷墓清理簡報〉，《考古》1977 年第 4 期，第 280-283 頁。

32 圖 3-5 韋眷墓出土孟加拉與威尼斯銀幣，引自廣東省文物管理委員會等編：《南海絲綢之路文物圖集》，廣州：廣東科技出版社，1991 年，第 102 頁。

33 夏鼐：〈揚州拉丁文墓碑和廣州威尼斯銀幣〉，中國社會科學院考古研究所編：《夏鼐文集》下卷，北京：社會科學文獻出版社，2000 年，第 117-126 頁。

34 David Whitehouse, "Chinese Porcelain in Medieval Europe", *Medieval Archaeology*, vol. 16, 1973, p. 75.

華的馬可・波羅就是其中之一。韋眷墓出土威尼斯銀幣、孟加拉銀幣和紅珊瑚，皆為韋眷私下「與海外諸番相貿易」的證據。凡此表明，葡萄牙人開闢東方新航線以前，中國與歐洲的經濟文化交流是中國海商、穆斯林海商、威尼斯商人以接力方式進行的。

中國東南沿海大規模走私貿易在 1480 年代形成第一個高潮。我們查到三則相關史料。其一，《東西洋考》記載：「閩在宋、元俱設市舶司。國初因之，後竟廢。成、弘之際，豪門巨室間有乘巨艦貿易海外者。奸人陰開其利竇，而官人不得顯收其利權。初亦漸享奇贏，久乃勾引為亂，至嘉靖而敝極矣。」[35] 其二，《閩書》卷四十七《文藝志・漳州府》記載，成化年間，漳州月港九龍江口海灣地區的「湖海大姓私造艦，歲出諸番市易，因相剽殺」。[36] 其三，《明憲宗實錄》記載，成化七年十月，「福建龍溪（今漳州龍溪）民丘弘敏與其黨，泛海通蕃。並令其妻馮氏謁見番王夫人，受珍寶等物」。[37] 所謂「番王夫人」，指滿刺加王后。至此，漳州海商完全開通馬六甲海峽以東的中國傳統的東亞貿易航線。[38]

1997 年，在菲律賓東北部巴拉望的利納淺灘發現一艘弘治三年（1490 年）沉沒的民間商船，船上載有大批越南、泰國陶瓷，以及景德鎮民窯青花瓷，今稱「利納沉船」。[39] 1999 年，法國石油公司鑽探海底石油時，在汶萊海域發現另一艘明代沉船，船上亦載有上萬件景德鎮民窯青花瓷和東南亞陶器。2006 年夏，我們在汶萊首府斯里巴加灣市國家博物館考察時，見到汶萊沉船所出明青花，大多數為弘治民窯青花瓷，少數為景德鎮仿龍泉窯產品。

為什麼菲律賓和汶萊明代沉船內有許多東南亞陶器呢？這是因為景德鎮青花瓷價格昂貴，船主買不起那麼多，所以到安南、暹羅買一些價格低廉的陶器壓倉，否則就得用石頭壓倉渡海去菲律賓或汶萊。

中國東南沿海大規模走私活動在弘治六年迎來第二個高潮，「廣東沿海地方，多私通蕃舶，絡繹不絕」。[40] 弘治六年十一月，「南京錦衣衛指揮使王銳言：『又有貪利之徒，治巨艦，出海與夷人交易，以私貨為官物，沿途影射。今後商貨下海者，請

---

35 〔明〕張燮著：《東西洋考》，謝方點校，北京：中華書局，1981 年，第 131 頁。

36 〔明〕何喬遠：《閩書》第 2 冊，廈門大學古籍整理研究所歷史系古籍整理研究室點校：福州：福建人民出版社，1995 年，第 1215 頁。

37 《明憲宗實錄》，第 1850 頁。

38 楊國楨：《閩在海中》，南昌：江西高校出版社，1998 年，第 53-67 頁和第 195 頁。

39 Franck Goddio, *Sunken Treasures: Fifteenth Century Chinese Ceramics from the Lena Cargo*, London: Periplus Publishing, 2000.

40 《明孝宗實錄》卷七十三，第 1367 頁。

即以私通外國之罪罪之。」都察院覆奏，從之」。[41] 看來，東非基爾瓦、麻林迪出土弘治窯青花瓷片，以及達‧伽馬在古里購買的中國瓷器，都是弘治六年以來從中國東南沿海地區走私出境的。

《明史‧外國傳》記載：「滿剌加，在占城南。順風八日至龍牙門，又西行二日即至。……正德三年，使臣端亞智等入貢。其通事亞劉，本江西萬安人蕭明舉，負罪逃入其國，賂大通事王永、序班張宇，謀往浡泥（今汶萊）索寶。而禮部吏侯永等亦受賂，偽為符印，擾郵傳。還至廣東，明舉與端亞智輩爭言，遂與同事彭萬春等劫殺之，盡取其財物。事覺，逮入京。明舉凌遲，萬春等斬，王永減死罰米三百石，與張宇、侯永並戍邊，尚書白鉞以下皆議罰。劉瑾因此罪江西人，減其解額五十名，仕者不得任京職。」[42] 這個記載表明，廣東海域至汶萊的走私貿易活動一直持續到正德三年（1509 年）。

三、香港竹篙灣明代走私港

既然中國東南沿海大規模走私貿易始於成弘之際，那麼當時的走私港口又在什麼地方呢？考古表明，這個走私港就在香港大嶼山東北海濱竹篙灣。1975 年，竹篙灣發現一處明代景德鎮青花瓷外銷遺址，今稱「竹篙灣遺址」（Penny's Bay Site）。1981年，皮考克（B. A. V. Peacock）研究竹篙灣出土的青花瓷，推測為 16 至 17 世紀中國外銷貨物，認為是運輸船只在竹篙灣作短暫停留時遺棄的。[43] 據金國平考證，葡萄牙人首次來華登陸地 Tamão（屯門）就在香港大嶼山。[44] 如果皮考克的說法成立，那麼葡萄牙人最初在中國從事走私貿易的「屯門」就在竹篙灣。1987 至 1992 年，香港古陶瓷專家林業強對竹篙灣出土青花瓷做了更為深入的年代學研究，他將竹篙灣遺址與景德鎮窯址出土青花瓷進行對比研究，推斷竹篙灣青花瓷主要來自景德鎮民窯，年代約在 15 至 16 世紀。[45] 換言之，竹篙灣遺址的年代約在成化至正德初年，早於葡萄牙人開闢東方新航線時代。

---

41 《明孝宗實錄》卷八十二，第 1553。

42 《明史‧外國傳六》，第 8418-8419 頁。

43 James Hayes, "Archaeological Site At Penny's Bay, Lantau", *JHKAS*, XI, 1984-1985, pp. 95-97.

44 金國平編譯：《西方澳門史料選萃（15—16 世紀）》，廣州：廣東人民出版社，2005 年，第 32 頁。

45 Peter Y. K. Lam, "Ceramic Finds of the Ming Period from Penny's Bay-An Addendum", *JHKAS*, XIII, 1989-1992, pp. 79-90.

圖 3-4 〈皇都積勝圖〉之貢獅圖

圖 3-5 廣州壹卷墓出土孟加拉與威尼斯銀幣

由於香港政府要在竹篙灣填海建迪士尼樂園，香港考古學會和古物古蹟辦事處對竹篙灣進行多次考古發掘。中港考古研究室對竹篙灣三次發掘（1986-1992 年）的青花瓷片做了分類和拼對整理，並修復部分器物。據統計，這三次發掘共出土可復原的青花瓷五百餘件，碎片兩萬餘片。器型主要是碗、盤等餐具，可辨認器形的有大碗、中碗、大盤、中盤、小盤。其他還有少量杯、罐和器蓋等。器物腹部或底部往往繪有人物、龍鳳、孔雀、獅子，以及山水、花草等數十種圖案。這些青花瓷大多數胎質細膩精白，釉厚而平滑，透明度高，藍色紋飾清晰豔麗。大部分屬於明代中期景德鎮民窯青花瓷，還有一些外龍泉釉內青花瓷盤殘片。只有少數成化窯青花瓷檔次較高，不見明代中期流行的紅綠彩、鬥彩、五彩等高檔瓷種。

在發掘竹篙灣遺址時，發掘者在靠近海邊的遺址區域還發現兩處護坡石堤及階梯形平台遺跡。護坡石堤現存約 9 公尺，約為東西向，沿上層平台的邊緣修建。石堤材料為灰色的礫岩和紅色的砂岩，部分石堤特意用灰、紅兩色岩石相間修成。上下兩級平台都為黃色土鋪墊於沙灘上，因沙丘起伏不平，較低處還用石塊墊高，以保持黃土面的水準。石堤和平台都是部分殘存。原始平台分布遍及河道北岸，面積在數百平方公尺。根據石堤上下層位的包含物判斷，石堤及平台年代在明代中期，與竹篙灣遺址所出大批明青花同時代，可知竹篙灣遺址是一個 15 至 16 世紀的海港碼頭。發掘者認為，「更為重要的是，遺址中發現了使用圓形瓦當建築，這些建築根據用瓦當制度以及明代大嶼山一帶有朝廷的軍事駐防的記載，有可能是負責管理海上貿易或海防之用的官府設置」。[46]

由於明朝以「懷柔遠人」、「厚往薄來」的原則進行朝貢貿易，往往以高於「貢品」數倍價值的貨物「賞賚」朝貢國。這樣一來，朝貢越多，明廷財政負擔就越重，明廷不得不對朝貢貿易國的貢期、貢道、貢船、貢品和人數等進行調整和限制，後來又在廣東珠江口外設置一批屬於外港性質的碼頭，准許非朝貢商船入廣東貿易。這件事的起因是：正德四年，暹羅民間商船遭遇風暴，漂流到廣東海域。鎮巡官按規定，「以十分抽三，該部將貴細解京，粗重變賣，留備軍餉」，准其貿易。[47] 翌年（1510年），明廷禮部默許這種做法，只是認為「泛海客商及風泊番船」不屬於朝貢船，因此不在市舶司職權範圍，理應由鎮巡及三司官兼管。[48] 既然准許非朝貢商船入境貿易，

---

46 中港考古研究室：《竹篙灣遺址 2001 年考古搶救發掘主要收穫》網路版（http://www.archaeology-hongkong.org/main.php）。

47 〔明〕顧炎武：《天下郡國利病書》原編第三十三冊《交趾西南夷》，收入《續修四庫全書》，上海古籍出版社，2013 年，第 2013 頁。

48 《明史·食貨志五》，第 1981 頁；《明武宗實錄》卷六十五正德五年四月壬午條，第 1430-1431 頁。

那就從根本上違背明朝原來制定的「有貢舶即有互市，非入貢即不許互市」的朝貢貿易原則。此事遭到布政司參議陳伯獻和巡撫廣東御史高公昭等官員的反對，但廣東右布政使吳廷舉巧辯興利，以「缺少上供香料及軍門取給」為理由，奏請廣東仍保持「不拘年分，至即抽貨」的做法，遂使廣東對外貿易呈現出一派「番舶不絕於海滋，蠻夷雜於州城」的繁榮景象。[49]

問題是，正德四年才准許非朝貢商船入境貿易，而竹篙灣最早的明青花屬於成化窯。例如：竹篙灣出土的成化窯蓮池水藻紋杯的紋飾，亦見於景德鎮珠山出土成化官窯青花瓷，[50]因此，我們認為竹篙灣遺址恐非「負責管理海上貿易或海防之用的官府設置」，而是「成弘之際，豪門巨室間有乘巨艦貿易海外者」的走私碼頭。

明代在廣東貿易的外國商船分兩種形式：葡萄牙艦隊和阿拉伯商船皆為尖底船，而滿剌加國、暹羅國則採用中國造平底船，葡萄牙史料稱作「中國式帆船」。關於滿剌加商船在廣東珠江口外停泊的碼頭，葡萄牙史料記載：「上述滿剌加中國式帆船泊於屯門島。如前所述，該島距廣州20里格。這些島嶼至南頭陸地的海面距離為1里格（約3英里）。在那裡，滿剌加中國式帆船泊於屯門澳，暹羅的中國式帆船則下碇葵涌（Hu Cham）港。較之暹羅人的港口，我們的港口距中國更近三里格。貨物先到暹羅人的港口，然後再至我們的港口。南頭老爺見到中國式帆船前來，馬上向廣州報告中國式帆船進入各島情況。廣州派來估價員對貨物估價、課稅，以實物抽份。」[51]這裡有四個地名需要討論。

其一，屯門島：這個「距廣州20里格」的「屯門島」，明清文獻稱「大蠔山」或「大奚山」，即今香港大嶼山。清代盧坤輯《廣東海防匯覽》卷三〈輿地二〉記載：「大奚山，一名大嶼山。……孤懸海外，為夷船必經之所。」[52]

其二，南頭：葡萄牙史料或稱「南頭要塞」。其文曰：「從交趾盡頭至中國沿岸近海南島處要塞密布。……有南頭要塞，廣州要塞，漳州等等。其中以廣州要塞為首，為那一帶的貿易中心。……它位於一大河河口。漲潮時，水深三四托。從河口可望見該城。它坐落於一平川之上，無山丘。其房屋均為石質建築。據說，其城牆寬達7噚，高度亦達多噚。據到過該城的呂宋人說，牆的內側是石砌的。有許多大中國式帆船為該城巡邏，城門關閉。我們前面講過的國王的大使在城中貿易需有印。否則，只能在

49 《明武宗實錄》卷一九四正德十五年二月己丑條，第3630-3631頁。

50 關於竹篙灣成化窯青花照片，參見香港城市大學中國文化中心陶瓷下西洋研究小組編：《陶瓷下西洋——十三至十五世紀中國外銷瓷》，香港城市大學出版社，2003年，第42頁，圖91-92。

51 金國平，前揭書，第23頁。

52 馬金科主編：《早期香港史研究資料選輯》上冊，香港：三聯書店，1998年，第76頁。

距廣州 30 里格處交易。廣州人將貨物運往該處。」[53] 據調查,「南頭位於深圳經濟特區西部,地處珠江口東岸,南臨深圳灣,同香港九龍新界隔海相望。南頭半島緊接南頭城,沿西南方向伸出在珠江口的前海和後海之間,南北長 8 公里,東西寬 2 至 7 公里」。[54] 深圳南頭古城距大嶼山不遠,兩地距離相當於葡萄牙史料所記「1 里格」(約 3 英里)。

其三,葵涌(Hu Cham):金國平先生將該地名譯作「東涌」,不一定正確。我們認為當為香港新界南部的「葵涌」,正德四年後成為暹羅商船停泊的碼頭。

其四,屯門澳:《蒼梧總督軍門志》亦稱「屯門澳」,指大嶼山東北海濱竹篙灣。[55] 所謂「澳」,屈大均《廣東新語・地語》說:「凡番船停泊,必以海濱之灣環者為澳。澳者,舶口也。」[56] 施存龍認為,「《蒼梧提督軍門志》中的『屯門澳』與《粵大記》中的『大蠔山』則名異而實同地」,均指香港大嶼山。大蠔山即大嶼山是正確的,但是「屯門澳」實際上僅指大嶼山東北海濱竹篙灣。成弘之際,這裡是中國東南沿海走私貿易中心,正德四年後被市舶司指定為滿剌加國商船停泊碼頭。葡萄牙史料所謂「我們的港口」顯然出自滿剌加商人之口,亦指大嶼山(葡萄牙史料稱「屯門島」)東北的竹篙灣。正如施存龍指出的,明代廣東珠江口外許多港口稱「屯門」,但是它們並非同一地點。[57]

1510 年葡萄牙第二任印度總督阿爾布奎克占領印度西海岸果阿,並以此作為葡屬亞洲殖民地首府。1511 年,阿爾布奎克發兵占領馬六甲,此後仍有滿剌加商船來廣東貿易。《明武宗實錄》記載:「廣東布政使司參議陳伯獻奏:『嶺南諸貨出於滿剌加、暹羅、爪哇諸夷,計其產,不過胡椒、蘇木、象牙、玳瑁之類,非若布帛、菽粟民生一日不可缺者。近許官府抽分,公為貿易,遂使奸民數千駕造巨艦,私置兵器,縱橫海上,勾引諸夷,為地方害,宜亟杜絕。』事下禮部議:『令撫按等官禁約番船,非貢期而至者,即阻回,不得抽分以啟事端,奸民仍前勾引者,治之。』報可。」[58]

2008 年,我們在香港古蹟辦公室文物庫房內考察過竹篙灣出土明青花瓷片,年代最早的屬於成化年間。例如:竹篙灣出土的成化窯纏枝秋葵紋青花碗殘片(圖 3-7),與 1981 年 5 月 20 日香港蘇富比拍賣會一件拍賣品完全相同。不過,竹篙灣發現的絕

53 金國平,前揭書,第 21 頁。
54 參見《南頭風情》,深圳:海天出版社,1990 年,第 1 頁。
55 〔明〕應檟等纂:《蒼梧總督軍門志》,臺灣:學生書局,1970 年影印本,第 90 頁。
56 〔清〕屈大均:《廣東新語》,北京:中華書局,1985 年,第 36 頁。
57 施存龍:〈葡人入居澳門前侵入我國「南頭」考實〉,《中國邊疆史地研究》1999 年第 2 期,第 51-63 頁。
58 《明武宗實錄》卷一一三正德九年六月丁酉條,第 2297 頁。

圖 3-6　香港大嶼山竹篙灣

圖 3-7　竹篙灣出土景德鎮成化民窯青花瓷殘片

大多數明青花瓷片為弘治民窯產品，年代最晚的在正德初年。例如：穿花鳳紋青花盤、獅子滾繡球青花盤、纏枝蓮花托寶紋碗和團花青花碗等，皆為景德鎮正德民窯典型器。[59] 明武宗詔令治理廣東沿海走私貿易之事就發生在正德九年（1514 年）六月，而竹篙灣遺址最晚的青花瓷亦為正德民窯產品。這個滿剌加人停泊的碼頭，顯然是隨滿剌加國的滅亡而逐漸廢棄的，最終廢棄於 1514 年。[60]

四、桑托斯宮的明青花

　　1499 年，達‧伽馬率葡萄牙艦隊從古里返回里斯本，並獻給葡萄牙王唐‧曼努埃爾和王后伊莎貝拉一批從古里帶回的中國瓷器。[61] 這是透過東方新航線運回里斯本的第一批明代瓷器。在里斯本桑托斯宮金字塔式天花板上，鑲嵌有兩百六十一件中國青花瓷（圖 3-8），其年代從弘治年間直迄明末（1498 年至 17 世紀中葉）。1909 年以後，桑托斯宮成為法國大使館。[62] 有些明青花被永久性借到巴黎吉美亞洲藝術博物館展覽，如展品中壺腹繪道教煉丹圖、底款為「大明嘉靖年造」的青花執壺，就是桑托斯宮之物。[63] 這批明青花中有兩件景德鎮弘治民窯產品：第一件為弘治窯纏枝蓮應龍紋青花盤（圖 3-9：1），在竹篙灣遺址發現類似的弘治窯青花盤殘片（圖 3-9：3）；第二件為弘治窯纏枝蓮麒麟望月紋青花盤（圖 3-9：2），器型和花紋與第一件十分相似，只是應龍紋改為麒麟望月紋，在篙灣遺址發現過幾乎完全一樣的麒麟望月紋青花盤殘片（圖 3-9：4）。這兩件弘治民窯青花盤，很可能是 1499 年（弘治十二年）達‧伽馬從古里帶回里斯本的。[64]

---

59 這次考察得到香港古物古蹟辦事處孫德榮先生的熱情幫助，謹致謝忱。

60 香港竹篙灣遺址不見正德中期以後流行的紅綠彩瓷，年代當在正德中期以前。據復旦大學劉朝輝調查，該遺址還發現零星嘉靖早期景德鎮青花瓷片（劉朝輝：〈明代瓷器外銷與沿海貿易港口：香港竹篙灣出土瓷器及相關問題研究（摘要）〉，鄭培凱主編：《逐波泛海——16 至 17 世紀中國陶瓷與物質文明擴散國際學術研討會論文集》，香港城市大學中國文化中心，2012 年，第 43-44 頁）。最近有學者引用香港竹篙灣出土十字形符號青花瓷片，說明葡萄牙人首航中國在大嶼山（吉篤學：〈上川島花碗坪遺存年代等問題新探〉，《文物》2017 年第 8 期，第 59-68 轉 84 頁）。其實，這些發現說明竹篙灣遺址廢棄之後還偶爾使用，不足以說明大嶼山即葡萄牙史料提到的貿易島。

61 David Whitehouse, "Chinese Porcelain in Medieval Europe", *Medieval Archaeology* 16, 1973, p. 75.

62 金國平、吳志良：〈流散於葡萄牙的中國明清瓷器〉，《故宮博物院院刊》2006 年第 3 期，第 104 頁。

63 Daisy Lion-Goldschmidt, "Les porcelaines chinoises du palais de Santos", *Arts Asiatiques*, Extrait du tome XXXIX-1984, pp. 3-70.

64 圖 3-9：1-2 桑托斯宮明青花照片，引自 Daisy Lion-Goldschmidt, *op. cit.*, p. 3；圖 3-9：3-4 竹篙灣青花盤殘片照片，引自廣東省博物館等編：《廣東出土五代至清代文物》，香港中文大學文物館，1989 年，彩圖 76。

　　弘治六年（1493 年）十一月己卯，「南京錦衣衛指揮使王銳言：『又有貪利之徒，治巨艦，出海與夷人交易，以私貨為官物，沿途影射。今後商貨下海者，請即以私通外國之罪罪之。』都察院覆奏，從之」。[65] 從時間看，非洲東部的基爾瓦、麻林迪出土弘治窯青花瓷，以及達‧伽馬首航印度帶回里斯本的中國瓷器，很可能是弘治六年穆斯林海商從竹篙灣走私到古里和東非的。據芝加哥大學教授卡斯威爾調查，大約兩百多件景德鎮弘治民窯青花瓷還從印度古里運到敘利亞，包括荷塘紋青花碗、孔雀紋青花盤、青花碗、伊斯蘭風格的青花壺，以及波斯藝術風格的青花筆盒。[66] 這種筆盒不是為中國文人設計的，其原始造型來自波斯細密畫家的金屬筆盒，托普卡匹宮亦有收藏。波斯細密畫雖受宋元工筆畫影響，但是畫幅小，所用毛筆細小，耗墨量不大，因此波斯筆盒往往與調色盤合二為一，採用混合多層式設計。[67]

　　在菲律賓利納沉船發現景德鎮弘治民窯為波斯細密畫師設計的混合多層式青花筆盒，年代在弘治三年（1490 年）。[68] 我們注意到，竹篙灣遺址出土與敘利亞藏品完全相同的孔雀紋青花盤，說明這批弘治窯青花也是從香港竹篙灣走私出境的。

五、威尼斯畫家筆下的明青花

　　葡萄牙船隊將景德鎮弘治窯青花瓷運到歐洲之後，立即成為歐洲君主和貴族珍藏的對象。不僅如此，這些異國情調的青花瓷還引起義大利文藝復興時期藝術家的注意。1514 至 1529 年，威尼斯畫家貝利尼和提香甚至把兩件明青花繪入畫作〈諸神之宴〉（圖3-10）。這幅世界名畫現存華盛頓國家美術館。這幅畫的內容取材於古羅馬詩人奧維德的名作〈盛宴〉，描述在一次酒神盛宴中，生殖神普里阿普斯因為行為不檢，在宴會中出醜。畫面最右邊斜躺著仙女洛提絲，最左邊是一位半人半獸神，他們陪伴諸神在聖宴中把一頭驢子供奉為犧牲。生殖神禁不起肉慾的誘惑，打算把仙女洛提絲裙子掀起來，但是驢子的叫聲使他沒有得逞，並且當眾出醜。在座的諸神因為發生這件醜聞莫不歡天喜地，此畫充分表達文藝復興時期的宮廷風俗。[69]

---

65 《明實錄》，第 1553 頁。

66 John Carswell, *Blue and White: Chinese Porcelain around the World*, London: British Museum, 2000, pp. 131-134.

67 劉淼、吳春明：〈明初青花瓷業的伊斯蘭文化因素〉，《廈門大學學報》2008 年第 1 期，第 121-128 頁。

68 Franck Goddio, *Sunken Treasures (Fifteenth Century Chinese Ceramics from the Lena Cargo)*, London: Periplus Publishing, 2000.

69 圖 3-10 貝利尼和提香的名作〈諸神之宴〉局部，引自 John Carswell, *op. cit.*, p. 133。

圖 3-8 桑托斯宮天花板上的明青花

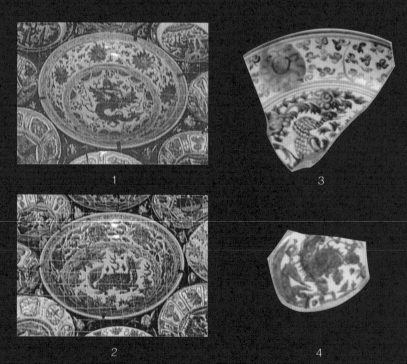

1

3

2

4

圖 3-9 桑托斯宮天花板與竹篙灣遺址出土明青花

圖 3-10　貝利尼和提香的名畫〈諸神之宴〉局部，繪於1514至1529年

圖 3-11　菲律賓明代沉船、景德鎮珠山和竹篙灣遺址所出弘治民窯明青花

這幅世界名畫中有兩項中國元素：一是色彩斑斕的中國絲綢；二是兩件弘治窯明代青花。在當時歐洲人心目中，遙遠的中國還是東方一個神祕國度，所以貝利尼試圖用中國元素增加繪畫的神祕色彩。畫中男子頭上頂的纏枝蓮紋折沿青花盤，是景德鎮弘治民窯產品，在菲律賓利納淺灘明代沉船發現過十分相似的青花盤（圖 3-11：1）。畫中女郎手捧明青花大碗，內壁為如意頭紋，外壁為纏枝蓮紋。景德鎮珠山出土的弘治官窯青花碗與之相似，內壁飾有如意頭紋，外壁飾纏枝蓮應龍紋（圖 3-11：3）。[70] 在香港竹篙灣遺址發現許多類似的青花盤，其中一件外壁飾纏枝蓮紋（圖 3-11：4），另一件盤心和內壁飾有如意頭紋（圖 3-11：2）。[71]

據葡萄牙史料記載，葡萄牙艦隊在 1500 年重訪古里時，「一個摩爾人送給第二次航行印度船隊的甲比單末（葡萄牙語「大船長」）卡布拉爾一批瓷器和『一對非常漂亮，身著絲綢服裝，白皮膚的華人童男、童女』……」[72] 這是葡萄牙人首次與華人接觸，而這批瓷器則是葡萄牙人透過新航線輸入歐洲的第二批明代瓷器。儘管古里國在《大明會典》規定的「勘合貿易」國之列，但是《明實錄》未載古里與中國有貿易活動，葡萄牙人運回歐洲的弘治窯瓷器，大概也是中國海商從竹篙灣走私到滿剌加國，然後由穆斯林海商販運到古里的。

這批弘治窯青花之所以走私到印度，或許與弘治年間江西人李招貼、福建人周程下海通番相關。《明孝宗實錄》記載：「江西信豐縣民李招貼與邑人李廷方、福建人周程等，私往海外諸番貿易，至爪哇、誘其國人哽亦宿等，賷番物來廣市之。哽亦宿父八祔烏信者，其國中頭目也，招貼又令其子誘之，得爪字三號勘合底薄故紙藏之，以備緩急。舟經烏洲洋，遭風飄至電白縣境，因偽稱爪哇國貢使奈何噠亞木，而以所得底薄故紙填一行番漢人姓名，凡百有九人，及所貨椒木、沉香等物，謂為入貢。所司傳送至廣州，給官廩食之，守臣以聞。」[73] 江西和福建海商冒充爪哇國貢使發生在弘治十四年三月，那麼他們「私往海外諸番貿易，至爪哇」發生在弘治十三年或早些時候。1500 年，摩爾人在古里贈予葡萄牙人的景德鎮弘治民窯青花，顯然是江西、福建海商聯手走私出境的，而且很可能即從香港竹篙灣走私出境。

---

70 香港大學馮平山博物館、景德鎮市陶瓷考古研究所編：《景德鎮出土五代至清初瓷展》，香港大學馮平山博物館，1992 年，圖 303。

71 圖 3-11 竹篙灣出土纏枝蓮紋青花盤，引自香港城市大學中國文化中心陶瓷下西洋研究小組編：《陶瓷下西洋──十三至十五世紀中國外銷瓷》，香港城市大學出版社，2003 年，第 40 頁，圖 85；圖 3-11 弘治窯如意頭紋青花盤為私人藏品，與竹篙灣出土如意頭紋青花盤殘片幾乎完全相同。

72 金國平，前揭書，第 5 頁。

73 《明孝宗實錄》，第 3127-3128 頁。

1502 年里斯本繪製的第一次標明赤道線和熱帶回歸線的一張古地圖上，有關滿刺加（今馬六甲）的圖注便涉及中國瓷器。其文曰：「這個城市所有的物產，如丁香、蘆薈、檀香、安息香、大黃、象牙、名貴寶石、珍珠、麝香、細瓷及其他各種貨物，絕大部分從外面進來，從唐土（Terra dos China）運來。」[74]

總之，人類進入大航海時代以後，歐洲與中國在海上建立直接聯繫，埃及、波斯等具有數千年文明史的人類古文明發源地，開始從文明中心淪落為文明的邊緣。如果說漢唐時代中西文化交流主要以中亞粟特人為媒介，那麼葡萄牙殖民者為代表的歐洲天主教文明、穆斯林海商為代表的中東伊斯蘭文明，在大航海時代與中國文明發生直接交流接觸。三大文明之間不僅發生激烈衝突，而且也有友好交流。有學者甚至認為，中國近代史的起點實際上是從 1511 年葡萄牙人占領中國藩屬國滿刺加開始的。[75] 15 至 16 世紀景德鎮青花瓷外銷的歷史畫卷，生動展示明代東西方文化的衝突與交流。

---

74 金國平、吳志良：〈流散於葡萄牙的中國明清瓷器〉，《故宮博物院院刊》2006 年第 3 期，第 102 頁。

75 金國平、吳志良：〈1511 年滿刺加淪陷對中華帝國的衝擊──兼論中國近代史的起始〉，《學術研究》2007 年第 7 期，第 73-95 頁。

4

明帝國宮廷製圖師考

明代宮廷沒有西方式專業製圖師，明代地圖有些採用青綠山水畫形式，因此宮廷畫師往往充當製圖師。目前所知明代世界地圖如《大明混一圖》（1389 年）、《鄭和航海圖》（1425-1433 年）和《蒙古山水地圖》（1524-1539 年）等，皆出自明代宮廷畫師之手。本文將在前人研究的基礎上，全面調查中外地理學史料、明代宮廷繪畫史料，探討這三幅明代世界地圖的創作過程及其宮廷畫師。

一、《大明混一圖》之宮廷畫師

明朝開國不久，宮廷畫師就繪製了一幅世界地圖，名曰《大明混一圖》。絹本設色，縱 386 公分，橫 456 公分。方位上北下南，未標比例尺，現藏中國第一歷史檔案館。此圖繪製過程未見檔案文獻記載，圖上亦無繪製時間和作者。根據圖上有時代特徵的幾個地名，研究者推定繪於洪武二十二年（1389 年）。[1]

1389 年，明王朝下西洋活動尚未開始，明初宮廷畫師的世界地理知識當源於元代地理學。洪武元年（1368 年），「徐達入元都，封府庫圖籍，守宮門，禁士卒侵暴，遣將巡古北口諸隘」。[2] 既然徐達進元大都（今北京）後封存元宮內府各類檔案，那麼《大明混一圖》無疑參考元宮內府藏世界地圖。

有元一代創作許多氣勢恢宏的世界地圖，大致可分兩類：一類按「計里畫方」的

1　汪前進、胡啟松、劉若芳：〈絹本彩繪《大明混一圖》研究〉，曹婉如等編：《中國古代地圖集》明代卷，北京：文物出版社，1995 年，第 54-55 頁。

2　《明史》卷二〈太祖本紀〉，北京：中華書局，1974 年，第 21 頁。

方式繪製，如元代朱思本的《輿地圖》；[3] 另一類按「青綠山水畫」的方式繪製，如元代吳門畫師李澤民的《聲教廣被圖》。兩圖原本久佚，不過，1402 年金士衡等朝鮮名臣根據《聲教廣被圖》等明代地圖繪製另一幅世界地圖，名曰《混一疆理歷代國都之圖》。此圖原本亦未流傳下來，日本貴族大谷家族藏有一幅 15 世紀末臨摹本，據說是文祿之役後，豐臣秀吉賜予西本願寺的（一說明治初年大谷光瑞在朝鮮買入）。這個摹本繪於繒帛之上，縱 1.5 公尺，橫 1.63 公尺，現藏日本京都龍谷大學圖書館。[4]

稍加比較，不難發現《混一疆理歷代國都之圖》與《大明混一圖》一脈相承，只是朝鮮半島被刻意放大。圖上權近題跋曰：「天下至廣也，內自中邦，外薄四海，不知其幾千萬里也。約而圖之於數尺之幅，其致詳難矣。故為圖者皆率略。惟吳門李澤民《聲教廣被圖》，頗為詳備；而歷代帝王國都沿革，則天台僧清浚《混一疆理圖》備載焉。建文四年（1402 年）夏，左政丞上洛金公（金士衡）、右政丞丹陽李公（李茂）燮理之暇，參究是圖，命檢校李薈，更加詳校，合為一圖。其遼水以東及本國之圖、澤民之圖，亦多缺略。今特增廣本國地圖，而附以日本，勒成新圖。井然可觀，誠可不出戶而知天下也。」

至於兩圖之間的關係，研究者認為，《大明混一圖》的國內部分依照元代清浚《混一疆理圖》、元代朱思本《輿地圖》繪製，而非洲、歐洲、東南亞部分和《混一疆理歷代國都之圖》同源。後者圖上有跋文說是建文四年（1402 年）金士衡等朝鮮名臣根據吳門畫師李澤民的《聲教廣被圖》和天台僧清浚的《混一疆理圖》繪製，又由權近根據朝鮮地圖增繪朝鮮和日本部分。故知《大明混一圖》的非洲、歐洲、東南亞部分依據《聲教廣被圖》。《混一疆理圖》沒有繪出印度，那麼《大明混一圖》的印度部分也許依據元代「回回」地理學家札馬魯丁的《地球儀》和元代彩繪地圖。[5]

陳佳榮在明人筆記《水東日記》弘治刻本、嘉靖刻本，以及《文淵閣四庫全書》附圖中，發現清浚所繪《混一疆理圖》的詳略兩種摹本，常熟徐氏弘治（1488-1505 年）刻本稱之為《廣輪疆理圖》（圖 4-3）。該圖福建海域有圖注：「自泉州風帆，六十日至爪哇，百二十八日至馬八兒，二百餘日至忽魯沒思（今伊朗霍爾木茲島）。」[6] 清康

3 劉新光、李孝聰：〈狀元羅洪先與《廣輿圖》〉，《文史知識》2002 年第 3 期，第 26-34 頁。

4 （日）杉山正明：〈東西の世界圖が語る人類最初の大地平〉，《大地の肖像——絵図・地図が語る世界》，京都大學學術出版會，2007 年，第 54-83 頁；孫果清：〈混一疆理歷代國都之圖〉，《地圖》2005 年第 4 期，第 89-90 頁；（日）宮紀子：〈《混一疆理歷代国都之図》への道〉，《モンゴル時代の出版文化》，名古屋大學出版會，2006 年，第 487-651 頁。

5 汪前進等，前揭文，第 54-55 頁；孫果清，前揭文，第 89-90 頁；李宏為：〈沉寂數百年　一鳴傳天下——《大明混一圖》引起世人關注〉，《歷史檔案》2004 年第 1 期，第 133-136 頁。

6 陳佳榮：〈清浚元圖記錄泉州對伊斯蘭地區的交通〉，《海交史研究》2009 年第 1 期，第 27-33 頁。

熙刻本稱之為《廣輿疆理圖》。該書卷十七記載：「予近見《廣輿疆里》一圖。其方周尺僅二尺許，東自黑龍江西海祠，南自雷廉特磨道站至夛灘通西，皆界為方格，大約南北九十餘格，東西差少……」又錄嚴節圖跋曰：「此圖乃元至正庚子（至元二十年／ 1360 年）台僧清濬所畫，中界方格，限地百里，大率廣袤萬餘。其間省路府州，別以朱墨，仍書名山大川水陸限界。予喜其詳備，但與今制頗異，暇日因摹一本，悉更正之。黃圈為京，朱圈為藩，朱豎為府，朱點為州，縣繁而不盡列。若海島沙漠，道里遼絕，莫可稽考者，略敘其概焉。時景泰壬申正月，嘉禾嚴節貴中謹識（本注：郡邑間有仍舊名者，既不盡列，不復改也）。」[7]

　　明初宋濂稱《混一疆理圖》為《輿地圖》。他在〈送天淵然而禪師濬公還四明序〉寫道：「天淵，名清濬，天台之黃岩人。……余初未能識天淵，見其所裁《輿地圖》，縱橫僅尺有咫，而山川州郡彪然在列，余固已奇其為人。」[8] 陳佳榮認為《混一疆理圖》不是《廣輪疆理圖》，並推測清濬或為《大明混一圖》作者之一。[9] 周運中不同意此說，因為史書裡沒有清濬為《大明混一圖》作者的直接史料。他認為《大明混一圖》的來源應該是多樣的，而非單一的。[10]

　　從權近題跋看，《大明混一圖》的海外部分源於《聲教廣被圖》，該圖作者李澤民的世界地理知識當源於阿拉伯地圖。早在元代初年，伊斯蘭地圖就傳入中國。《秘書監志》記載：「至元二十四年（1287 年）二月十六日，奉秘書監台旨，福建道騙（遍？）海行船回回每（們），有知海道回回文刺那麻，具呈中書省行下合屬取索者。奉此。」[11] 元代「回回文」指波斯文，[12] 所謂「刺那麻」譯自波斯語 rāhnimāy（指南），[13] 相當於阿拉伯語 rahnami（指南）。[14]

　　阿拉伯人的科學知識來自古希臘學者，至少三部托勒密的著作對伊斯蘭科學的發展產生深遠影響。第一部是《天文學大成》（*Almagest*）十三卷，第二部是《地理

7　《水東日記》點校本稱此圖為《廣輿疆理圖》。該書以康熙十九年葉氏賜書樓印本為底本，但是無附圖（〔明〕葉盛：《水東日記》，魏中平點校，北京：中華書局，1980 年，第 169 頁）。

8　〔明〕宋濂：《宋濂全集·宋學士文集·鑾坡前集》卷八，杭州：浙江古籍出版社，1999 年，第 503 頁。

9　陳佳榮：〈現存最詳盡、準確的元朝疆里總圖——清濬《廣輪疆里圖》略析〉，《海交史研究》2009 年第 2 期，第 1-30 頁。

10　周運中：〈《大明混一圖》中國部分來源試析〉，劉迎勝主編：《《大明混一圖》與《混一疆理圖》研究——中古時代後期東亞的寰宇圖與世界地理知識》，南京：鳳凰出版集團，2010 年，第 100-119 頁。

11　〔元〕王士點、商企翁編次：《秘書監志》，高榮盛點校，杭州：浙江古籍出版社，1992 年，第 76 頁。

12　劉迎勝：〈唐元時代的中國伊朗語文與波斯語文教育〉，《新疆大學學報》1991 年第 1 期，第 18-23 頁。

13　D. N. MacKenzie, *A Concise Pahlavi Dictionary*, London: Oxford University Press, 1971, p. 70.

14　（美）希提著：《阿拉伯通史》下冊，馬堅譯，北京：商務印書館，1990 年，第 454 頁；馬建春：〈元代東傳回回地理學考述〉，《回族研究》2002 年第 1 期，第 14-18 頁。

圖 4-1　北京第一歷史檔案館藏《大明混一圖》

圖 4-2　日本龍谷大學圖書館藏《混一疆理歷代國都之圖》

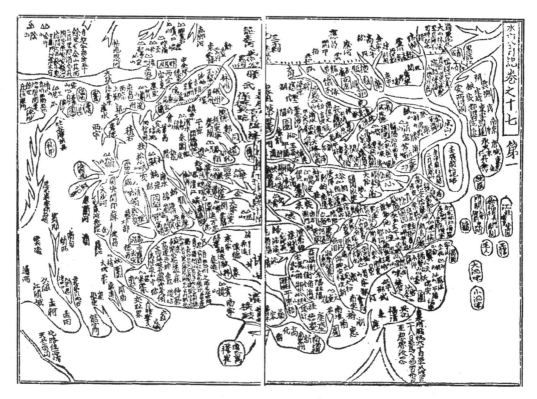

圖 4-3　《廣輪疆理圖》（傳為清浚《混一疆理圖》摹本）

學指南》（*Guide to Geography*）八卷。後者全面探討希臘羅馬地理知識，開始用經緯度表示方位。該書第八卷由二十七幅世界地圖和二十六幅局部區域圖組成，以後多次刊印，通稱《托勒密地圖》。托勒密第三部著作是有關占星術的《占星四書》（*Tetrabiblos*），書中嘗試改進占星術中繪製星圖的方法，以便融入亞里斯多德的自然哲學。《地理學指南》一書在 9 世紀初便有了阿拉伯譯本，書中對伊斯蘭帝國疆域內各地記載的不準確之處，很快被發現並代之以更準確的記述。阿拉伯文初譯本早已佚失，但此書對伊斯蘭地理學直接或間接的影響毋庸置疑。[15] 阿拉伯人將地圖稱作 Rahnami（道路指南）可能源於托勒密《地理學指南》。

　　元代初年對伊斯蘭地圖作出重要貢獻的，首推伊利汗國學者加茲溫尼（Abu Yahya Zakarīyā' ibn Muhammad ibn Mahmud-al-Qazwīnī）。他 1203 年生於波斯北部加茲溫，後來到巴格達受高等教育，1232 年遷居大馬士革。黑衣大食末代哈里發莫斯塔欣（al-

---

15 希提，前揭書，第 453 頁。

Musta'sim）執政時（1242-1258 年），出任瓦西特和希拉城推事。伊利汗國時期在巴格達從事寫作，卒於 1283 年。[16] 加茲溫尼不僅是地理學家、天文學家、自然史家，而且還是醫生和科幻小說家。1280 年，他用阿拉伯語寫成《世界奇異物與珍品志》（*'Aja'ib al-makhluqat wa-ghara'ib al-mawjudat*）一書，並觀獻給伊利汗國巴格達總督志費尼（1226-1283 年）。後者以撰寫《世界征服者史》聞名於世。《世界奇異物與珍品志》為加茲溫尼帶來極高聲望，該書不僅翻譯成波斯語，而且譯成土耳其語。

美國國家醫藥圖書館藏有一部《世界奇異物和珍品志》波斯文譯本，該書共有三百三十五頁和一百五十幅波斯細密畫，刊於回曆 944 年（1537 ／ 1538 年）。書中有一幅《圓形世界地圖》描繪非洲、亞洲和印度洋（圖 4-4），大約繪於 1280 年（至元十七年）。[17] 北京大學波斯語教授王一丹告訴我，圖上文字仍為阿拉伯文，沒有翻譯成波斯文。[18] 圖中以尼羅河為界將非洲一分為二，印度洋與大西洋連接，尼羅河在發源地月亮山之南流過。《大明混一圖》、《混一疆理歷代國都之圖》和《廣輿圖》都將非洲南部畫成大三角形，並在非洲大陸中心繪大湖，實際上受《圓形世界地圖》之類的伊斯蘭地圖的影響。有學者根據《大明混一圖》提出，中國人最先正確認識到非洲大陸的形狀。[19] 殊不知，中國人對非洲的地理知識實際上來自伊斯蘭地圖。

日本學者青山定雄注意到，羅洪先撰〈跋九邊圖〉提到元代畫師李澤民。[20] 羅洪先是明代地理學家，字達夫，號念庵，吉水人（今江西吉水）。嘉靖八年進士，歷任翰林院修撰、春坊左贊善。因上疏得罪世宗，削官為民。從此淡泊名利，潛心治學，耗時十數年撰寫《廣輿圖》，著有《念庵集》二十二卷。朱思本的《輿地圖》完成於元至大四年至延祐七年（1311-1320 年）。羅洪先根據朱思本《輿地圖》增纂《廣輿圖》，約完成於嘉靖二十年（1541 年）。首都圖書館藏萬曆七年刊本稱之為「朱思本繪、羅洪先增纂《廣輿圖全書》」。[21]

關於《廣輿圖》編纂過程，羅洪先〈跋九邊圖〉曰：「古者，男子生懸弧矢，示有事四方；及其長也，憂樂以天下也。故夫子曰：吾非斯人之徒與而誰與？所與者，必好謀而成。雖慎戰，戰則必克，非衛靈問陳，未嘗無對也。不幸舍而藏焉，猶曰隱

16 （法）費瑯著：《阿拉伯波斯突厥人東方文獻輯注》，耿昇、穆根來譯，北京：中華書局，1989 年，第 323 頁。

17 關於加茲溫尼《圓形世界地圖》1537 年波斯文譯本，參見美國國家醫藥圖書館網頁 NLM Adds Rare Persian Manuscript, al-Qazwini's, "The Wonders of Creation" (http://www.nlm.nih.gov/news/turn_pages_persian.html)。

18 承蒙北京大學外語學院王一丹教授釋讀圖上阿拉伯文，謹致謝忱。

19 張文：〈了解非洲誰占先？——《大明混一圖》在南非引起轟動〉，《地圖》2003 年第 3 期，第 7-15 頁。

20 （日）青山定雄：〈元代の地図について〉，《東方学報》第 8 卷，東京，1938 年，第 1-49 頁。

21 陳佳榮，前揭文，第 2 頁，注釋 2。

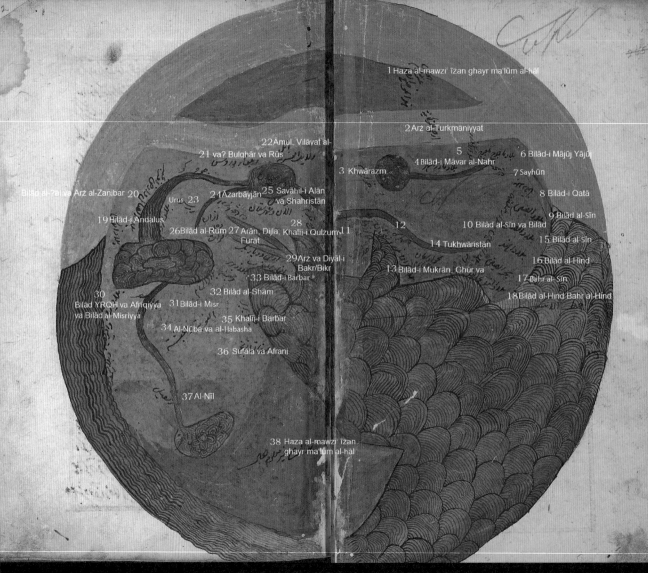

1 Haza al-mawzi' īzan ghayr ma'lūm al-hāl

2 Arz al-Turkmāniyyat

22 Āmul. Vilāyat al-
21 va? Bulqhār va Rūs
5
4 Bilād-i Māvar al-Nahr
6 Bilād-i Mājūj Yājūj
3 Khwārazm
7 Sayhūn
Bilād al-?al va Arz al-Zanibar 20
25 Savāhil-i Alān
va Shahristān
8 Bilād-i Qatā
Urus 23
24 Āzarbāyjān
9 Bilād al-Sīn
19 Bilād-i Andalus
28
12
10 Bilād al-Sīn va Bilād
26 Bilād al-Rūm 27 Arān, Dijla, Khalīj-i Quizum 11 1
15 Bilād al-Sīn
Furāt
14 Tukhwāristān
29 Arz va Diyāl-i
16 Bilād al-Hind
Bakr/Bikr
13 Bilād-i Mukrān, Ghūr va
33 Bilād-i Barbar
17 Bahr al-Sīn
32 Bilād al-Shām
18 Bilād al-Hind Bahr al-Hind
30
31 Bilād-i Misr
Bilad YRQH va Afriqiyya
va Bilād al-Misriyya
35 Khalīj-i Barbar
34 Al-Nūba va al-Habasha

36 Sufala va Afrani

37 Al-Nīl

38 Haza al-mawzi' īzan
ghayr ma'lūm al-hāl

圖 4-4　《加茲溫尼圓形世界地圖》阿拉伯文抄本

居以求志。然則聖人之學，不可見乎。余少慕虛厭世事，不知異於聖人也。已而悔之，則身病矣。而又以罪廢，日聞邊警，但覽圖而悲思，見其人無由也。某大夫遣畫史從余畫圖，冀其可語此者。因取《大明一統圖志》、元朱思本、李澤民《輿地圖》、許西岨《九邊小圖》、吳雲泉《九邊志》、先大夫《遼東薊州圖》、浦東牟、錢維陽《西關二圖》、李侍《御宣府圖志》、京本《雲中圖》、新本《宣大圖》、唐荊川《大同三關圖》、唐漁石《三邊四鎮圖》、楊虞坡、徐斌《水圖》凡一十四種，量遠近，別險夷，證古今，補遺誤，將以歸之。蓋再浹旬而就，然非飽食無所用心者矣。昔陶侃運甓比於惜陰，將以致力中原，議者取其志而未與其學。某君如有志也，其必賢余於博弈，而無自畫於運甓矣乎！」[22] 所謂「元朱思本、李澤民《輿地圖》」，當為朱思本《輿地圖》和李澤民《聲教廣被圖》的統稱，那麼羅洪先繪製《廣輿圖》時（1551 年）參考過《聲教廣被圖》。

李澤民乃元末一介書生，他又是如何得到西域、南海地圖的呢？南京大學陳得芝教授認為：「元代大食人瞻思（Shams）具有很高的漢文化水平，著作很多，其中最值得注意的是《西域異人傳》和《西國圖經》兩種。此兩書皆見於《千頃堂書目》著錄，或明代尚存，後散佚。《西國圖經》肯定是阿拉伯、波斯地理圖籍的翻譯或據以編寫的書。瞻思曾經在江南地區做官多年，推測江南士大夫有可能看到他的書。」[23]

李澤民生平不詳。元末烏斯道《刻輿地圖序》記載：「本朝李汝霖《聲教被化圖》最晚出，自謂考訂諸家，惟推《廣輪圖》近理，惜乎，山不指處，水不究源，玉門、陽關之西，婆娑、鴨綠之東，傳記之古蹟，道途之險隘，漫不之載。及考李圖，增知廣而繁碎，疆界不分而混淆。今依李圖格眼，重加參考。」[24] 故知李澤民又名李汝霖，二者當一字一名，而《聲教廣被圖》亦名《聲教被化圖》。陳得芝教授認為，李澤民的世界地理知識源於元代民間流行的阿拉伯地圖或譯本，不一定正確。顯然，《聲教廣被圖》是動用元朝國家力量編製的，祖本當係元宮內府藏圖，與《大明混一圖》依據的元代世界地圖同源。因此，李澤民可能是元代宮廷畫師，才有機會獲得元宮內府藏圖。

李澤民乃元代吳門畫師，那麼《聲教廣被圖》當採用吳門畫師熟悉的山水畫形式，亦即《大明混一圖》所用青綠山水畫形式。唐代以來中國人稱世界地圖為「華夷圖」，

---

22 〔明〕羅洪先：《念庵集》卷十〈跋九邊圖〉，《文瀾閣四庫全書》影印本，杭州出版社，2006 年，第 206 頁。

23 陳得芝：〈《混一疆理歷代國都之圖》西域地名考釋〉，劉迎勝主編，前揭書，第 6-7 頁。

24 〔明〕烏斯道：《春草齋文集》卷三，《影印文淵閣四庫全書·集部六·別集類五》第 1232 冊，臺北：商務印書館，1983-1986 年，第 226 頁。

蒙古入主中原後改稱「混一圖」。我們認為，《大明混一圖》的海外部分實乃《聲教廣被圖》的一個臨摹本。[25] 明初宮廷畫師將原圖元代舊地名逐一改為明代新地名，圖名改為《大明混一圖》。朝鮮名臣金士衡如法炮製，稍加增補，圖名改為《混一疆理歷代國都之圖》。

　　無論如何，《大明混一圖》的製圖師就在洪武朝宮廷畫師當中。朱元璋建立明朝後，推行文化專制政策，明初畫壇只能向宮廷院體畫方向發展。洪武朝畫家皆元末畫派傳人，在畫法上繼承元代畫家遺風，尚未形成固定的院體畫派，畫風上較為多樣，而且有由元入明的畫家，如王冕、王蒙、倪瓚等。儘管他們當中也有入仕為官者，但是未能成為宮廷畫師。《大明混一圖》頗有沈周等人在明代中期創立的吳門畫派的藝術風格。吳門（今蘇州地區）在明代初年，繼元代諸畫家之後，產生過諸多山水畫家，他們大多在技法上和風格上追隨元代名畫家，如趙原、徐賁、陸廣、張羽、陳汝言、王紱、金鉉、馬琬、劉玨、杜瓊、姚公綬、俞泰、王一鵬等人。洪武年間以宮廷畫師名義在朝者，有趙原、周位（字玄素）、王仲玉、陳遠、朱芾、盛著等人，這些宮廷畫師皆有可能參與《大明混一圖》的繪製。

　　明太祖朱元璋令宮廷畫師據中外地圖畫過一幅世界地圖。史載「洪武三年（1369年），定宴饗樂章。……八奏〈大一統之曲〉，名〈鳳凰吟〉：大明天子駕飛龍，開疆宇，定王封。江漢遠朝宗，慶四海，車書會同。東夷西旅，北戎南越，都入地圖中」。[26] 明代樂曲〈喜升平〉也提到洪武三年繪製世界地圖之事。文中說：「乾坤同慶承平日。承平日，華夷萬里，地圖歸一。」[27] 關於這幅世界地圖的作者，弘治年間徐禎卿撰《剪勝野聞》記載：「太祖（即朱元璋）召畫工周玄素（即周位），令畫《天下江山圖》於殿壁。對曰：『臣未嘗遍跡九州，不敢奉詔。惟陛下草建規模，臣然後潤之。』帝即操筆，倏成大勢，令玄素加潤。玄素進曰：『陛下山河已定，豈可動搖？』帝笑而唯之。」[28] 周位，字玄素，太倉州人（今江蘇太倉）。博學多才藝，尤工繪事。洪武（1368-1398年）初徵入畫院，凡宮掖山水畫壁多出其手。有〈淵明逸致圖〉流傳於世，紙本水墨，25.4×24.9 公分，現藏臺北故宮博物院。本圖為周位存世孤本，曾為明代畫家沈周舊藏。[29]

---

25 林梅村：《蒙古山水地圖》，北京：文物出版社，2012 年，第 42 頁。

26 《明史》卷六十三《志第三十九·樂三》，第 1561-1562 頁。

27 《明史》卷六十三《志第三十九·樂三》，第 1560 頁。

28 〔明〕徐禎卿：《剪勝野聞》，收入〔明〕鄧世龍編：《國朝典故》卷三，許大齡、王天有點校，北京大學出版社，1993 年，第 63 頁。

29 付陽華：〈中國畫〈淵明逸致圖〉的漸次豐滿〉，《文藝研究》2006 年第 9 期，第 131-138 頁。

據以上討論，《大明混一圖》的海內部分或取材於洪武初宮廷畫師周位所繪大型壁畫〈天下江山圖〉。如前所述，《大明混一圖》的海外部分實乃《聲教廣被圖》的臨摹改繪本，那麼吳門畫師李澤民亦為《大明混一圖》的繪製作出重要貢獻。

二、《鄭和航海圖》之製圖師

永樂三年（1405 年）起，鄭和多次率大明帝國海軍，從太倉劉家港遠航印度洋，史稱「鄭和七下西洋」。《明書·鄭和傳》記載：鄭和艦隊「凡至其國，皆圖其山川、城郭，條其風俗、物產，歸成帙以進」。[30] 這條遠洋航線刊於茅元儀《武備志·航海圖》天啟元年刻本，嚴從簡稱為《鄭和出使水程》，[31] 今稱《鄭和航海圖》（圖 4-6）。關於這幅航海圖的由來，茅元儀《武備志·宋獻序》記載：「其（指茅元儀）所採之書二千餘種，而秘圖寫本不與焉，破先人之藏書萬卷，而四方之搜討傳借不與焉。其為日凡十五年，而畢志一慮，則始於萬曆己未，竟於天啟辛酉。」[32]

《鄭和航海圖》亦見於范景文、張可仕編南京兵部志《南樞志》明末刻本。[33] 該書總序先誇耀一番明朝聲教遠及，最後說：「是以溯洪、永中外國來朝諸事詳紀之，至於西域一志、西洋一圖，皆永樂中武功也，掌於我職方。舉朝貢禮儀而合志焉，爰志朝貢第十四共六卷。」所謂「西域一志」指《南樞志》卷一一一所記永樂十三年十月李達、陳誠出使西域條附載陳誠的《西域番國志》；所謂「西洋一圖」則指《南樞志》卷一一三《西洋海道考》所附《航海圖》。該書卷一一三《西洋海道考》序文最後說：「今列當日航海圖於後，其西洋諸國志另有定編，不具載志《西洋海道圖》。」該卷附有《航海圖》，於首頁右上角標明「航海圖」三字，此圖所畫之山川、建築、林木均比《武備志》版《航海圖》精美。[34] 此外，《南樞志》卷一一〇提到《航海圖》為兵部職方司所有。《南樞志》版與《武備志》版《航海圖》不盡相同。嘉靖年間，

---

30 〔清〕傅維鱗：《明書》卷一五八，《四庫全書存目叢書》史部第 40 冊，濟南：齊魯書社，1996 年，第 330 頁。

31 〔明〕嚴從簡：《殊域周咨錄》，余思黎點校，北京：中華書局，1993 年，第 307 頁。

32 據周運中考證，向達整理本為清初刻本（向達整理：《鄭和航海圖》，北京：中華書局，1961 年），明天啟元年刻本見北京故宮博物館藏本（〔明〕茅元儀輯：《武備志》，收入故宮博物院編：《故宮珍本叢刊》第 353-358 冊，海口：海南出版社，2001 年），詳見周運中：〈論《武備志》和《南樞志》中的《鄭和航海圖》〉，《中國歷史地理論叢》2007 年第 2 輯，第 146 頁。

33 〔明〕范景文編：《南樞志》，《中國方志叢書·華東地方》第 453 種，臺北：成文出版社，1983 年。黃虞稷撰《千頃堂書目》卷九記載：「范景文《南樞志》一百七十卷（本注：張可仕同輯）」，可知張可仕參與此書編纂（〔清〕黃虞稷撰：《千頃堂書目》，瞿鳳起、潘景鄭整理，上海古籍出版社，2001 年，第 235 頁）。

34 周運中，前揭文，2007 年，第 145 頁。

圖 4-5　周位〈淵明逸致圖〉，臺北故宮博物院藏《歷朝畫幅集冊》之一

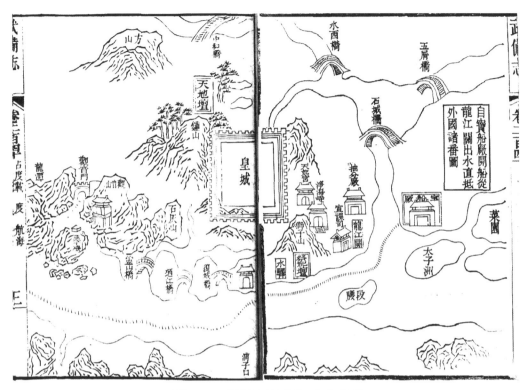

圖 4-6　《鄭和航海圖》之南京圖

茅元儀之父茅坤曾經出任南京兵部車駕員外郎，那麼《武備志》版《航海圖》也許來自茅坤，或稱《茅坤海圖》。

　　關於《鄭和航海圖》繪製年代，臺灣學者周鈺森注意到，圖上繪有洪熙元年（1425年）所建淨海寺（圖 4-6），那麼此圖必繪於鄭和第六次下西洋（1421-1422 年）以後。另一方面，圖上沒有鄭和艦隊第七次下西洋（1430-1433 年）去過的天方（今麥加），那麼此圖必繪於宣德八年（1433 年）鄭和艦隊第七次下西洋返航之前。[35] 不過，據靜海寺殘碑，靜海寺是在永樂十七年（1419 年）明成祖敕令重建弘仁普濟天妃宮完工後新建的一座禪寺。靜海寺落成，適逢鄭和第五次下西洋歸來，便將海外帶回的海棠種植於寺內。[36] 換言之，《鄭和航海圖》繪於永樂十七年至宣德八年之間（1419-1433年）。

---

35 周鈺森：《鄭和航路考》，臺北：海運出版社，1959 年，第 49-50 頁。

36 此碑照片引自鄭一鈞：〈關於「南京靜海寺鄭和下西洋殘碑」〉，收入胡廷武、夏代忠主編：《鄭和史詩》，
　　昆明：雲南人民出版社，2005 年，第 106 頁。

　　《明實錄》記載：「宣德十年（1435年）春正月甲戌，行在工部及南京守備襄城伯李隆、太監王景弘等、南京工部，凡各處採辦一應物料並營造物料，悉皆停罷。」[37] 明英宗即位六個月後，又想到海外番國歲歲來朝的無限風光，打算再度派人下西洋，但遭到朝中大臣阻攔，不了了之。成化年間，明憲宗重提下西洋之事。《殊域周咨錄》記載，成化間，有中貴迎合上意者，舉永樂故事以告，詔索《鄭和出使水程》。兵部尚書項忠命吏入庫檢舊案不得，蓋先為車駕郎中劉大夏所匿。忠笞吏，復令入檢三日，終莫能得。大夏秘不言。會台諫論止其事，忠詰吏謂：「庫中案卷寧能失去？」大夏在旁對曰：「三保下西洋費錢糧數十萬，軍民死且萬計。縱得奇寶而回，於國家何益！此特一弊政，大臣所當切諫者也，舊案雖存，亦當毀之，以拔其根。」[38]《鄭和出使水程》案卷包括許多下西洋原始資料，如皇帝敕書、鄭和船隊編制、航海日誌、帳目、航海圖等。不過，研究者認為，「遲至萬曆末年（1620年）兵部仍存有鄭和下西洋的檔案」，劉大夏燒毀或藏匿鄭和檔案之說不足信，鄭和檔案可能在明末李自成攻打北京或清兵攻占北京城時毀於戰火。[39]

　　近年周運中研究《鄭和航海圖》的圖源，認為「在鄭和船隊到達阿拉伯半島之前，阿拉伯海的航線已經被阿拉伯人、印度人使用了數千年，所以鄭和船隊很可能翻譯了阿拉伯人航海圖。……很多學者不願意說鄭和利用了外國人的舊航海成果，怕影響鄭和與中國人的形象。其實這種看法是不對的，因為把外文海圖翻譯成漢文或加以改繪，本身就是一件有意義的工作」。[40] 據《秘書監志》記載，元內府藏有一本波斯文世界地圖集。其文曰：「一奏：在先漢兒田地些小有來，那地理的文字冊子四五十冊有來。如今日頭出來處，日頭沒處，都是咱每（們）的。有的圖子有也者，那遠的，他每（們）怎生般理會的，回回圖子我根底有，都總做一個圖子呵。怎生！」[41] 所謂「日頭出來處」指日本列島，而「日頭沒處」亦稱安達魯西亞。這是阿拉伯人對伊比利半島西班牙、葡萄牙的稱謂，明史稱為「日落國」。從《秘書監志》的相關記載看，所謂「回回圖子」應該是一本波斯文世界地圖集。

　　中世紀阿拉伯最著名的地理學成就，首推《伊第利斯方形世界地圖》（*al Idrisi's*

---

37 《明實錄》，上海書店出版社，2015年，第2597頁。

38 嚴從簡，前揭書，第307頁。

39 王宏凱：〈劉大夏焚毀鄭和出使水程質疑〉，《鄭和研究論文集》第一輯，大連海事大學出版社，1993年；鄭鶴聲、鄭一鈞編：《鄭和下西洋資料匯編》，北京：海洋出版社，2005年，第2頁。

40 周運中：〈鄭和下西洋阿拉伯海航線考〉，《暨南史學》第七輯，南寧：廣西師範大學出版社，2007年，第145-146頁。

41 王士點、商企翁編，前揭書，第74頁。

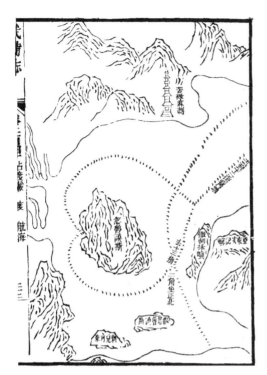

圖 4-7 　《鄭和航海圖》之波斯灣圖

World Map, Rectangular），現藏巴黎法國國家圖書館（編號 MSO Arabe 2221）。
1154 年，阿拉伯地理學家伊第利斯（Muhammad al Idrisi）為西西里島諾曼王羅傑二世
（Norman King Roger II）繪製此圖，亦稱 *Tabula Rogeriana*（《羅傑圖板》）。此後
大約三百年間，《伊第利斯方形世界地圖》一直是最精確的世界地圖。伊第利斯按照
穆斯林傳統將北方置於底部，與現代地圖上北下南正好相反。[42]

　　北宋太平興國二年（977 年），波斯灣發生一場大地震。此後，波斯灣對外貿易
口岸遷至霍爾木茲舊港，在伊朗東南境阿納米亞河（Anamia）上游，今稱「米納布」
（Minab），西距伊朗霍爾木茲甘省阿巴斯港約 80 公里。其名源於波斯薩珊第四位國
王 Hormoz，在波斯語中意為「光明之神」，唐代文獻稱作「鶴秫城」。[43] 據史迪費（A.

42 Maqbul S. Ahmad, "Cartography of al-Sharīf al-Idrīsī", J. B. Harley and D. Woodward, *The History of Cartography vol. 2 Book 1: Cartography in the traditional Islamic and South Asian Societies*, Chicago: University of Chicago Press, 1992, pp. 156-174.

43 陳佳榮、謝方等編：《古代南海地名匯釋》，北京：中華書局，1986 年，第 851-852 頁。

W. Stiffe）考證，1296 年，霍爾木茲王國從陸地遷往波斯灣口加隆島，建立霍爾木茲新王國。此後，加隆島改稱「霍爾木茲島」。[44]

近年《蒙古山水地圖》的發現，證實北京大學向達教授早年對《鄭和航海圖》原圖形式的猜測。[45]向先生認為，「全部《航海圖》是仿照〈長江萬里圖〉的一字展開式繪製而成的。因為用的是書本式（原來當是手卷式，收入《武備志》後改成書本式），自右而左」。[46]

嘉靖十四年（1535 年），吳門畫師周臣創作過一件〈長江萬里圖〉手卷。周臣擅畫山水、人物，風格清新，唐寅、仇英曾從其學畫。山水畫師陳暹（1405-1496 年），於宋人中規摹李、郭、馬、夏，用筆純熟，特所謂行家意勝耳。「兼工人物，古貌奇姿，綿密蕭散，各極意態。」[47]「若與戴靜庵（戴進，1388-1462 年）並驅，則互有所長，未知其果孰先也。亦是院體中一高手。」[48]初（周）臣以畫法授唐寅（1470-1523 年），及寅以畫名，或懶於酬應，乃請臣代作，非具眼莫辨也。他於嘉靖十四年（1535 年）作〈長江萬里圖卷〉。此圖原為中國江蘇實業家劉國鈞敬修堂舊藏，採用手卷式，長達 20 公尺（圖 4-8）。圖上題識：「大明嘉靖乙未（嘉靖十四年／ 1535 年）歲菊月望日東邨周臣寫成。」[49]李麟作〈跋周東村長江萬里圖後〉曰：「少陵詩云：『華夷山不斷，吳蜀水常通。』只此二語寫出長江萬里之景，如在目中，可謂詩中有畫。今觀周生所畫〈長江萬里圖〉，又如見乎少陵之詩，可謂畫中有詩。詩中有畫，長江在詩；畫中有詩，長江在畫。然則長江屬之詩耶？屬之畫耶？蓋當登金焦之顛，俯江流而太息，其將謂之詩耶？畫耶？」[50]縱觀全圖，周臣以吳門畫派典型的表現手法，用工筆青綠山水畫展現雄偉的萬里長江。圖上描繪捕魚、放艇、山樵、耕稼、觀瀑說文、水道貨商、官史巡察、山城關卡，處處聯繫人物和景物，而工筆處精細，展現沿河兩岸繁華豐盛之世，充滿詩情畫意。《鄭和航海圖》原圖，也正是這樣一幅青綠山水畫手卷。

---

44 宋峴：〈鄭和航海與穆斯林文化〉，《回族研究》2005 年第 3 期，第 64 頁；A. W. Stiffe, "The Island of Hormuz (Ormuz)", *The Geographical Magazine* 1, (London, 1874), pp. 12-17。

45 林梅村：《蒙古山水地圖》，第 42 頁。

46 向達整理，前揭書，第 4 頁。

47 《明畫錄》卷三，第十七，《畫史叢書》第三冊，上海人民美術出版社，1963 年，第 42 頁。

48 何良俊：《四友齋畫論》，《中國書畫全書》第三冊，上海書畫出版社，1992 年，第 872 頁。

49 〔清〕高士奇撰：《江邨銷夏錄》卷三，臺北：漢華文化事業股份有限公司，1971 年，第 446-447 頁；楊仁愷著：《國寶沉浮錄》，上海人民美術出版社，1991 年，第 573 頁。

50 〔明〕李麟：〈跋周東村長江萬里圖後〉，收入〔明〕唐順之撰：《重刊校正唐荊川先生文集》，北京：國家圖書館出版社，2012 年。

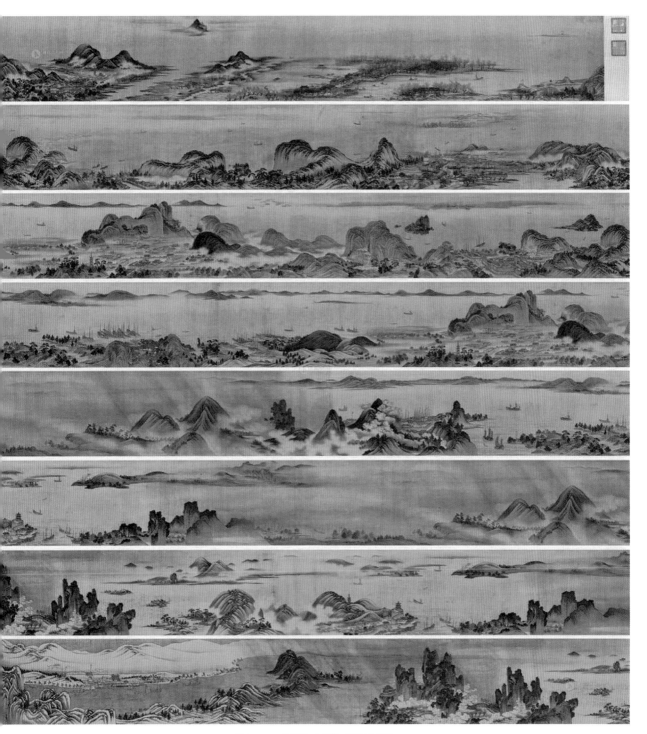

圖 4-8　周臣〈長江萬里圖〉

問題是，明代前期幾個皇帝對江南文人、吳門畫師進行殘酷打擊，因為當年與朱元璋爭天下的張士誠以蘇州為據點，朱元璋把 1367 年蘇州久攻不下的原因歸咎於江南文人，所以明代朝廷徵召的多為江浙、福建籍畫師。有學者統計，「明太祖洪武至神宗萬曆年間，福建值殿供奉的畫家就有二十二人」。[51] 明代前期宮廷畫師以仿宋院體浙派為主，代表人物有謝環、李在、倪端、戴進、吳偉等，而吳門之士往往排斥在宮廷外。洪熙、宣德以後，來自閩、浙等地的畫師為宮廷繪畫帶來新的風格，那麼《鄭和航海圖》理應是一幅浙派山水畫長卷。殊不知，唐宋以來的青綠山水畫一直是中國山水畫重要表現形式之一，不惟吳門畫派獨有。

浙派創始人戴進就畫過一幅青綠山水圖卷，名曰〈靈谷春雲圖〉（圖 4-9），現藏德國柏林東亞藝術博物館。全卷繪畫層巒疊嶂，千岩競秀，蒼松屹立，山間白雲，清泉飛瀑，草廬柴扉。作者運用青綠山水畫法，勾線填色，略施皴擦點染，更為落落大方，瀟灑自如。用色濃妍而又沉穩，特別是山間白雲以淡彩暈染，點線交織的樹木在雲中隱約可見，更顯蔥鬱華滋，山色空漾。據研究者考證，此圖為戴進晚年作品，約繪於正統末年至景泰五年（1449-1454 年）。[52]

戴進（1388-1462 年）字文進，號靜庵，錢塘人（今浙江杭州）。三十六歲隨父進宮，宣德元年，「戴進徵入畫院，直仁智殿」。[53] 郎瑛《七修類稿》記載：「永樂末（1424 年），錢塘畫士戴進，從父景祥征至京師。筆雖不凡，有父而名未顯也。」[54] 可知，戴進之父戴景祥乃職業畫家，頗有造詣，戴進長於繪事，有家學淵源。坊間盛傳戴進早年為銀匠，不足為信。嘉靖辛丑（1541 年）李開先《中麓畫品》曰：「宣廟喜繪事，一時待詔如謝廷詢（即謝環）、倪端、石銳、李在等，則又文進（即戴進）之僕隸輿台耳。一日在仁智殿呈畫，進以得意者為首，乃〈秋江獨釣圖〉，畫一紅袍人垂釣於江邊。畫家唯紅色最難著，進獨得古法。廷詢從傍奏云：『畫雖好，但恨鄙野。』宣廟詰之，乃曰：『大紅是朝官品服，釣魚人安得有此？』遂揮其餘幅，不經御覽。進寓京大窘，門前冷落，每向諸畫士乞米充口。而廷詢則時所崇尚，曾為閣臣作大畫，倩進代筆。偶高文毅谷、苗文康衷、陳少保循、張尚書瑛同往其家，見之怒曰：『原命爾為之，何乃轉托非其人耶！』進遂辭歸。後復召，潛寺中不赴。嫁女無

51 穆益勤編：《明代院體浙派史料》，上海人民美術出版社，1985 年，第 6-7 頁。

52 顧國蘭：〈淺析戴進〈靈谷春雲圖〉〉，《國畫家》2005 年第 2 期，第 66-67 頁。

53 劉九庵：《宋元明清書畫家傳世作品年表》，上海書畫出版社，1997 年，第 73 頁。

54 〔明〕郎瑛：《七修類稿》，上海書店出版社，2009 年，第 65 頁。

55 〔明〕李開先：《中麓畫品》，收入王伯敏、任道斌編：《畫學集成》，石家莊：河北美術出版社，2002 年，第 189 頁。

貲，以畫求濟，無應之者。身後名愈重，而畫愈貴，全堂非百金不可得。」[55]

　　據單國強考證，戴進因「見讒放歸，以窮死」，亦見明人陸深《儼山外集》卷五《春風堂隨筆》、何喬遠《名山藏》、《錢塘縣志》、聶純中《錢塘縣志・外紀》及清人徐沁《明畫錄》卷二等。[56]謝廷詢（一作「庭循」）生卒年不詳，名環，後以字行。關於謝環生平事跡，《翰墨林記》曰：「洪武初有盛名兩浙……永樂中召在禁近。宣宗皇帝妙繪事，天機神發，不假於學，供奉之臣，特獎重廷循……進官錦衣千戶，蓋授近職，使食其祿也。庭循益執謙虛，不倚為榮……」[57]《畫史會要》記載：「謝環，字庭循。永嘉人。知學問，喜賦詩，吟詠自適。善畫。師張尗起。馳名於時。永樂中召在禁近。宣宗妙繪事，供奉之臣特獎重庭循。恆侍左右，進官錦衣千戶。謝廷循，山水宗荊浩、關仝、米芾。」[58]

　　謝環傳世真跡不多，就目前所知，有正統二年作〈杏園雅集圖卷〉，絹本設色，縱 37 公分，橫 401 公分，現藏中國鎮江市博物館（另一本藏於美國翁萬戈處）。[59]美國國會圖書館藏有許論任太原巡撫時刊刻的《二園集》，其一為〈杏園雅集圖〉，內容描繪楊榮、楊士奇、謝環等九位名士的聚會。[60]清宮舊藏〈香山九老圖〉，現藏美國克利夫蘭美術博物館；景泰三年作〈水光山色圖〉，現藏日本。[61]1987 年，江蘇淮安王鎮墓出土的一批古書畫中有謝環〈雲山小景圖〉。[62]李開先《中麓畫品》披露，謝環技不如人，唯恐戴進被皇帝看中，搶了自己的飯碗，就誣陷戴進。朱謀垔《畫史會要》卷四載：李在於「宣德中欽取來京，入畫院」。[63]宣德朝凡十年，那麼戴進落難京城當在宣德五年（1430 年）左右，時年四十二歲。

　　然而，這個說法現在也受到一些學者的質疑，戴進失寵可能是宣宗自己口味變化

56 單國強：《戴進》，長春：吉林美術出版社，1996 年，第 118-124 頁。

57〔明〕楊士奇：《東里文集續編》卷四《翰墨林記》，收入穆益勤編，前揭書，第 18 頁。

58〔明〕朱謀垔：《畫史會要》，收入徐娟主編：《中國歷代書畫藝術論著叢編》第 1 冊，北京：中國大百科全書出版社，1997 年，第 679 頁。

59 陸九皋〈謝廷循〈杏園雅集圖卷〉〉，《文物》1963 年第 4 期，第 24 頁。

60 參見世界數字圖書館「二園集：杏園雅集圖、竹園壽集圖」網頁（http://www.wdl.org/zh/item/296/#languages=zho&item_type=book）。

61（日）原田尾山纂：《日本現在支那名畫目錄》，東京：大塚巧芸社，昭和十三年（1938 年）；尹吉男：〈明代宮廷畫家謝環的業餘生活與仿米氏雲山繪畫〉，《藝術史研究》第九輯，廣州：中山大學出版社，2007 年，第 103 頁。

62 江蘇省淮安縣博物館：〈淮安縣明代王鎮夫婦合葬墓清理簡報〉，《文物》1987 年第 3 期，第 4 頁；尹吉男：〈關於淮安王鎮墓出土書畫的初步認識〉，《文物》1988 年第 1 期，第 67 頁。

63 穆益勤編：《明代院體浙派史料》，上海人民美術出版社，1985 年。

64（日）鈴木敬：《明代繪畫史研究──浙派》，東京大學出版社／木耳社，1968 年；宋后楣：〈元末閩浙畫風與明初浙派之形成二〉，《故宮學術季刊》1989 年第 1 期，第 127 頁。

的結果，謝環則可能是戴進的友人而非敵人。[64] 戴進離開畫院後在北京居住很長時間，與上層文人畫家和士大夫詩畫交遊，藝術創作相當活躍，畫竹名家夏昶、閣老楊士奇、楊榮、尚書王直，以及徐有貞（祝允明的外祖父）、劉溥等人，都與他交往甚密，評價很高。他的風格在北京走向成熟，約正統七年前後才離京返回杭州，賣畫授徒，成為「浙派」宗師。[65]

據《明史‧宰輔年表》記載，張瑛宣德元年以禮部侍郎兼華蓋殿大學士入閣為宰輔，宣德二年晉為尚書，宣德四年十月出閣改任南京禮部尚書。[66] 由此可知，謝環「為閣臣作大畫」在宣德四年（1429年）十月禮部尚書張瑛改任南京禮部尚書以前。《明史‧楊士奇傳》記載：「仁宗即位，擢禮部侍郎兼華蓋殿大學士。……命兼兵部尚書，並食三祿。士奇辭尚書祿。……當是時，帝（指明宣宗）勵精圖治，士奇等同心輔佐，海內號為治平。帝乃仿古君臣豫遊事，每歲首，賜百官旬休。車駕亦時幸西苑萬歲山，諸學士皆從。賦詩賡和，從容問民間疾苦。有所論奏，帝皆虛懷聽納。帝之初即位也，內閣臣七人。陳山、張瑛以東宮舊恩入，不稱，出為他官。黃淮以疾致仕。金幼孜卒。閣中惟士奇、榮、溥三人。」[67] 可知楊士奇為宣宗朝首輔大臣。

楊士奇對謝環頗為讚賞，他在《翰墨林記》中評述說：「永嘉謝環庭循，清雅絕俗之士也，敬言行如處女，務義而有識，不慕榮，不干譽，家無餘資而常充焉，有自足之意。知學問，喜賦詩，時吟詠自適。有邀之為山水之遊者，忻然赴之，或數日忘返。所交皆賢士君子。」[68] 我們認為，《中麓畫品》所謂「閣臣」指宣德朝兵部尚書楊士奇，而「大畫」則指洪熙元年至宣德八年間（1425-1433年）宮廷畫師為兵部所繪《鄭和航海圖》。謝環為宣德朝首席宮廷畫師，奉命主持這項重大的國家工程，可是他卻讓窮困潦倒的戴進捉刀代筆，因而遭到四位朝中大臣的譴責。

三、《蒙古山水地圖》之宮廷畫師

明代中期以後，蘇州地區「吳門畫派」重新活躍起來，代表人物如沈周、文徵明、唐寅、仇英、謝時臣等，回到繼承元代水墨畫法的文人畫派，並成為畫壇主流。明初以來，浙派畫師在宮廷的一統天下逐漸被打破。例如：吳門畫派領軍人物文徵明，正

---

65 邵彥：〈明代永樂宣德宮廷繪畫藝術〉，《文物天地》2010年第10期，第27頁。
66 《明史》卷一〇九〈宰輔年表〉，第3319頁。
67 《明史》卷一四八〈楊士奇傳〉，第4133頁。
68 楊士奇，前揭書，第18頁。

圖 4-9　戴進〈靈谷春雲圖〉局部

圖 4-10　仇英〈倭寇圖卷〉局部

德末得巡撫吳中的工部尚書李充嗣舉薦，入朝應吏部試，嘉靖二年（1523 年）特授翰林院待詔，時年五十四歲，在京城做官三年。[69] 明代中期，受到官府重用的另一吳門畫師是謝時臣。嘉靖、萬曆間松江名士何良俊《四友齋畫論》記載：「蘇州又有謝時臣，號樗仙，亦善畫，頗有膽氣，能作大幅。然筆墨皆濁，俗品也。杭州三司請去作畫，酬以重價，此亦逐臭之夫耳。」[70]

何良俊為明代中期松江名士，自幼閉門苦讀二十年。嘉靖貢生，授南京翰林院孔目，家有四萬卷藏書。自稱與莊周、王維、白居易為友，題書房名為「四友齋」。嘉靖年間，何良俊客居京師（今北京），「鬱鬱不得志……每喟然嘆曰：『吾有清森閣在東海上，藏書四萬卷，名畫百簽，古法帖鼎彝數十種。棄此不居，而僕僕牛馬走，不亦愚而可笑乎？』居三年，遂移疾免歸」。[71] 著有《柘湖集》二十八卷、《清森閣集》、《四友齋叢說》、《何氏語林》、《世說新語補》等專著。[72] 明代廢除元代「行省」，浙江省會杭州改設「三司」，亦即承宣布政使司、提刑按察使司、都指揮使司。何良俊比較看重吳門畫派文人畫，推崇文徵明，而對浙派代表人物戴進則評價不高，說戴進「終是行爾，此則限於人品」。謝時臣乃職業畫家，學習過南宋李唐、馬、夏等院體畫家的畫法，風格頗近戴進，故而遭到何良俊詆毀。謝時臣還為杭州官府作畫，換取酬金，更為何良俊所不齒。

殊不知，明代畫家為權貴作畫並非謝時臣一人，許多人為位權臣嚴嵩作畫，據《佩文齋書畫譜》卷九十八《明嚴氏書畫記》記載，嚴嵩收藏的謝時臣人物山水共「四十六軸」。據嚴嵩所藏書畫清單，以山水人物而言，戴文進作品最多，有九十軸，其次是吳小仙六十四軸，沈周三十四軸，文徵明六十一軸，唐寅四景人物山水十二軸，仇英青綠山水十三軸。[73]

有證據表明，吳門畫派的仇英亦為杭州三司作畫。嘉靖三十六年（日本弘治三年／ 1557 年），浙江總督胡宗憲從日本九州誘使倭寇頭領王直至浙江舟山並將其擒獲。其後，又在嘉靖三十七年（日本弘治四年／ 1558 年）將王直囚於杭州按察司，「嘉靖大倭寇」由此告終。中國國家博物館藏有一幅吳門畫師仇英繪〈抗倭圖卷〉，日本東

---

69 《明史·文苑三·文徵明》記載：「正德末，巡撫李充嗣薦之。會徵明亦以歲貢生詣吏部試，奏授翰林待詔。」（《明史》卷二八七，第 7362 頁）。

70 〔明〕何良俊：《四友齋畫論》（《四友齋叢說》卷三十八），《四庫全書存目叢書》子部卷二十九，第 103 冊，濟南：齊魯書社，1995 年，第 495 頁。

71 〔清〕錢謙益：〈何孔目良俊〉，《列朝詩集小傳·丁集上》，上海古籍出版社，1983 年，第 450 頁。

72 李玉安、黃正雨編：《中國藏書家通典》，北京：中國國際文化出版社，2005 年，第 234 頁。

73 金建榮：〈謝時臣繪畫考述〉，《藝術百家》2008 年第 5 期，第 110 頁。

京大學史料編纂所藏有此圖的臨摹本，名曰〈倭寇圖卷〉（圖4-10）。據陳履生考證，此圖是工部尚書趙文華、浙江巡撫胡宗憲為記錄「嘉靖大倭寇」告終和自己的功績，邀請吳門畫師仇英繪製的。[74] 不過，嘉靖三十六年（1557年），在王直到達浙江之前幾個星期，趙文華因冒犯權臣嚴嵩，又觸怒皇帝，被就地免職了。[75] 嘉靖三十九年，胡宗憲以平海盜汪直功加太子太保，晉兵部尚書。[76] 那麼，只有胡宗憲有可能邀請仇英繪〈抗倭圖卷〉。

　　明人傳記屢屢提到謝時臣擅長巨幛長卷，頗有膽氣，壯偉有氣概。清代徐沁《明畫錄》卷三記載：「謝時臣，字思忠，別號樗仙，吳人。能詩，工山水，頗能屏障大幅，有氣概而不無絲理之病，此亦外兼戴吳二家派者也。別號與朱銓同，明畫家有兩樗仙。」[77] 清代姜紹書《無聲詩史》點評謝時臣畫藝曰：「長卷巨幛，縱橫自如，氣勢有餘，韻秀不足。」[78] 今傳世的謝時臣之作，絕大多數是巨幛長卷，如〈破窯風雪圖軸〉、〈夏山飛瀑圖軸〉等皆巨幅長卷。謝時臣對自己的長卷相當自信，他難得評說自己的繪畫，偶爾提到的多是長卷。《書畫題跋記》卷十二〈謝時臣山水〉曰：「明嘉靖廿六載丁未，吳門六十老人謝時臣遠遊荊楚，登太和，次大別，梯黃鶴樓，涉匡廬，下揚子江。舟中推蓬取興，敢與溪山寫真，積成長卷，計三幅。遙寄嘉禾少溪草堂，少溪賞識名家，此筆得所歸矣。」《式古堂書畫匯考》卷五十七著錄此圖，題為「江山圖長卷」。[79]

　　與吳門畫家多固守藝術象牙塔而甚少出遊不同，謝時臣遍遊名山大川，故其畫作既深具筆墨神采，又得山川之氣韻，益顯蒼古而富氣概。吳門畫派領袖文徵明晚年題其山水冊，對此也讚譽有加，稱讚謝時臣：「往歲嘗客杭州，又嘗東遊天台、雁蕩，南歷湖湘，皆天下極盛之處。此畫雖其學力所至，要亦得於江山之助。」何良俊把謝時臣歸類為浙派畫家只是一家之言。

　　謝時臣長期生活在吳門（今蘇州地區），與吳門畫派文徵明以下許多畫家和文人都有交往，並獲得他們的一致認可。《朱臥庵藏書畫目》著錄〈謝樗仙西江圖〉，後有文森、吳大淵、文徵明、唐寅、朱元吉等五人題詩，可見吳派畫家和文人對謝時臣的認可。謝時臣六十一歲時仿沈周風格作山水長卷，謝時臣在圖上題款云：「前輩石

---

74 陳履生：〈紀功與記事：明人〈抗倭圖卷〉研究〉，《中國國家歷史博物館館刊》2012年第2期，第8-33頁。
75 （美）牟復禮、（英）崔瑞德著：《劍橋中國明代史》，北京：中國社會科學出版社，1992年，第544頁。
76 《明史》卷二〇五〈胡宗憲傳〉，第5414頁。
77 〔清〕徐沁撰：《明畫錄》卷三，印曉峰點校，上海：華東師範大學出版社，2009年，第68頁。
78 〔明〕姜紹書撰：《無聲詩史　韻石齋筆談》，印曉峰點校，上海：華東師範大學出版社，2009年，第57頁。
79 金建榮，前揭文，第108頁。

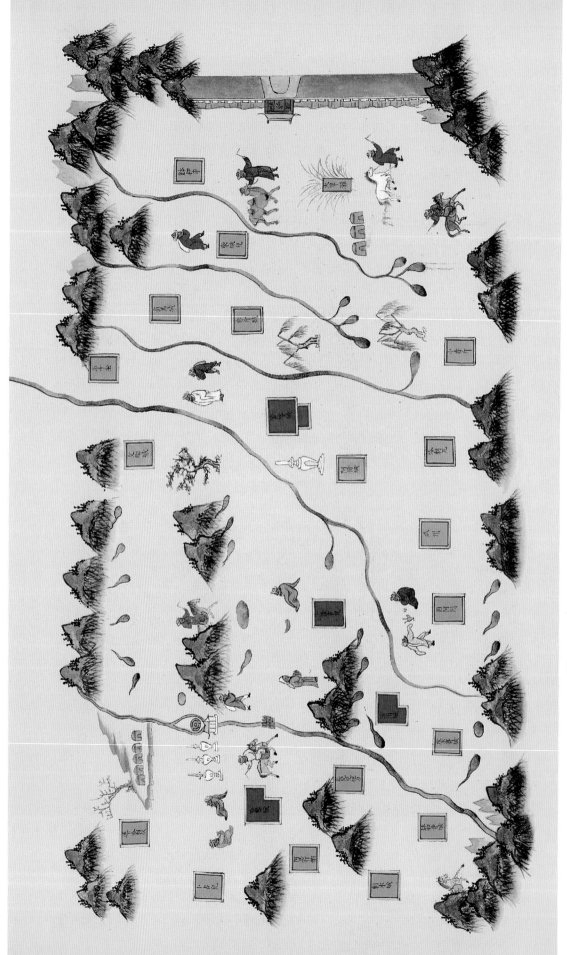

圖 4-11 臺北故宮博物院藏《西域土地人物圖》之嘉峪關圖

圖 4-12　《蒙古山水地圖》之〈嘉峪關圖〉

圖 4-13　仇英〈歸汾圖〉局部

田沈先生，畫法宗荊、關、巨然。石翁用筆清古，往往超出過之。僕私淑石翁有年，時嘉靖二十六載丁未，燈下寫成長卷，計紙六段，深愧筆力生澀，遠不迨石翁濡染難言之妙，是亦邯鄲人學步，並失其故也；抑亦人品不牟，而藝有優劣，不可強而及矣。樗仙謝時臣記。」[80]

我們懷疑，謝時臣被「杭州三司請去作畫，酬以重價」，實際上是受京師兵部之託，繪製《蒙古山水地圖》。臺北故宮博物院藏有此圖彩繪抄本，名曰《西域土地人物圖》，當為兵部用圖（圖4-11），而馬里纂《陝西通志》版《西域土地人物圖》當為地方官用圖（圖4-14），那麼《蒙古山水地圖》手卷實乃嘉靖皇帝用圖。此圖現存30餘公尺，原圖長達40公尺，而嘉靖初年中國畫壇能夠創作如此恢宏的「長卷巨幛」者，唯有謝時臣一人。正如研究者指出的，「在沈周的巨大影響下，謝時臣的山水畫取法於沈周，這在當時，還不僅僅是蘇州地區的通例，很少有人能在繪畫上避開沈周的影響。謝時臣又與文徵明友，文徵明是沈周的高足弟子，當然不免會更加仰慕沈周。又與周臣、唐伯虎、仇英等交遊，其畫風不免也受到宋人山水的影響。又仿戴進、吳偉的畫法，前人對這一點很在意，無論是表彰還是批評，都經常說謝時臣『外兼戴吳二家派』」。[81]謝時臣生於成化二十三年（1487年）。如果《蒙古山水地圖》創作於嘉靖三年至十八年間（1524-1539年），正值謝時臣藝術生涯鼎盛時期（約三十七至五十二歲）。《蒙古山水地圖》之〈嘉峪關圖〉（圖4-12）與北京故宮博物院藏仇英〈歸汾圖〉（圖4-13）所繪山關如出一轍，說明兩圖使用同一粉本。

綜合全文的討論，我們似可得出以下幾點結論：第一，《大明混一圖》的海內部分根據明初宮廷畫師周位《天下江山圖》繪製，而海外部分則根據元代吳門畫師李澤民《聲教廣被圖》改繪，那麼周位和李澤民皆為《大明混一圖》繪製者。第二，《鄭和航海圖》為南京兵部藏圖，有《武備志》天啟元年和《南樞志》崇禎末年兩個刻本，主要根據伊斯蘭地圖與鄭和艦隊實測圖繪製。此圖原本為青綠山水畫形式，由內閣首輔大臣楊士奇委託謝環主持繪製。宣德年間戴進落難京城時，被謝環請去「為閣臣作大畫」。所謂「大畫」當即《鄭和航海圖》，那麼這幅航海圖是宣德朝首席宮廷畫師謝環在戴進的協助下繪製的。第三，《蒙古山水地圖》繪於嘉靖三年至十八年，現存30餘公尺，原圖長達40餘公尺。嘉靖初年中國畫壇能創作「長卷巨幛」者，唯有吳門畫師謝時臣。嘉靖年間謝時臣被「杭州三司請去作畫，酬以重價」。我們認為，謝

---

80 〔明〕李日華：《味水軒日記》，屠友祥校注，上海遠東出版社，1996年，第492頁。
81 金建榮，前揭文，第107頁。

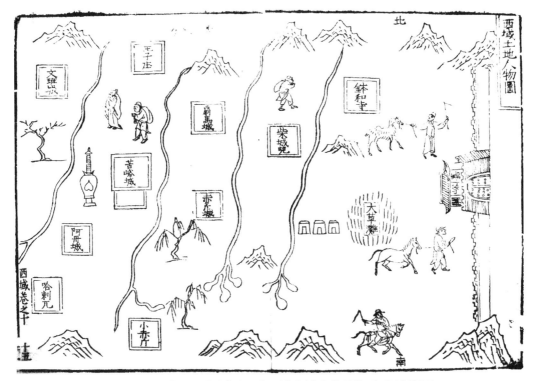

圖 4-14　《陝西通志》版《西域土地人物圖》之嘉峪關圖

時臣很可能是受杭州三司之託協助宮廷畫師繪製《蒙古山水地圖》，那麼謝時臣實乃
這幅絲綢之路長卷的主要繪製者。

5

澳門開埠以前葡萄牙人的東方貿易

　　西元 8 世紀，摩爾人（阿拉伯人）攻占伊比利半島，開始對葡萄牙人和西班牙人
祖先長達四百年的統治，阿拉伯人先進的地理知識、航海技術隨之傳入西歐。大航海
時代以前，摩爾人和威尼斯人一直操縱著中國與歐洲之間的絲綢貿易。地處歐洲西端
的葡萄牙距離絲綢之路最遠，只有少數王公貴族才能享用名貴的中國絲綢和瓷器。15
世紀末，伊比利半島終於擺脫摩爾人的統治，葡萄牙人和西班牙人率先探索東方新航
線，並開始在海外進行殖民掠奪。

　　為了尋找《馬可‧波羅遊記》提到的東方香料和黃金，葡萄牙人向東方航行，在
非洲西海岸取得一系列地理新發現，1488 年抵達非洲南端的好望角。與此同時，哥倫
布率西班牙船隊向西方航行，尋找通往印度和中國的海上航線，1492 年發現美洲新大
陸。這些地理大發現標誌著人類開始進入大航海時代。在葡萄牙東南端塔維拉島海濱
沙灘上有一個大鐵錨墓園（圖 5-1），數以百計的大鐵錨生動展示地理大發現時代葡
萄牙人的航海成就。

　　1494 年，葡萄牙與西班牙簽訂《托德西利亞斯條約》。這個條約規定：在西經
41° 到 45° 之間畫一分界線，凡在分界線以東發現的土地屬於葡萄牙，而以西發現的土
地則屬於西班牙。這條分界線由教皇亞歷山大六世擔保，史稱「教皇子午線」。[1] 萬曆
三十五年（1607 年）出版的一張拉丁文地圖繪有這條子午線的具體走向。[2] 由此可見，
印度、馬六甲、暹羅、安南、澳門、寧波、朝鮮半島、日本列島等皆屬於葡萄牙殖民

1　關於《托德西利亞斯條約》（Treaty of Tordesillas），參閱（葡）雅依梅‧科爾特桑（J. Cortesao）著：《葡萄
　　牙的發現》，王華峰、張敬賓等譯，北京：中國對外翻譯出版公司，1996 年，第 924-987 頁；陶亮：〈論葡萄
　　牙東方海上貿易帝國的興衰〉，《印度洋經濟體研究》2015 年第 4 期，第 37 頁。
2　馮明珠主編：《經緯天下：飯塚一教授捐贈古地圖展》，臺北故宮博物院，2005 年，第 25 頁。

範圍，而除巴西之外整個美洲、亞洲的汶萊、菲律賓等地則屬於西班牙殖民範圍。

一、新航線的開闢

葡萄牙人每取得一個地理新發現，便在當地樹立一個木製十字架或在岩石上刻字。由於木質標誌物易損，從迪亞哥・卡昂（Diego Cão）開始，葡萄牙人改用里斯本附近岩石做的石柱作為地理新發現的標誌，通稱「發現碑」。除了標識葡萄牙人占領權之外，發現碑也作為導航標誌，亦稱 Padrão（航海標柱）。[3] 1482 年 6 月，迪亞哥・卡昂奉葡萄牙王唐・若昂二世之命遠航非洲，1483 年抵達安哥拉。在羅比托之南 180 公里聖奧古斯丁（今稱「聖瑪利亞角」）豎立一個發現碑。碑高 169 公分，碑首高 47 公分，長和寬均為 33 公分。這是大航海時代葡萄牙人豎立的最早的發現碑之一。1486 年，迪亞哥・卡昂第二次遠航非洲時發現納米比亞，並在斯瓦科普蒙德北邊 110 公里的克羅斯角豎立一個發現碑（圖 5-2），現藏納米比亞的斯瓦科普蒙德博物館（Swakopmund Museum）。

1497 年，達・伽馬率葡萄牙艦隊繞過好望角，翌年抵達肯亞的麻林迪，並在海邊豎起象徵葡萄牙人地理新發現的航海標柱。1498 年，在摩爾水手伊本・馬吉德（Ahmed ibn Mājid）的導航下，達・伽馬從麻林迪首航古里（今印度科澤科德）。[4] 當達・伽馬返回里斯本時，葡萄牙船隊所載絲綢、瓷器、香料等東方特產的價值相當於費用的六十倍。[5] 於是葡萄牙王唐・曼努埃爾一世接二連三地派艦隊遠征印度，並任命印度總督。1510 年，葡萄牙第二任印度總督阿爾布奎克攻占印度果阿。這個小島是印度西海岸僅次於古里的繁華的國際商業中心，有河流與內陸相通，波斯和阿拉伯馬就從果阿運入南亞次大陸。1510 年，葡萄牙占領果阿，隨即在島上建立葡萄牙殖民東方的首府和東方貿易中心。

1511 年，葡萄牙船長阿爾布奎克率領十五艘戰船和一千六百名士兵攻打馬六甲，滿剌加王被迫流亡北臨新加坡海峽的賓坦島（今屬印尼廖內省）。葡萄牙人將滿剌加王宮拆毀，在王宮所在小山丘興建一座聖保羅教堂，並將市中心大清真寺拆毀，改建為石頭戍堡。這些戍堡和教堂成了葡萄牙人統治馬六甲的地標性建築。據多默・皮列士《東方志》記載：「其址原為大清真寺，十分堅固，樓塔內有兩口清水井，堡內還

3　崔福元：〈近代非洲沿海的航海標柱〉，《航海》2003 年第 1 期，第 20-21 頁轉第 19 頁。

4　（蘇）約・彼・馬吉多維奇著：《世界探險史》，屈瑞譯，北京：世界知識出版社，1988 年，第 227 頁。

5　雅依梅・科爾特桑，前揭書，第 1200 頁。

有兩三口。它一邊受到海水的沖刷，另一邊是河。堡壘的牆很寬；至於他們修築的主壘，你很少看見像這樣五層樓高的。大大小小的炮可向四方開火。」[6]

葡萄牙人殖民東南亞的遺跡還有葡式雙爪大鐵錨。在印尼爪哇島井里汶市三保廟有這樣一個大鐵錨，據說出自井里汶附近海域，可惜一直被誤作鄭和下西洋之物供奉在廟裡。雅加達國家博物館大門前也陳列這樣一個葡式大鐵錨（圖 5-3），與葡萄牙南端塔維拉島大鐵錨墓園的大鐵錨相同。正如宋應星《天工開物》所示，明代鐵錨為四爪。[7] 廣州鐵局巷出土過一個明代四爪大鐵錨，與葡萄牙兩爪鐵錨明顯有別。[8]

1522 年，葡屬馬六甲總督阿爾布奎克派船長列梅（Henrique Leme）出使爪哇島西部異他國，與異他王締結和平協議。隨後，葡萄牙船長列梅在異他國的科拉帕（今雅加達北郊）豎立一個發現碑。正德年間，滿剌加流亡政府的馬來使臣向明廷控告葡萄牙人在東南亞的殖民行徑。《廣州葡囚書信》轉述他的控告說：「馬來人說，現在中國境內的葡萄牙國王大使係偽冒。他為欺騙中國而來，來此實為試探虛實，然後奪取之。如同在滿剌加及其他地方那樣，我們（指葡萄牙人）先豎立一塊石頭，建房，後占之。」[9] 科拉帕，明史稱「咬留吧」。《明史·外國傳六》記載：「萬曆中，福建商人歲給引往販大泥、呂宋及咬留吧者，和蘭人就諸國轉販，未敢窺中國也。」[10] 異他國發現碑在 19 世紀重新發現，現藏雅加達國家博物館。葡萄牙人的發現碑，通高 2.4 公尺，頂部有個十字架。柱身上部約五分之一處呈方形，上刻葡萄牙國徽浮雕，並用葡萄牙文刻寫紀念文字。在船隊啟程前，預先刻好地理發現者和派遣探險隊的葡萄牙王的名字，而發現日期則留待豎立發現碑時補刻。異他國發現碑中部刻有葡萄牙文紀念性文字（圖 5-4）。

16 世紀，中國海商重新開通中國珠江口屯門澳（今香港竹篙灣）至馬六甲航線，於是馬六甲成了全球絲綢、瓷器、香料等東方物產的商品集散地。葡萄牙人對馬六甲的占領後果嚴重，不僅徹底切斷中國與印度洋沿岸諸國的傳統聯繫，還操控歐洲市場上絲綢、瓷器和香料等東方物產的定價權。德裔美國學者弗蘭克（Andre G. Frank）在《白銀資本》一書寫道：16 世紀全球「最主要的貿易中心是馬六甲。正如皮雷斯指出的，控制了馬六甲就扼住了威尼斯的咽喉」。[11]

6　（葡）多默·皮列士（Tomé Pires）著：《東方志》，何高濟譯，南京：江蘇教育出版社，2005 年，第 216 頁。
7　〔明〕宋應星：《天工開物》卷中〈錘鍛十·錘錨圖〉，北京：中國社會出版社，2004 年，第 291 頁。
8　廣東省文物管理委員會等編：《南海絲綢之路文物圖集》，廣州：廣東科技出版社，1991 年，第 99 頁。
9　金國平：《西方澳門史料選萃（15—16 世紀）》，廣州：廣東人民出版社，2005 年，第 81 頁。
10　《明史》，第 8434 頁。
11　（美）弗蘭克著：《白銀資本》，劉北城譯，北京：中央編譯出版社，2000 年，第 147 頁。

圖 5-1　葡萄牙塔維拉島海濱大鐵錨墓園

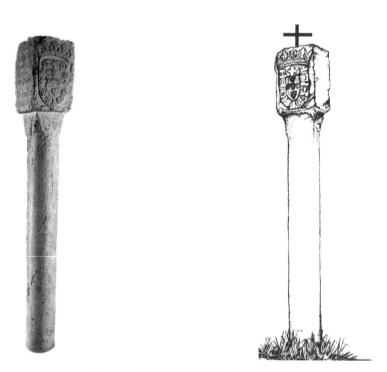

圖 5-2　克羅斯角的葡萄牙人發現碑

圖 5-3　雅加達國立博物館門前葡萄牙大鐵錨

圖 5-4　雅加達北郊所立葡萄牙人發現碑

二、首航屯門島

葡萄牙人占領滿剌加前夕，每年都有四艘中國帆船前來貿易，用瓷器、生絲換回印度和東南亞產品。正德四年（1509 年），葡萄牙人首次抵達滿剌加時，在馬六甲港一旁海島停泊有三艘中國帆船。葡萄牙史料記載：「我們一到這裡，中國人的船長就乘一艘小船出來，和他一起的還有一位體面的人……他們向司令的船駛來，司令高興地接待他們，並奏樂和鳴放禮炮……因為翻譯聽不懂他們的話，又派人找來一位懂他們語言的當地人，他們談論很多事情，互相詢問對方國王和王國的事情……談了好長一段時間後，中國船長請司令和船長們改天去他們的船上吃晚飯。司令接受邀請前往赴宴……幾個小時後我們的人才告辭，中國船長把他們送回船上後才返回自己的船上。」[12]

日本學者小葉田淳認為，這些定期到馬六甲從事貿易的中國帆船屬於漳州海商。[13] 葡萄牙人攻打滿剌加前夕，又有四艘中國帆船在馬六甲附近海域停泊，為首的名叫 Cheilata（崔喇噠）。[14] 在其他文獻中，這個名字或寫作 Chulata，德國漢學家普塔克（Roderich Ptak）譯作「崔喇噠」。他在論文中寫道：「關於 Cheilata 其人，我們幾乎是一無所知。他的『頭銜』lata（喇噠）顯示他是一名身擁鉅資、地位顯赫的大商人。lata 這個詞偶見於中文（即喇噠，不同的拼寫形式為 lada），更常見的拼寫形式為 nakhoda。但是，Chei（崔）這個姓氏卻無法與當時在中國沿海從事海上貿易活動的任何一位知名的民間華裔的姓名對應起來。在法利亞（C. F. de Faria）以及其他的一些葡萄牙人的記載中，曾出現有 Chulata 或 Fulata 等姓名，這些姓名顯然都是同一名字的不同寫讀法。無論如何，在葡人記載 1509 年、1511 年及 1517 年的貿易活動情形時，常常簡略地提及 Chei／Chu／Fu 喇噠其人。當時，這位著名的華商甚至還自己裝備一艘帆船，隨同安德拉德（F. P. de Andrade）的船隊前往中國。既然他曾以多種形式幫助過葡萄牙人，可以肯定，他是一位交遊廣泛的人，不僅與中國、阿瑜陀耶王朝（指暹羅）的關係良好，而且與其他地區的關係也很密切。」[15]

---

12 參見〈葡萄牙人發現和征服印度紀事（手稿）〉，《文化雜誌》（澳門）總第 31 期，1997 年夏季號，第 27 頁。

13 （日）小葉田淳：《中世南島通交貿易史の研究》，東京：刀江書院，1968 年，第 354 和 427 頁；傅衣凌：《明清時代商人及商業資本》，北京：人民出版社，1956 年，第 116 頁。

14 金國平，前揭書，第 33 頁。

15 （德）普塔克著，趙殿紅譯：〈明正德嘉靖年間的福建人、琉球人與葡萄牙人：生意伙伴還是競爭對手〉，《暨南史學》第二輯，2003 年，第 320 頁。

關於這個波斯語頭銜的漢譯名，許多中國學者參與討論。傅衣凌在《明清時代的商人及商業資本》一書中寫道：「嘉靖中葉至萬曆年間，在當時文獻上常見有海賊喇噠、海商喇噠、通番那噠、那哈番賊等的稱號，這些人在中國沿海，尤其是在福建沿海一帶，非常活躍。」[16] 湯開建認為，「喇噠」即《東西洋考·大泥》的「哪督」和黃衷《海語·滿剌加》的「南和達」，而舊港文書稱作「那弗答」，[17] 而黃邛《錫金識小錄》則曰「司海舶者稱哪噠」。[18] 林仁川則認為這個名字的前一成分 Chei、Chu 或 Fu，可能是明代中葉海商集團許氏四兄弟中的一個。[19]

我們的看法不盡相同。首先，所謂 Chulata 並非林仁川的「許氏四兄弟之一」或普塔克的「崔喇噠」。第二，這個詞中的前一音節 Chu 來自漢語「船」，而 Chulata 則來自漢語「船老大」。明代海商集團中有琉球蔡氏集團，我們認為，這位中國船長的另一稱謂 Cheilata，當來自漢語「蔡老大」。據《明史·琉球傳》記載，琉球蔡氏集團利用明朝實行海禁，積極與日本、朝鮮、東南亞諸國進行貿易，將各國產品以朝貢名義販運到中國，以換取明廷豐厚的回賜。據考證，琉球海商主要是明初以來定居琉球國久米村的福建人，專司與朝貢貿易相關的航海、外交、翻譯等職。久米村或稱「唐榮」（中國村）。蔡姓在唐榮諸姓中居於首位。元祖蔡崇為泉州南安人，洪武二十五年遷往琉球國中山，成化八年創建祠堂，奉祀神主。[20] 看來，蔡老大屬於琉球國久米村蔡氏家族，而琉球是明朝藩屬國，故葡萄牙人稱為「中國人」。

據琉球王國宮廷史書《歷代寶案》記載，在 1430 至 1442 年這十三年內，至少有十七個琉球貿易使團前往阿瑜陀耶，八個使團前往巨港（Palembang），六個使團前往爪哇。現存史料證實，從 1463 至 1481 年，當馬六甲、阿瑜陀耶和蘇門答臘島北部帕賽（Pasai）結成主要貿易夥伴時，琉球王國與這些港埠的貿易往來十分密切。此後，1508 至 1554 年間，琉球國船隻還經常造訪阿瑜陀耶、北大年、西爪哇及馬六甲，直至葡萄牙於 1511 年占領該港埠。然而，這一貿易模式在 16 世紀開始式微。1550 年代後，琉球便完全退出東南亞貿易圈。[21] 據金國平考證，葡萄牙史料所記 Cheilata（蔡老大）確為琉球人，名叫「蔡迪」。[22] 此人見於《歷代寶案》卷四十二，正德五年和

16 傅衣凌，前揭書，第 123 頁。

17 湯開建：《澳門開埠初期史研究》，北京：中華書局，1999 年，第 45-46 頁。

18 廖大珂：《福建海外交通史》，福州：福建人民出版社，2002 年，第 276 頁。

19 林仁川：《明末清初私人海上貿易》，上海：華東師範大學出版社，1987 年，第 85-87 頁。

20 關於琉球久米村蔡氏家族，參見楊國楨：《閩在海中》，南昌：江西高校出版社，1998 年，第 92-97 頁。

21 （新）安東尼·里德撰，錢江譯：〈1400—1650 年貿易時代的東南亞〉，《南洋資料譯叢》2008 年第 1 期，第 58 頁；錢江著，亞平、路熙佳譯：〈古代亞洲的海洋貿易與閩南商人〉，《海交史研究》2011 年第 2 期，第 40 頁。

22 金國平、吳志良：〈從葡萄牙語及琉球漢語文獻論析 Cheilata 之生平與事蹟〉（待刊）。

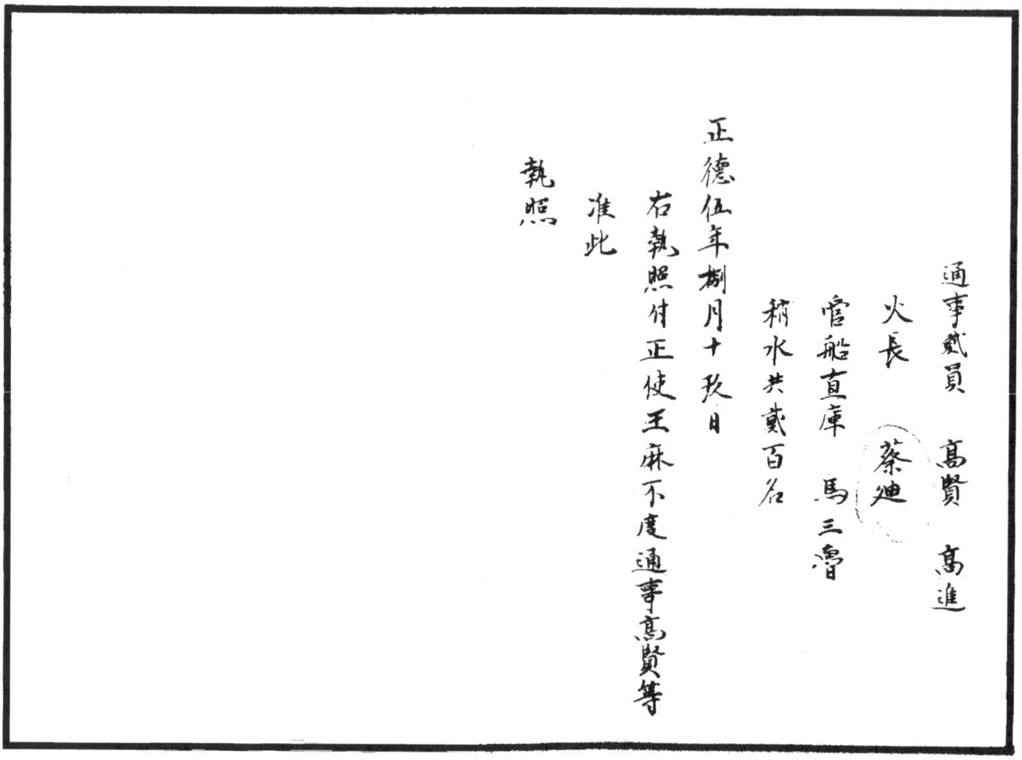

通事貳員　高賢　高進

火長　　（蔡迪）

官船直庫　馬三魯

稍水共貳百名

正德伍年捌月十玖日

右執照付正使王麻不廬通事高賢等

准此

執照

圖 5-5　《歷代寶案》卷四二

正德十三年兩次出任琉球國貿易船火長（圖 5-5）。[23]

　　1514 年，葡萄牙駐馬六甲首任城防司令盧帕塔林（Rui de Brito Botalha）在給葡王唐‧曼努埃爾的信中寫道：「去年（1513 年），有四艘中國式帆船從中國來到這裡，所帶貨物不多；它們接踵前來窺探本地。他們的船長是 Cheilata（蔡老大）。此人係一年邁華人，曾在此遇到過斯科拉；他高興地與本城的港務長及其官員會商。陛下的一艘中國式帆船滿載胡椒前往那裡，其中一半屬於陛下，另外一半屬於港務長；我等待它歸還；一切順利；有五艘本地船與其同行。在陛下的船上有兩名我們的人隨從。一人任商務代理，另外一個是書役。」[24] 信中提到的「斯科拉」指 1509 年到過馬六甲的葡萄牙船長塞蓋拉，而「商務代理」則指葡萄牙商人歐維士。1513 年，葡屬馬六甲

23 關於正德十三年琉球國貿易船火長蔡迪，參見《歷代寶案》卷四十二，第一集，臺灣大學，1972 年影印本，第 1347 頁。承蒙金國平告知這則史料，謹致謝忱。

24 金國平，前揭書，第 33 頁。

總督阿爾布奎克派他隨蔡老大的中國船隊前往廣東沿海去「發現」中國。

　　1513 年 1 月 7 日，多默‧皮列士在馬六甲寫給葡王的信中也提到：「陛下的一艘帆船離此赴中國，和其他也去那裡裝貨的船一起。已支付和現正在支付的商貨以及費用，在你和本達拉尼納‧查圖之間均攤；我們期待它們在兩三個月內返回這裡。」[25]有學者認為歐維士首航中國在 1514 年，這封信說明實際上當在 1513 年（正德八年）。歐維士隨蔡老大船隊抵達廣東珠江口外一個荒島後不久，便在島上豎了一個刻有葡萄牙國徽的發現碑。

　　1515 年 1 月 8 日，葡屬馬六甲總督阿爾布奎克在寫給葡王唐‧曼努埃爾的信中說：前往中國的葡萄牙人中「還有一名叫喬治（Jorge Alveres，即歐維士）。後者是我任命的，因為他是一個勝任此事的人。他曾為陛下做過許多事情，例如：前往中國，他曾是陛下中國式帆船上的商務代理人。他是第一個為陛下樹立發現碑的人」。[26]

　　歐維士首航中國的荒島，葡萄牙人稱作 Tamão，明史稱為「屯門」或「大澳」。問題是，廣東珠江口有許多島嶼皆稱「屯門」。[27]歐維士登陸的荒島又在什麼地方呢？近年考古發現表明，這座島嶼就在廣東台山市上川島。明初頒布禁海令後，中國東南沿海的海島居民全部遷往內陸，所以明代上川島是一座荒島。《大明一統志》記載：「上川山、下川山在新會縣西南一百四十里海中，上川石山，下川土山……居民以賈海為業。洪武中遷之，今為荒壤。」[28]《蒼梧總督軍門志》卷五記載：「南頭寨，自大鵬、廣角洲起，至廣海三洲山上，為本寨信地……該寨兵船駐箚屯門，分官哨，一出佛堂門……一出浪白（今珠海）。」[29]南頭寨兵船駐紮的「屯門」，就是葡萄牙史料所言「距廣州 20 里格的路程」的屯門島，距南頭城僅 1 里格。據葡萄牙史料，「距廣州 20 里格的路程」還有一座「屯門島」。我們認為，這個屯門島指香港大嶼山，而「距廣州 30 里格的路程」的屯門島則為歐維士登陸的荒島，《蒼梧總督軍門志》稱作「三洲」。從該書《全廣海圖》看，明代上川島由三洲、大澳等諸多島嶼組成，後來才連為一島。[30]正如湯開建指出的，歐維士登陸的 Tamão 島，明史稱「屯門」或「大澳」，亦即《全廣海圖》所標「大澳」島。[31]

25 多默‧皮列士，前揭書，第 229 頁，注 69。

26 金國平，前揭書，第 35 頁。

27 施存龍：〈葡人入居澳門前侵入我國「南頭」考實〉，《中國邊疆史地研究》1999 年第 2 期，第 51-63 頁。

28 〔明〕李賢等撰：《大明一統志》卷七十九，西安：三秦出版社，1990 年，第 1209 頁。

29 〔明〕應檟、劉堯誨等編：《蒼梧總督軍門志》卷五，中國國家圖書館全國圖書縮微複製中心，1991 年，第 96 頁。

30 《蒼梧總督軍門志》卷五《全廣海圖》，第 90 頁。

31 湯開建，前揭書，第 27-57 頁。

早在 1965 年，廣東考古界前輩朱非素就在上川島沙勿略墓園附近海濱發現明代外銷瓷遺址，遲至 2004 年台山市博物館館長蔡和添與北大學生黃清華、黃薇才對該遺址進行調查。2004 年 2 月，他們在《中國文物報》初步報導這個明代外銷瓷遺址，後來又在《文物》發表調查簡報。[32] 2007 年夏，我們在黃清華、黃薇和上川島旅遊局馬局長陪同下，對上川島明代外銷瓷遺址進行實地考察，初步掌握這個遺址的第一手資料。2009 年 9 月，北京大學、中國國家博物館與廣東台山市博物館聯合考察隊又對上川島進行為期兩天的考察，並取得重要成果。

據葡萄牙史料記載，歐維士第二次到上川島後不久，就不幸病死在島上。文中說：「1521 年 6 月 20 日，杜瓦爾特‧科埃略乘坐一裝備精良的中國式帆船，率一條滿剌加居民的中國式帆船趕到。他從我們的人那裡一得知當地的情況及擔任海軍上將職務的海盜已向我們的人發起數次進攻，他想立即離開那裡，但看到我們的人裝備不足以對付進攻，為救援他們，他留了下來。主要是為了他的摯友歐維士的緣故，當時他病得很重。杜瓦爾特‧科埃略抵達後十一天，他便離開了人間。他被埋葬在刻有葡萄牙王徽記的石質發現碑下。這塊石碑正是他歐維士在拉法爾‧普雷斯特抵達此地前一年在此豎立的。當年，他將過世的兒子埋在了碑下。儘管那個異教的地區吞噬了他的軀體，但在這天涯海角，他為了祖國的榮譽豎起了一塊發現紀念碑。」[33] 黃薇在她的碩士論文中討論上川島石筍村的一個石筍，該村得名於這個石筍。她認為，這個石筍就是歐維士 1514 年在島上豎立的發現碑（圖 5-6）。[34]

這塊石碑殘高 1.85 公尺。如果加上殘缺的碑首，全高約 2.4 公尺，與葡萄牙人在其他地方豎立的發現碑高度相同。據葡萄牙史料記載，歐維士發現碑上刻有葡萄牙國徽浮雕，亦即葡萄牙王唐‧曼努埃爾一世（1495-1521 年）的保教盾牌徽章。這種徽章亦用於葡萄牙錢幣和國旗。根據葡萄牙金幣上唐‧曼努埃爾一世的保教盾牌徽章，完全可以復原這個碑首。

在漢文史料中，唯一提到這塊石碑的是萬曆五年（1577 年）陳文輔撰〈都憲汪公遺愛祠記〉（圖 5-7）。其文曰：「近於正德改元，忽有不隸貢數惡彝，號為佛郎機者，與狡猾雜湊屯門、葵涌（原文誤作「浦」）等處海澳。設立營寨，大造火銃，為攻戰具。占據海島，殺人搶船，勢得猖獗，虎視海隅。志在吞併。圖形立石，管轄諸番。膾炙

32 黃薇、黃清華：〈廣東台山上川島花碗坪遺址出土瓷器及相關問題〉，《文物》2007 年第 5 期，第 78-88 頁。
33 金國平，前揭書，第 152 頁。
34 黃薇：《廣東台山上川島「花碗坪」遺址出土明代外銷瓷器及其相關問題研究》，北京大學考古文博學院碩士畢業論文，2006 年，第 24-28 頁。

生人，以充嘗食，民甚苦之。」[35]

關於外國商船在珠江口外的停泊碼頭，葡萄牙史料記載：「上述滿剌加中國式帆船泊於屯門島。如前所述，該島距廣州 20 里格。這些島嶼至南頭陸地的海面距離為 1 里格。在那裡，滿剌加中國式帆船泊於屯門澳，暹羅的中國式帆船則下碇葵涌（Hu Cham）港。較之暹羅人的港口，我們的港口距中國更近 3 里格。貨物先到暹羅人的港口，然後再至我們的港口。」[36] 據我們研究，滿剌加國商船停泊的「屯門澳」在香港竹篙灣，葡萄牙人的停泊地為上川島。既然暹羅商船停泊地蔡涌港距離葡萄牙人停泊地——上川島只有 3 里格，這個島嶼當指下川島，那麼〈都憲汪公遺愛祠記〉提到的「葵涌」當指下川島而言。[37]

三、葡萄牙人訂製的正德民窯青花瓷

正德十二年（1517 年），葡萄牙王唐·曼努埃爾一世首次派使團訪華，試圖與明朝建立貿易關係。關於葡萄牙使團出訪明廷之事，《明史·外國傳》記載：「佛郎機，近滿剌加。正德中，據滿剌加地，逐其王。十三年遣使臣加必丹末等貢方物，請封，始知其名。詔給方物之直，遣還。其人久留不去，剽劫行旅，至掠小兒為食。已而夤緣鎮守中貴，許入京。武宗南巡，其使火者亞三因江彬侍帝左右。帝時學其語以為戲。」[38]

火者亞三之名，源於波斯語 Cojação（Khoja Hassan），今譯「霍加·哈桑」。明代在馬六甲從事貿易活動的許多穆斯林叫這個名字，或譯「楊三」。據金國平考證，楊三即《廣州葡囚信》所記滿剌加使團的副使，名叫火者哈桑。廣州大吏打算派他去賓坦島聯繫滿剌加國流亡政府，但他懼怕佛郎機人不敢去。[39]《殊域周咨錄》記載：「有東莞縣白沙巡檢何儒，前因委抽分，曾到佛郎機船，見有中國人楊三、戴明等，年久住在彼國，備知造船、鑄銃及製火藥之法。令何儒密遣人到彼，以賣酒米為由，潛與楊三等通話，諭令向化，重加賞，彼遂樂從。約定其夜，何儒密駕小船，接引到岸，

---

35 〔明〕陳文輔撰：〈都憲汪公遺愛祠記〉，收入清嘉慶本《新安縣志》卷二十三，第 6-7 頁。

36 金國平，前揭書，第 23 頁。

37 林梅村：〈大航海時代東西方文明的交流與衝突：15～16 世紀景德鎮青花瓷外銷調查之一〉，《文物》2010 年第 3 期，第 84-96 頁。

38 《明史·外國傳》，第 8430 頁。

39 金國平，前揭書，第 89 頁。

圖 5-6　歐維士在上川島所立發現碑

圖 5-7　萬曆五年陳文輔撰〈都憲汪公遺愛祠記〉（作者自攝）

圖 5-8　葡萄牙訂製的正德民窯青花執壺與托普卡匹宮藏正德民窯青花執壺

圖 5-9　繪製葡王徽章的花澆、青花蒜頭壺與明代藩王墓出土正德窯青花蒜頭壺

研審是實，遂令如式製造。舉兵驅逐，亦用此銃取捷。奪獲伊銃大小二十餘管。」[40]葡萄牙大使「加必丹末」並非人名，而是葡萄牙語官名Capitan Moor，意為「大船長」。這位大使的真實姓名是「多默‧皮列士」，或譯「皮雷斯」，因此這個使團亦稱「皮雷斯使團」。葡萄牙使團在廣州城苦苦等候兩年多，最後他們透過賄賂「鎮守中貴」（寧誠時為廣東三堂鎮守太監）才得到入京詔書。[41]

葡萄牙人首航上川島之前就在馬六甲打探到：「中國的土地和人民，被描述得偉大、富庶、美麗和壯觀。……任何中國人，如無廣州官員的許可，不能去暹羅、爪哇、馬六甲、巴昔等地及更遠的地方。……廣州城是全中國無論陸路還是海路大批商品裝卸之地。廣州城在一條大河的河口。」[42]《籌海圖編》卷十二記載：「浙人多詐，竊買絲綿、水銀、生銅、藥材一切通番之貨，抵廣變賣；復易廣貨歸浙。本謂交通，而巧立名曰『走廣』。」[43]在廣州等候正德帝詔令時期，葡萄牙人大肆進行公開貿易活動，廣東對外貿易隨即呈現出「番舶不絕於海漄，蠻夷雜遝於州城」的繁榮景象。[44]值得注意的是，葡萄牙人還在景德鎮訂購一批明青花。其中三件執壺繪有葡萄牙王唐‧曼努埃爾一世盾牌和渾天儀徽章，所繪圖案顯然仿自葡萄牙錢幣圖案。

第一件為1999年蘇富比拍賣品，現為葡萄牙人桑托（G. B. E. Santo）私人藏品。通高18.7公分，頸部飾蕉葉紋，圈足飾雲雷紋，壺嘴飾火焰紋，圈足飾雲雷紋，腹部正反面繪葡王徽章，底款為「正德年造」（圖5-8：1）。德國學者魯茜施密特（Maria F. Lochschmidt）根據器型定為嘉靖器。[45]宣德窯乃一代名窯，明清至今景德鎮窯廠仿造大批宣德款贗品。而正德窯水準不高，造假者不太可能用正德款。這件執壺的器型和釉色，均與土耳其托普卡匹宮所藏正德民窯青花執壺相似（圖5-8：2），並與葡萄牙訂製的另外兩件執壺大同小異。這件青花執壺明確寫有「正德年造」底款，說明三者皆為正德年間在景德鎮訂製的。

第二件為葡萄牙私人藏青花執壺，高26.4公分；頸部飾水草紋，口沿飾雲雷紋，腹部飾葡萄牙王盾牌和渾天儀徽章，底款為「宣德年造」，壺嘴與壺頸連接部分殘。第三件為梅德羅斯‧阿爾梅達基金會藏品（圖5-8：3），與第二件青花執壺相同，保

40〔明〕嚴從簡著：《殊域周咨錄》，余思黎點校，北京：中華書局，1993年，第321-322頁。

41 關於火者亞三的新研究，參見金國平、吳志良：〈「火者亞三」生平考略：傳說與事實〉，中國社會科學院歷史研究所明史研究室編：《明史研究論叢》第十輯，北京：紫禁城出版社，2012年，第226-244頁。

42 多默‧皮列士，前揭書，第96-98頁。

43〔明〕鄭若曾編：《籌海圖編》，北京：中華書局，2007年，第831頁。

44《明史‧外國傳》，第8430頁。

45 Maria F. Lochschmidt, Chinesisches Blauweiß Exportporzellan Die portugiesischen Bestellungen vom Anfang des 16 Jahrhunderts bis 1722: Eine neue Chronologie mit Beiträgen zu Form und Dekor, Wien, 2008.

存良好。有學者推測這兩件執壺燒造於 1514 年（正德十四年），但是未能說明立論根據。[46]

除了青花執壺之外，葡萄牙人還訂製一件帶葡王徽章的青花花澆，現為紐約大都會博物館藏品（圖5-9：1）。通高 18.7 公分，頸部無紋飾，口沿呈六方形，上飾雲雷紋，底款為「宣德年造」。從手柄殘留部分可知，這個花澆的手柄與葡萄牙人訂製的正德窯青花執壺相同，採用摩羯魚尾造型，而高度恰好與第一件正德年造款青花執壺高度相同。2006 年，我們參觀雅加達國家博物館時，在展廳中見到一件帶葡王徽章的青花蒜頭壺，通高 25 公分，腹徑 12.4 公分。壺上蒜頭部分飾水草紋，頸部飾梅月紋，腹部正反面分別飾有葡王曼努埃爾一世保教盾牌和渾天儀圖（圖5-9：2）。2007 年，考古工作者在武漢市江夏二妃山明藩王陵園發掘輔國將軍朱均鉌墓（編號 M2）。墓主人是明楚昭王朱楨的曾孫，葬於正德四年（1509 年）。值得注意的是，朱均鉌墓隨葬一件青花蒜頭壺（圖5-9：3），造型和紋樣與葡萄牙人訂製的蒜頭壺如出一轍，現藏武漢市江夏區博物館。這個青花蒜頭壺高約30.1公分，口徑2.8公分，底徑10.3公分。有學者將其年代定在弘治時期，不一定正確。我們認為，這個正德四年墓隨葬的青花蒜頭壺當即景德鎮正德窯產品。

據葡萄牙史料，漳州與葡萄牙人的海上交易始於正德十三年，那麼當時葡萄牙人是否攜帶銀元到海澄浯嶼交易呢？有研究者認為：「由當時葡萄牙的貨幣鑄造流通情況看，葡萄牙本土貨幣重量輕薄，鑄量不多，當時流向海外的數量有限，流通範圍並不廣。而且根據近三十年來中國沿海一帶出土發現的情況看，16 世紀初期的葡萄牙本土貨幣至今並沒有發現。因此筆者認為從 1518 年葡萄牙來到閩南沿海至 1530 年代末，中葡之間的貿易主要是以貨易貨為主，也有一部分是由葡萄牙的海外轉口貿易中所獲得的白銀作為支付手段。1535 年後，西班牙在美洲大量開採銀礦並將其鑄造成銀幣，由於西屬美洲銀元重量相對統一，成色標準，因此在當時的東西方貿易中廣受歡迎，中葡之間的貿易轉而使用西班牙銀元。」[47] 然而，葡萄牙人早期訂製瓷的發現，說明早在正德年間葡萄牙錢幣就傳入景德鎮，而錢幣上圖案則成為正德窯青花瓷圖案的粉本（圖5-10）。[48]

葡萄牙人訪華的目的是和明朝建立貿易關係，完全是有備而來。他們在滿剌加聘

46 Monlque Crick, "The First Chinese Trade Ceranics Made to Order for the Portuguese Market"，《中國古代貿易瓷國際學術研討會論文集》，臺灣歷史博物館，1994 年，第82-94 頁。

47 林南中：〈早期葡萄牙銀元流入閩南小考〉，《中國錢幣》2014 年第 1 期，第 25 頁。

48 黃薇、黃清華，前揭文，第 78-88 頁。

圖 5-10　上川島採集的景德鎮正德窯青花瓷片與葡萄牙王唐・曼努埃爾一世金幣

請的翻譯火者亞三是「浮梁人」（今景德鎮人）。《明史・外國傳六》記載：「佛郎機，近滿剌加。正德中，據滿剌加地，逐其王。十三年（1518年）遣使臣加必丹末等貢方物，請封，始知其名。詔給方物之直，遣還。其人久留不去，剽劫行旅，至掠小兒為食。已而夤緣鎮守中貴，許入京。武宗南巡，其使火者亞三因江彬侍帝左右。帝時學其語以為戲。……亞三侍帝驕甚。從駕入都，居會同館。見提督主事梁焯，不屈膝。焯怒，撻之。彬大訛曰：『彼嘗與天子嬉戲，肯跪汝小官邪？』明年，武宗崩，亞三下吏。自言本華人，為番人所使，乃伏法，絕其朝貢。」[49]

　　廣東地方官員顧應祥在廣州城接待這批不速之客。他在《靜虛齋惜陰錄》回憶：「正德間，予任廣東按察司僉事，時巡海副使汪鋐進表赴京，予帶管海道。驀有番舶三隻至省城下，放銃三個，城中盡驚。蓋前此番舶俱在東莞千戶所海澳灣泊，未有徑至城下者。市舶提舉吳洪賜稟，予親至懷遠驛審視。其通事乃江西浮梁人也，稟稱此乃佛郎機國遣使臣進貢，其使臣名加必丹，不曾相見。予即差人往梧州呈稟。三堂總

49《明史・外國傳六》，第 8430-8431 頁。

鎮太監寧誠、總兵武定侯郭勛俱至。其頭目遠迎，俱不跪拜。總督都御史陳金獨後至，將通事責治二十棍，分付提舉：遠夷慕義而來，不知天朝禮儀，我係朝廷重臣，著他去光孝寺習禮三日方見。……總督衙門分付：《大明會典》原不載此國，今在驛中安歇，待奏准方可起送。……後奉旨許令進貢，至京，見禮部亦不拜跪。武廟（指正德帝）南巡，留於會同館半年有餘。今上（指嘉靖帝）登極，將通事問罪，發回廣東，逐之出境。」[50]

　　據葡萄牙史料，火者亞三賄賂的「鎮守中貴」當即廣東市舶司大太監寧誠。據說葡萄牙使團抵達廣州「三天後，大吏來到了廣州城。如同中國所有負責司法及財政的官員一樣，他是閹人。……大吏派人告訴費爾南‧佩雷斯‧安德拉德說，他可下令叫在貿易島的船隻前來廣州，因為在此裝卸較容易。他回答說船隻在貿易島需要修理。此外，大吏在碼頭邊為我們提供了一所房子存載貨物並派駐一商站書役、代理商及商人。這樣開始了與華人的交易。氣氛友好、安全。我們的人可以登陸。大吏時常派人來拜訪費爾南‧佩雷斯‧安德拉德並送上許多禮物。我們的人在當地很守規矩，無任何越軌行為，大家和平相處。他派人向大吏要求允許在貿易島建一磚石結構的房屋、一碉堡，以便存放貨物，免受盜匪的襲擊。大吏批准了這一請求」。正如金國平指出的，這位大吏正是廣東市舶司大太監寧誠。

　　問題是，寧誠又是透過什麼人最後獲得正德帝允許入京詔書的呢？據《明史‧錢寧傳》記載，在南昌的明藩王「宸濠反，帝心疑（錢）寧。寧懼，白帝收宸濠所遣盧孔章，而歸罪賢，謫戍邊，使校尉殺之途以滅口，又致孔章瘐死，冀得自全。然卒中江彬計，使董皇店役。彬在道，盡白其通逆狀。帝曰：『黠奴，我固疑之。』乃羈之臨清，馳收其妻子家屬。帝還京，裸縛寧，籍其家，得玉帶二千五百束、黃金十餘萬兩、白金三千箱、胡椒數千石」。[51] 顯然，從錢寧家查抄出來的「數千石胡椒」，就是火者亞三賄賂廣東市舶司大太監寧誠的贓物，寧誠又用其賄賂宮中太監錢寧才得到正德帝允許入京的詔書。不僅如此，這些繪製葡萄牙王唐‧曼努埃爾一世徽章的青花瓷進而說明葡萄牙人可能即透過錢寧等人在景德鎮訂製中國瓷器。錢寧因參與明藩王朱宸濠叛亂而在 1519 年 12 月被捕，[52] 那麼可能這位正德帝的寵臣為葡萄牙人訂製景德鎮明青花即在正德十三年（1518 年）。

---

50 〔明〕顧應祥：《靜虛齋惜陰錄》卷十二〈雜論三〉，《北京圖書館古籍珍本叢刊》第 64 冊，北京：書目文獻出版社，1987 年影印，第 156 頁。

51 《明史‧錢寧傳》，第 7892 頁。

52 （美）牟復禮、（英）崔瑞德編：《劍橋中國明代史》，張書生、黃沫等譯，北京：中國社會科學出版社，1995 年，第 474 頁。

　　人們不禁要問，這批葡萄牙人訂製的景德鎮明青花又是什麼人運回歐洲的呢？據葡萄牙史料記載：「費爾南‧佩雷斯‧德‧安德拉德在那裡（指上川島）逗留了十四個月，了解了許多情況。1518 年 9 月，他起航返回。……費爾南‧佩雷斯‧德‧安德拉德及船隊其他人無不滿載而歸，腰纏萬貫。他們出發後，駛往滿剌加。」[53] 1518 年為正德十三年，這批明青花顯然是葡萄牙船長費爾南‧佩雷斯‧德‧安德拉德從廣東上川島帶回歐洲的。就目前所知，這是景德鎮燒造的年代最早的歐洲訂製瓷之一。

（本文初刊於《文物》2011 年第 12 期，此為修訂版）

---

53 金國平，前揭書，第 185 頁。

6

尋找雙嶼港

　　1521 至 1522 年，在廣東海道副使汪鋐所率明軍的打擊下，葡萄牙人被迫逃離在廣東沿海設立的走私貿易港屯門島（Tamão，或稱大澳，今廣東台山市上川島）。[1] 不久，在福建海商的引導下，葡萄牙人來到福建、浙江沿海繼續從事走私貿易。史載「正德間，因佛郎機夷人至廣，獷悍不道，奉聞於朝，行令驅逐出境，自是安南、滿剌加諸番舶有司盡行阻絕，皆往福建漳州府海面地方，私自行商，於是利歸於閩，而廣之市井皆蕭然矣」。[2] 佛郎機是中國史書對葡萄牙人的古稱。鄭舜功《日本一鑑》記載：嘉靖五年（1526 年），福建罪囚鄧獠「越獄逋下海，誘引番夷，私市浙海雙嶼港，投托同澳之人盧黃四等，私通貿易」。[3] 所謂「番夷」，指 16 世紀初盤踞雙嶼的葡萄牙人。鄭舜功是廣東新安人，因熟黯夷務，經負責浙江海防的楊宜推薦，1555 年出使日本。鄭舜功對盤踞雙嶼港的許氏兄弟非常了解，許棟之弟許四就是 1557 年鄭舜功在贛州擒獲的，所以他對葡萄牙人在雙嶼港活動的記述相當可信。目前學界一致認為，雙嶼就在浙江舟山群島的六橫島。[4]

1　〔明〕應檟等編：《蒼梧總督軍門志》卷五《全廣海圖》初刊於萬曆九年，中國國家圖書館全國圖書縮微複製中心，1991 年，第 96 頁。上川島當時由「三洲」等三島組成，其中「大澳」島即葡萄牙人所謂 Tamão 島（參見湯開建：〈中葡關係的起點：上、下川島——Tamão 新考〉，收入湯開建：《澳門開埠初期史研究》，北京：中華書局，1999 年，第 27-57 頁）。

2　〔明〕嚴從簡著：《殊域周咨錄》，余思黎點校，北京：中華書局，1993 年，第 323 頁。

3　〔明〕鄭舜功：《日本一鑑·窮河話海》，民國二十八年（1939 年）據舊抄本影印。

4　方豪：〈十六世紀浙江國際貿易港 Liampo 考〉，《方豪六十自定稿》上冊，臺北：臺灣學生書局，1969 年，第 91-121 頁；張增信：〈十六世紀前期葡萄牙人在中國沿海的貿易據點〉，《中國海洋發展史論文集（二）》，臺北，1986 年，第 75-104 頁；徐明德：〈論十六世紀浙江雙嶼港國際貿易市場〉，《海交史研究》1987 年第 1 期，第 14-24 頁；毛德傳：〈十六世紀的上海——雙嶼港歷史地理考略〉，《舟山師專學報》1996 年第 4 期，第 31-34 頁轉 84 頁；王慕民：〈十六、十七世紀葡萄牙與寧波之關係〉，《澳門研究》1999 年第 1 期，第 1-31 頁；龔纓晏、楊靖：〈近年來 Liampo、雙嶼研究述評〉，《中國史研究動態》2004 年第 4 期，第 13-19 頁；錢茂偉：〈明代寧波雙嶼港區規模的重新解讀〉，張偉主編：《浙江海洋文化與經濟》第 1 輯，北京：海洋出版社，2007 年，第 152-158 頁；陸位世：〈十六世紀雙嶼港港址考略〉，普陀海洋文化研究會編：《普陀潮》2008 年第 5 期，第 50-51 頁。

圖 6-1　雙嶼港鯽魚港

一、雙嶼港 ── 16 世紀國際貿易的中心

　　六橫島在明代屬於寧波府定海縣郭巨千戶所（今寧波市北侖區郭巨村），故葡萄牙人稱之為 Isles de Liampo（寧波島）或 Syongicam（雙嶼港）；[5] 由六橫、懸山、蝦峙等一百零五個海島組成，今屬浙江舟山市普陀區。儘管明王朝實行「片板不許入海」的海禁政策，[6] 但是葡萄牙人卻與閩浙海盜勾結，在雙嶼港建立全球性的貿易中心，來自美洲‧歐洲、日本的白銀源源不斷運到這裡，以換取中國絲綢、瓷器和茶葉。小小的雙嶼港在明代嘉靖年間竟然有一千兩百名葡萄牙人定居，在島上從事走私貿易長達二十餘年，被日本學者藤田豐八稱為「十六世紀之上海」。[7]

5　金國平編譯：《西方澳門史料選萃（15—16 世紀）》，廣州：廣東人民出版社，2005 年，第 57 頁。

6　《明史‧朱紈傳》記載：「初，明祖定制，片板不許入海」，《明史》，第 5403 頁。

7　（日）藤田豐八著，何健民譯：〈葡萄牙人占據澳門考〉，《中國南海古代交通叢考》，上海：商務印書館，1936 年，第 378-384 頁。

　　嘉靖十九年（1540 年）以後，葡萄牙人在雙嶼建立比較固定的「臨時居留地」，搭棚交易、存棧、過冬，進而建有房屋。據說在雙嶼有一千兩百人，浯嶼有五百人。[8] 嘉靖二十年（1541 年），葡萄牙冒險家平托（Fernão M. Pinto）隨葡印總督法利亞（Pero de Faria）船隊遊歷雙嶼港。平托在《遠遊記》一書寫道：「雙嶼，我在前有詳述，它是距此向北二百多里格遠的一個葡萄牙人的村落。因一葡萄牙人的胡作非為，雙嶼在片刻之內被摧毀，夷為平地。我親身經歷了這場災難。當時我們人力及財產損失無法估計。因為當時那裡還有三千多人，其中一千二百為葡萄牙人，餘為其他各國人。據知情者講，葡萄牙的買賣超過三百萬金，其中大部分為日銀。日本是兩年前發現的，凡是運到那裡的貨物都可以獲得三四倍的利錢。這村落中，除來來往往的船上人員外，有城防司令、王室大法官、法官、市政議員、死者及孤兒總管、度量衡及市場物價監視官、書記官、巡夜官、收稅官及我們國中有的各種各樣的手藝人、四個公證官和六個法官。每個這樣的職務需要花三百克魯扎多（指葡萄牙錢幣）購買，有些價格更高。這裡有三百人同葡萄牙婦女或混血女人結婚。有兩所醫院，一所仁慈堂。它們每年的費用高達三萬克魯扎多。市政府的歲入為六千克魯扎多。一般通行的說法是，雙嶼比印度任何一個葡萄牙人的居留地都更加壯麗富裕。在整個亞洲，其規模也是最大的。」[9]

　　這位葡印總督在雙嶼港活動期間還在景德鎮訂製一批青花瓷。葡萄牙貝加市列奧農王后博物館收藏其中一件青花碗（圖 6-2：3），口沿上葡萄牙文讀作 Tempo de Pero de Faria 541；意為「法利亞訂製，1541 年」。1541 年相當於嘉靖二十年。[10] 據金國平考證，這是目前所見最早的有銘文的景德鎮外銷訂製瓷。法利亞分別於 1526 至 1529 年和 1539 至 1542 年兩次出任馬六甲總督。從年款看，這青花碗是他於第二任期內在景德鎮訂製的。[11] 金國平還指出，朱紈《三報海洋捷音事》將「法利亞」稱作「別琭佛哩」。其文曰：「許六現監紹興府，族弟許四各不合，與先獲監故林爛四等故違擅造二桅以上違式大船，將帶違禁貨物下海，前往番國買賣，潛通海賊……各造三桅大船，節年結夥收買絲綿、細段、磁器等貨，並帶軍器越往佛狼機、滿咖喇等國，叛投

8　（葡）費爾南・門德斯・平托著：《遠遊記》下冊，金國平譯，澳門：葡萄牙大發現紀念澳門地區委員會等，1999 年，第 690-701 頁。

9　《遠遊記》上冊，第 III 頁。

10 Nuno de Castro, *A Porcelena Chinesa e os Brasões do Império*, Civilização, 1987, pp. 128-129.

11 金國平、吳志良：〈流散於葡萄牙的中國明清瓷器〉，《故宮博物院院刊》2006 年第 3 期，第 107-108 頁；金國平、吳志良：〈1541 年別琭佛哩時代訂製瓷之圖飾、產地及訂製途徑考〉，鄭培凱主編《逐波泛海——十六至十七世紀中國陶瓷與物質文明擴散國際學術研討會論文集》，香港城市大學中國文化中心，2012 年，第 287-300 頁。

彼處番王別琭佛哩、類伐司別哩、西车不得羅、西车陀密哆等，加稱許棟名號，領彼胡椒、蘇木、象牙、香料等物，並大小火銳槍刀等器械……」[12]

嘉靖二十六年（1547年），巡撫贛南的右副都御史朱紈奉朝廷之命赴浙江提督浙閩海防軍務。次年5至6月，朱紈率明軍在雙嶼登陸，焚毀葡萄牙人在島上搭建的上千所寮屋、十餘座教堂和數以百計的走私船，並填塞雙嶼港。殊不知，明軍焚毀的只是葡萄牙走私船中一小部分，據朱紈記載，嘉靖二十七年（1548年）「五月十日，浙海瞭報：賊船外洋往來一千二百九十餘艘」。[13] 可知明軍摧毀雙嶼港後不久，附近海域仍有一千兩百九十多艘走私船遊弋。

日本天文十二年（1543年），閩浙海盜王直與三個葡萄牙頭目帶領上百名番商從暹羅（今泰國）乘船向雙嶼航行，途中遭遇風暴，結果於1543年9月23日漂流到琉球國南端種子島（今屬日本鹿兒島縣）。[14] 一般認為，葡萄牙人於1543年抵達種子島，「發現」日本。殊不知，種子島當時屬於琉球，不足以說明葡萄牙人因此「發現」日本。

葡萄牙史料披露葡萄牙人首航日本的更多細節，據說，「542年，一個名叫弗雷伊塔斯的船長停泊在暹羅王宮的大城。三個葡萄牙人乘一條前往中國的中國式帆船逃離了他。他們是：莫塔、澤摩托和佩索托。他們前往位於30多度的雙嶼（Liampó）停泊，一場船尾暴風把他們吹離了陸岸。幾天後，在東方32度處見到了人稱日本的島嶼。似乎這便是書中常常提到的日本國及其財富；日本島有金，多銀，還有其他財富」。[15] 所謂「542年」，即1542年的簡稱，相當於日本天文十一年或明代嘉靖二十一年，而「寧波城」指雙嶼港。倫敦維多利亞與埃伯特博物館收藏一件頗具伊斯蘭風格的明代青花壺（圖6-2：1），上有葡萄牙貴族徽章，底款為「大明嘉靖年製」（圖6-2：2）。據考證，這件青花壺可能是嘉靖年間到日本和中國從事走私貿易活動的葡萄牙商人佩索托（Antonio Peixoto）在江西景德鎮訂製的。[16] 明廷對景德鎮瓷器底款有一定之規，官窯皆用「某某年製」，而民窯只能用「某某年造」。這件青花壺用「大明嘉靖年製」底款，說明它一定是明朝御窯廠違反規定為葡萄牙商人私下燒造的。

12 〔明〕朱紈：《甓餘雜集》卷四〈三報海洋捷音事〉，湯開建主編《明清時期澳門問題檔案文獻匯編》第5卷，北京：人民出版社，1999年，第271頁。

13 〔明〕朱紈：《甓餘集》卷一〈雙嶼填港工完事〉，陳子龍等選輯《明經世文編》第205卷，北京：中華書局影印本，1962年，第2166頁。

14 （日）久時：〈鐵炮記〉，《南浦文集》卷上，寬永二年（1625年）版，第5頁；（日）木宮泰彥著：《日中文化交流史》，胡錫年譯，北京：商務印書館，1980年，第618頁。

15 金國平編譯：《西方澳門史料選萃（15—16世紀）》，廣州：廣東人民出版社，2005年，第60頁。

16 Craig Clunas (ed.), *Chinese Export Art and Design*, London: Victoria and Albert Museum, 1987, p. 34, fig. 35.

從此，葡萄牙人開始販運中國貨至日本，並將佛郎機銃等西方先進科學技術傳入日本，史稱「南蠻貿易」。[17]日本「南蠻屏風畫」上繪有駛入長崎的葡萄牙海船（圖6-3），明軍在雙嶼港焚毀的正是這種大黑船。儘管雙嶼港就在六橫島之說，目前已在學界達成共識，但是這個港口在島上什麼地方卻一直存在爭議。2008至2009年，我們兩赴六橫島訪古，實地調查島上各類古蹟和文物，為尋找明代雙嶼港遺址提供科學依據。[18]

二、2009 年雙嶼港調查

中外史料對雙嶼港均有所述，尤以明朝負責閩浙海防的朱紈著《甓餘雜集》、明代海防專家鄭若曾編《籌海圖編》、16世紀葡萄牙冒險家平托撰《遠遊記》三本書最為詳盡。[19]近年，澳門大學湯開建教授曾對平托《遠遊記》史源詳加考證，認為與中國史書有關記載相當一致，堪稱信史。[20]

歷史上，六橫本是一個眾多小島組成的群島。島上居民經歷明初、清初兩次內遷，現在居民多為清康熙、乾隆年間從浙江沿海各地來的移民。清道光二十八年（1848年）築堤後，六橫島才逐漸連成一島，此後又向外伸展建海塘，使上莊的蟑螂山島、積峙島，下莊的大夾屯島、沙頭島與六橫島連為一島，隨後島上陸地面積亦逐漸擴大。[21]現代六橫島指分布在舟山群島南部一組島嶼，以六橫島為主體，包括佛渡島、懸山島、對面山、涼潭島等五座有人定居的島嶼和一批無人島礁。

關於雙嶼港的位置，鄭若曾《籌海圖編》第三十二圖有明確標識（圖6-4）。此書初刻於嘉靖四十一年（1562年），是目前所見明代雙嶼港最早的文獻之一，那麼該

17 Christopher Howe, *The Origins of Japanese Trade Supremacy: Development and Technology in Asia from 1540 to the Pacific War*, Chicago: The University of Chicago Press, 1996, pp. 11, 14-16.

18 2008 年考察隊成員有：北京大學教授林梅村及其學生喻婷、陳曉露、寧波市文物考古研究所金濤、舟山市普陀區史志辦公室鄔永昌等一行五人；2009 年考察隊成員有：北京大學教授林梅村及其學生喻婷、沈豔、中國國家博物館考古部主任楊林及雷生霖、中國國家博物館舟山市工作站貝逸學、浙江海洋學院教授柳和勇、舟山市普陀區史志辦公室鄔永昌、《普陀潮》編輯部孫和軍，以及六橫鎮政府陪同人員洪主任等多人。這兩次考察都得到六橫鎮宣傳部門負責人葉含亞女士熱情幫助，謹致謝忱。

19 〔明〕朱紈：《甓餘集》，陳子龍等選輯《明經世文編》卷 205，北京：中華書局，1962 年；〔明〕鄭若曾著：《籌海圖編》，李致忠點校，北京：中華書局，2007 年；（葡）費爾南‧門德斯‧平托著：《遠遊記》上下冊，金國平譯，澳門：東方葡萄牙學會，1999 年。

20 湯開建：〈平托《遊記》Liampo 紀事考實〉，收入《澳門開埠初期史研究》，北京：中華書局，1999 年，第 27-57 頁。

21 毛德傳：〈「雙嶼」考略〉，《中國方域——行政區劃與地名》1997 年第 2 期，第 24-25 頁。

2

1

3

圖 6-2　葡萄牙人在雙嶼港活動時訂製的景德鎮青花瓷器

圖 6-3　日本南蠻屏風畫所繪葡萄牙大黑船

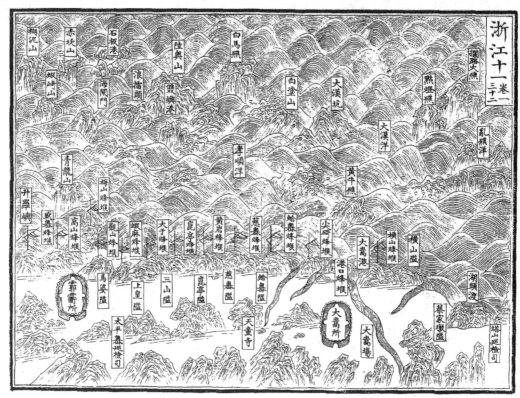

圖 6-4　　《籌海圖編》嘉靖四十一年刻本

　　書所附雙嶼港位置圖應該作為我們研究的基點。[22]　需要注意的是，這幅明代海圖的方向與現代地圖正好相反，採用「上南下北，右東左西」方向。據我們研究，《籌海圖編》所標島嶼方位大都是正確的，唯一的失誤是將「白塗山」（今佛渡島）誤標在大漠坑（今六橫島西北岸大脈坑村）之西，本文引用時予以訂正。

　　　《籌海圖編》在六橫島周邊標有六個島嶼，自東而西分別為：糊泥山（今桃花島）、蝦崎山（今蝦峙島）、赤坎山（今涼潭島）、石板港（今懸山島）、白塗山（今佛渡島）和梅山（今梅山島）。《籌海圖編》在六橫島範圍內亦標有六個地名，自西而東分別為：大漠坑（今六橫島西北岸大脈坑村）、白馬礁（今六橫島東南岸小馬嘴頭附近）、陸奧山（今六橫島東部大尖峰山）、雙嶼港、浪播頭（今六橫島東岸台門港）、海閘門（今六橫島東岸烏龜山與懸山島之間）。明初以來實行「片板不許下海」的海禁政

22 本圖引自《籌海圖編》卷一《浙江十一》第三十二圖，《文淵閣四庫全書‧史部三四二‧地理類》，臺北：商務印書館影印本，1986 年，第 20 頁。

策，島上並無明朝百姓，只有閩浙海盜和葡萄牙人出沒。既然如此，那麼《籌海圖編》所標島上六個地名皆明代海盜出沒之地，而葡萄牙人主要活動於雙嶼港。

2009 年春，浙江省普陀區文物普查隊在六橫島發現一處清道光年間摩崖石刻。這個石刻位於小湖社區杜莊村金寺山嘴，距地表 10 公尺左右；高約 3 公尺，寬約 5 公尺，鐫刻橫書「閩山古蹟」四個大字，字體寬約 30 公分。四個大字左邊刻有直書雙行小字，凡十二字，銘文讀作：「浙江督學使書，福州廖鴻荃題。」廖鴻荃（1778-1864 年），字應禮，號鈺夫。祖籍將樂縣，後遷侯官縣（今福州市）。清嘉慶十四年（1809 年）進士第二。授編修，累升至工部尚書、經筵講官，賜紫禁城騎馬。道光元年（1821 年）八月，典試陝甘，生平總裁會試一次，典鄉試、分校京兆試各三次，參與朝考閱卷，殿試讀卷，又督學江蘇、浙江等省。[23] 據《清史稿》記載，廖鴻荃與林則徐是同朝為官的大臣，鴉片戰爭前後擔任過右都御史、漕運總督等職。道光十九至二十四年間（1839-1844 年）出任工部尚書。

2009 年 9 月 9 日，我們到杜莊村實地調查閩山古蹟摩崖石刻（圖 6-5），但是附近未見任何與葡萄牙人相關的古蹟。據湯開建考證，1540 至 1548 年間，葡萄牙人占據雙嶼港時，當地「存在著兩大中心，一是許氏兄弟海盜集團，一個是葡萄牙商人集團。這兩者相互利用，互為表裡，在一定程度上結成一體」。[24] 明代史家王世貞記載：「舶客許棟、王直輩，挾萬眾雙嶼諸港。」[25] 可知明代六橫島上不止一個港口。《籌海圖編》卷十二記載：「商舶乃西洋原貢諸夷，載貨泊廣東之私澳……浙人又導之，改泊雙嶼。……自甲申（嘉靖三年）歲凶，雙嶼貨壅……西洋船原回私澳。」[26] 鄭舜功《日本一鑑》卷六《流航》記載：「嘉靖庚子（嘉靖十九年／1540 年）繼之，許一、許二、許三、許四潛入大宜滿刺加等國，誘引佛郎機國夷人，絡繹浙海，亦泊雙嶼、大茅等港，以要大利。」[27] 看來，早在嘉靖三年，葡萄牙人就在雙嶼從事走私貿易，而許氏兄弟遲至嘉靖十九年（1540 年）才到雙嶼，比葡萄牙人晚十六年。許氏兄弟不會和葡萄牙人同居一地。《籌海圖編》所標「白馬礁」在杜莊正南海濱，可見杜莊附近海域明代有海盜出沒。閩山古蹟摩崖石刻的發現相當重要，說明杜莊一帶或許是福建海盜集團的據點。

23 關於閩山古跡摩崖石刻的報導，參見沈璐：《浙江省舟山市新發現「閩山古蹟」摩崖石刻》，浙江文物網網頁（http://www.sach.gov.cn/tabid/300/InfoID/20922/Default.aspx）。

24 湯開建，前揭文，第 47-48 頁。

25 〔明〕王世貞：《弇州四部稿》卷八十一〈湖廣按察副使沈公（啟）傳〉，《文淵閣四庫全書‧集部》第 1280 冊，臺北：商務印書館影印本，1986 年，第 346 頁。

26 《籌海圖編》，第 852-853 頁。

27 〔明〕鄭舜功：《日本一鑑‧窮河話海》，1939 年影印本，第 2 頁左。

葡萄牙人在雙嶼登陸之後，必然要在島上補充淡水。為此，我們於 2009 年 9 月 9 日對六橫島東部淡水資源進行實地調查。大尖峰山腳下高峰村有一個大嶨水庫，是六橫島重要淡水資源之一。不過，這是一座現代水庫。大尖峰山上礁潭村還有另一座水庫，在古代水潭基礎上擴建而成，今稱「礁潭水庫」。歷史上，大尖峰山的礁潭無疑是六橫島最重要的淡水資源之一。礁潭水庫有一條水渠引水下山，注入大嶨水庫。後者建有一個自來水廠，為六橫島東南各地供應淡水，而在古代這個地區靠水渠或小溪從礁潭引水。我們在礁潭附近水渠邊採集到宋元青白釉瓷片，那麼這條水渠應該是在古代溪流基礎上改建而成。據平托《遠遊記》記載，雙嶼港附近「山頭有淡水溪流，穿過茂密的樹林直淌而下。林中多雪松、橡樹、五針松、海松」。[28] 顯然，平托說的「山頭」就指大尖峰山的山頭，而「淡水溪流」則指從礁潭流到山下的溪流。

據以上討論，雙嶼港與大麥坑位於六橫島兩座不同山脈上。大麥坑在今六橫島西北部龍山大脈坑村，那麼雙嶼港應當在六橫島東南部某山，與龍山對峙。六橫島東南部可與龍山對峙的高山只有大尖峰山，亦即《籌海圖編》所謂「陸奧山」，朱紈稱作「陸洪山」，六橫島的現代名稱就來自這個古地名。據朱紈記載，嘉靖二十七年「五月十六日，臣自霩䲧所（今寧波市北侖區郭巨村），親渡大海，入雙嶼港，登陸洪山，督同魏一恭、劉恩至並指揮等官馬奎等，達觀形勢……」[29]，《籌海圖編》將雙嶼港標在陸奧山（今大尖峰山）北麓，那麼明代雙嶼港要在大尖峰山之北的海濱尋找。

2009 年 9 月 9 日，我們到大尖峰山正北方向海濱村落調查，結果在西文山村取得重大收穫。我們在村內一所民宅牆上意外發現一塊異域風格的浮雕石碑（圖 6-6），上面圖案頗似 16 世紀葡萄牙古錢幣上的渾天儀（圖 6-7）。葡萄牙國徽和國旗上也有渾天儀，這是一種古老的導航儀，代表葡萄牙人的航海成就。據當地村民講，這塊浮雕石碑是 1950 至 1960 年代從該村附近古墓地搬來的。西文山或稱「戲文山」，原名似為「西墳山」。這座小山或許是葡萄牙人墓園所在地，因而稱作「西墳山」。歐洲人往往把墓地建在教堂，葡萄牙人在馬六甲拆毀滿剌加國王宮修建一座聖保羅教堂，這座教堂內就有許多葡萄牙天主教徒的浮雕墓碑（圖 6-8），有些墓碑刻有保教盾牌浮雕圖案。那麼西文村的浮雕石碑也許出自葡萄牙人修建的某座教堂。

平托《遠遊記》記載：「無染受孕聖母堂的鐘聲敲響了。它是當地（指雙嶼）六七所教堂的主堂。眾人聚會在一起討論那兩個人說的事情。」[30] 故知葡萄牙人在島

28 《遠遊記》上冊，第 194 頁。

29 〔明〕朱紈：《甓餘雜集》卷二《捷報擒斬元凶蕩平巢穴以靖海道事》，《四庫全書存目叢書‧集部》第七八冊，濟南：齊魯書社影印本，1996 年，第 42 頁。

30 金國平譯，前揭書，第 194 頁。

圖 6-5　杜莊閩山古蹟摩崖石刻

圖 6-6　西文山異域風格的浮雕石碑

上建有多座天主教堂，其中包括一座聖母教堂。平托還具體描繪島上一座天主教堂。他在《遠遊記》寫道：「在路的盡頭，有一漆成岩白色的松木木塔。它的頂層有三個塔尖。每個塔尖上有一鍍金的風向標和一面帶有金色王徽的白緞旗。……此時，塔最高處作為瞭望台用的那個地方的那口鐘敲了三下。聽到鐘聲，鼎沸的人群立即安靜下來。」[31] 可知島上天主教堂採用木造建築，而且房頂上還有鐘樓。嘉靖二十七年四月，王守元等人「帶兵入港搜邏，將雙嶼賊建天妃宮十餘間、寮屋二十餘間、遺棄大小船二十七隻，俱各焚燒盡絕，止留閣塢未完大船一隻……」[32] 朱紈所謂「天妃宮十餘間」未必全是媽祖廟，可能包括葡萄牙人在島上所建聖母教堂。由於葡萄牙人所建教堂和住宅主要為木造草棚式建築，大部分被明軍焚毀。不過，葡萄牙教堂的浮雕石刻不會焚毀殆盡，那麼西文山村一帶古代石刻應該作為我們下一步考古調查的重點。

2009年春，中國國家博物館舟山工作站考古隊在中日古航道——烏沙水道附近朱家尖境內大沙浦調查時，發現一處元明時代港口遺址。這個遺址有大批紅石條、紅石板埋藏在港口東南側半山腰。此外，他們還發現在古港西北口塞峰山水下有大片瓦礫堆積；在烏沙門南口烏柱山上有荒置的紅石條。[33] 我們在西文山調查時見到類似的古代紅石板，砌有異域風格浮雕石碑的民宅對面房屋，就用這種紅石板砌築房基。《籌海圖編》在六橫島附近標有地名「石板港」，可知明代港口用石板砌築。《籌海圖編》將雙嶼港標在陸奧山（今大尖峰山）北麓，而西文山就在大尖峰山之北，朱紈《雙嶼填港工完事》記載：嘉靖二十七年「六月二十六日，與劉恩至同到雙嶼，看得北港已築未完，南港尚未興築」。[34] 可知明代雙嶼港有南北兩個碼頭，而西文山可能是其中之一。西文山之北海濱有個古碼頭，直到近代仍在使用。明軍早就將雙嶼港填塞，那麼雙嶼港不可能在今西文山古碼頭。如果雙嶼港在西文山一帶，那麼明代港口遺址當在西文山之南，由於明軍填港，這個港口恐怕早就淤積為陸地。

我們在西文山村採集的瓷片中有一片青花碗底殘片（圖6-9：1），瓷質和釉色與福建漳州窯明青花相似。漳州窯瓷器頗受江西景德鎮民窯青花瓷燒造技術的影響，但是它們的材質和生產方式存在很大差異。漳州窯瓷器無論是有蓋的還是無蓋的器型（盤、碟、高足杯、罐、花瓶、瓶、小罐、軍持和蓋盒）都是厚胎，製作粗率，並且器底和圈足黏有不同程度的粗砂。[35] 西文山村民房所用古代石板有可能來自明代雙嶼

31 金國平譯，前揭書，第198頁。
32 朱紈，前揭書，第78冊，第40頁。
33 貝逸學：《雙嶼港考古調查報告》，2009年9月8日六橫島雙嶼港討論會發言稿。
34 朱紈，前揭書，第78冊，第40頁。
35 （英）甘淑美：〈葡萄牙的漳州窯貿易〉，《福建文博》2010年第3期，第63頁。

港遺址。西文山古碼頭東南 10 多公里處，是六橫島最大的碼頭——台門港，南起海閘門，東至大葛藤山，全長 10 公里，水深 5 至 20 公尺，可使用海域面積達 20 平方公里，屬於中國一級漁港，也是漁船避風、錨泊、補給的良港。雙嶼港的葡萄牙人自然選擇島上最好的碼頭作為走私貿易港，而台門港恰為六橫島最好的良港之一，很可能即葡萄牙人使用過的碼頭。

《籌海圖編》在六橫島東南端標有兩個地名，分別稱作「浪擺頭」和「海閘門」。後者在今台門港附近烏龜山與對面山之間，如今仍稱「海閘門」。2009 年 9 月，我們到海閘門進行實地調查。這裡最早的古蹟是烏龜山的天妃宮，據說是六橫島最古老的媽祖廟之一。這座天妃宮經歷代改建，如今早已面目全非。不過，我們在天妃宮附近採集的瓷片中有一片明青花碗底瓷片，上飾瓜棱紋（圖 6-9：2）。北京首都博物館古陶瓷專家裴亞靜注意到這個瓷片屬於明青花，我們進而發現其裝飾風格與上川島外銷瓷遺址出土景德鎮嘉靖款民窯瓜棱紋青花碟片（圖 6-9：3）完全一致，[36] 當係景德鎮嘉靖民窯青花盤殘片。

三、明代海圖所見雙嶼港

在明代地圖中，雙嶼港最早見於《鄭和航海圖》，但是嘉靖末至萬曆初年才在《籌海圖編》和《兩浙海防類考》準確標出確切地理位置。據向達考證，《鄭和航海圖》是宣德五年（1430 年）鄭和第七次下西洋的航海圖，原名《自寶船廠開船從龍江關出水直抵外國諸番圖》（圖 6-10）。原圖為自右而左展開的手卷式，天啟元年（1621 年）茅元儀收入《武備志》卷二四〇《航海圖》後改為書本式。共計二十頁海圖、一百零九條針路航線和四幅過洋牽星圖，凡五百個中外地名。[37]

《鄭和航海圖》第五頁所標「普陀山」，原稱「補陀山」或「梅岑山」，萬曆以後改稱「普陀山」，可見茅元儀在圖中增添年代較晚的資料。《鄭和航海圖》第六頁所標地名有：「巡檢司、郭巨千戶所、昌國千戶所、大磨山、雙嶼門、東嶼、東廚、孛渡、西廚、大面山、砬洋。」[38] 這些地名與《籌海圖編》（嘉靖四十一年成書）和《兩浙海防類考》（萬曆三年成書）所標地名不盡相同，當源於嘉靖四十一年以前的史料。

---

36 上川島外銷瓷遺址出土景德鎮嘉靖民窯瓜棱紋青花盤殘片，亦見香港城市大學中國文化中心陶瓷下西洋研究小組編：《陶瓷下西洋——早期中葡貿易中的外銷瓷》，香港城市大學出版社，2010 年，圖 11。

37 向達整理：《鄭和航海圖》，北京：中華書局，第 1、4 和 16 頁。

38 《鄭和航海圖》，第 30 頁。

圖 6-7　葡萄牙人在印度和馬六甲發行帶渾天儀圖案的錢幣

圖 6-8　馬六甲聖保羅教堂內葡萄牙天主教徒墓碑

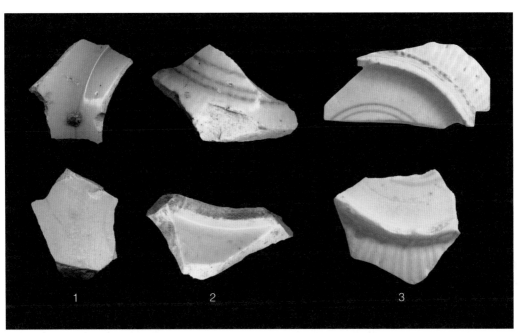

圖 6-9　西文山村漳州窯明青花瓷片與台門港天妃宮採集景德鎮嘉靖窯瓜棱紋青花盤瓷片

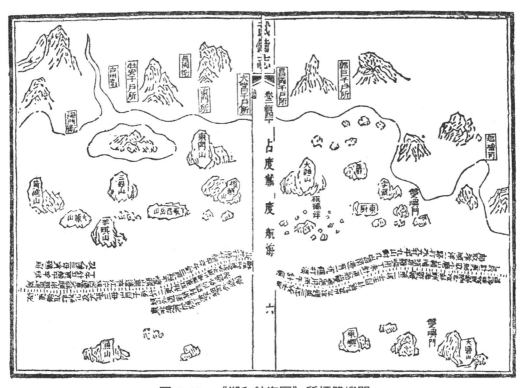

圖 6-10　《鄭和航海圖》所標雙嶼門

圖 6-11　《兩浙海防類考》萬曆三年刻本

　　如前所述，嘉靖末年鄭若曾編《籌海圖編》首次披露雙嶼港的地理位置。萬曆
三年浙江監察御史謝廷傑編《兩浙海防類考》十卷，對明代雙嶼港作了更為詳盡的
著錄。[39]2009 年，浙江大學寧波理工學院龔纓晏教授利用書中明代地圖討論雙嶼港的
地理方位。他的結論是：「據民國時期所繪的六橫島地圖，我推測明軍所填的雙嶼港，
很可能位於清江嶺的西北側，即外狗眼頭、外廠、徐江隩一帶。整個雙嶼港（又稱雙
嶼澳）由南北兩組相鄰的灣汊組成。既與大麥嶺隔海相望，又與六橫山、雙塘山同處
一側，有陸路相連，再後面的大海中，有海閘門、蝦崎（今作「蝦峙」）山等，所有
這一切符合圖六所描繪的雙嶼地形。」[40] 龔纓晏率先利用《兩浙海防類考》所附明代
地圖研究雙嶼港，可惜未能發現雙嶼港確切位置。
　　值得注意的是，《兩浙海防類考》在雙嶼港之南標出一個《籌海圖編》不見的海

39〔明〕謝廷傑編：《兩浙海防類考》十卷，上海圖書館藏萬曆三年刻本。
40 龔纓晏：〈中國古地圖上的雙嶼〉，《文化雜誌》（澳門）第 72 期，2009 年，第 140-152 頁。

港，名叫鯽嶼（圖6-11）。圖注曰：「鯽嶼係首衝，嘉靖三十一二年（1552-1553年）倭賊從此登犯霩衢、梅山地方，官兵折挫收功。今派總哨官一員，部領兵船一十只泊守。南與溫州嶼，北與泹泥港各兵船會哨。」[41]此圖將佛渡島稱作「溫州嶼」。圖注曰：「溫州嶼係首衝。嘉靖二十七年番賊盤踞雙嶼港，發犯大嵩地方，官兵折挫收功。今派哨官一員，部領兵船一十隻泊守，南與湖頭渡，北與蹟嶼各兵船會哨。」該注所謂「蹟嶼」當即前注中「鯽嶼」之別稱。所謂「番賊」與前注的「倭賊」不同，番賊指葡萄牙海盜，而倭賊指日本海盜。萬曆二十九年，浙江海道副使范淶在《兩浙海防類考》基礎上擴充內容，完成《兩浙海防類考續編》一書（以下簡稱《續編》）。《續編》收入《兩浙海防類考》所繪海圖，但是對原書圖注作了一些修訂。

第一，《續編》鯽嶼圖注改為：「鯽嶼係首衝，嘉靖二十七年倭賊從此登犯郭巨、梅山地方，官兵折挫收功。今派總哨官一員，部領兵船一十隻泊守。今並泊大麥坑，專哨白馬礁海洋，北與哨兵船會哨。」該圖注將《兩浙海防類考》的「嘉靖三十一二年倭賊從此登犯霩衢、梅山地方」改為「嘉靖二十七年倭賊從此登犯郭巨、梅山地方」，其說有誤。嘉靖二十七年，葡萄牙盤踞雙嶼港，並在郭巨、梅山等地登陸作亂，那麼此句應該寫作：「嘉靖二十七年番賊從此登犯郭巨、梅山地方。」

第二，《續編》溫州嶼圖注改為：「溫州嶼係首衝。嘉靖二十七年番賊盤踞雙嶼港，發犯大嵩地方，官兵折挫收功。今派哨官一員，部領兵船十二隻，今（令）並泊大麥坑。專哨孝順等洋，與昌北哨兵船會哨。」從《兩浙海防類考》及其《續編》相關記載看，朱紈填塞雙嶼港後，這個馳名中外的古海港徹底廢棄，嘉靖二十七年以後明軍改泊雙嶼港附近的鯽嶼和大麥坑。

四、2010 年雙嶼港調查

2010 年 8 月，我們和北京外國語大學金國平教授一道到六橫島考察。近年中國國家博物館舟山工作站考古隊，在六橫島仰天村發現一處古代木石建築遺址，疑為嘉靖二十七年朱紈填港處。為此，我們先到這個遺址考察，結果大失所望。這個木石建築遺址在地下 3 或 4 公尺處。從出土木石構件看，顯然是當地村民為建造海塘而構築的堤壩。況且，這個海塘面積太小，僅容一船，不太可能是朱紈填港處。隨後，我們考察六橫島清港村、積峙島、大小教廠、岑山村、雙塘鄉政府等地。據《兩浙海防類考》

---

41 《兩浙海防類考》，第 23-24 頁。

所繪海圖，明代雙嶼港北有大麥坑，西有鯽嶼，東有雙塘山。據我們實地調查，這三個明代地名一直沿用至今。第一，大麥坑：在六橫島北部，今稱「大脈坑」；第二，鯽嶼：在六橫島西部，今稱「積峙島」；第三，雙塘山：在六橫島中部，今稱「雙塘嶺」。

1960 年代，當地村民在岑山村水道發現木造沉船。據《兩浙海防類考》記載，鯽魚港的明軍兵船「北與洉泥港（今六橫島之北湖泥島）各兵船會哨」，就是利用岑山村這條水道。既然如此，那麼雙嶼港想必不在岑山村，因為這條水道一直通航，明萬曆至清道光年間從未填塞。從六橫島地形圖看，積峙島與雙塘山之間還有一條水道，與現代公路平行，途經清港村、張家塘、朱家等地。我們認為，朱紈填塞的雙嶼港應該在這條水道。2010 年 8 月，我們和金國平一道再次到六橫島考察，獲悉明代鯽嶼港就是六橫島南岸積峙村附近一個小海島。

從明代海圖看，雙嶼港位於鯽嶼港與雙塘山之間。後者即今雙塘鄉政府所在地，那麼雙嶼港大致在今岑山村至雙塘村一帶，朱紈填塞雙嶼港之北港就在此地。近年我們多次到六橫島實地考察，了解到明代大麥坑在今大脈坑村、明代鯽嶼港在今積峙村、明代雙塘山在今雙塘嶺，這就清楚地表明明代雙嶼港在今張家塘、孫家一帶（圖6-12、圖 6-13）。

圖 6-12　光緒三年編《定海廳志‧六橫山圖》

圖 6-13　六橫島地形圖所見雙嶼港

7

大航海時代泉州至波斯灣航線

　　明正德六年（1511 年），葡萄牙人占領滿剌加國（今馬六甲）後，切斷明王朝與印度洋傳統的海上貿易航線。《明史·外國傳》記載：「自為佛郎機所破，其風頓殊。商舶稀至，多直詣蘇門答剌。然必取道其國，率被邀劫，海路幾斷。」[1] 不過，大航海時代開啟後，中國與波斯的貿易往來從未中斷。相反，中國和穆斯林海商不斷衝破葡萄牙、荷蘭殖民者對東方貿易的壟斷，從泉州浯嶼遠航印度洋。牛津大學博德利圖書館藏明抄本《順風相送》和《雪爾登中國地圖》（Selden Map of China）表明，直到明代末年，這條航線仍暢通無阻。景德鎮外銷瓷就沿著這條遠洋航線，源源不斷地從泉州運往波斯灣。

一、大航海時代泉州至波斯灣針路

　　早在元代，泉州海商就開通太倉劉家港至波斯灣航線。[2] 除了國際貿易之外，這條航線的開闢還與中國穆斯林到麥加朝觀息息相關。麥加朝觀是伊斯蘭教為信徒規定的必須遵守的基本制度之一，每一位有經濟和有體力的成年穆斯林都負有朝拜麥加的宗教義務。所有穆斯林，無論是男是女，都會盡最大努力，爭取一生至少要前往麥加朝觀一次。

　　永樂初大學士李至剛撰故馬公墓誌銘，詳載鄭和身世，透露原來鄭和之父，「字哈只，姓馬氏，世為雲南昆陽州人」。[3] 元代末年曾經到麥加朝觀，故名「哈只」（阿

1　〔清〕張廷玉等撰：《明史》，北京：中華書局，1974 年，第 8419 頁。
2　陳高華：〈元代泉州舶商〉，《陳高華文集》，上海辭書出版社，2005 年，第 543-545 頁。
3　馬興東：〈《故馬公墓誌銘》的歷史價值〉，《雲南民族學院學報》1994 年第 3 期，第 64 頁。

拉伯語 Hajj「朝覲者」）。[4] 至順元年（1330 年）和至元三年（1337 年），汪大淵兩下西洋，[5] 他在《島夷志略》天堂條寫道：「地多曠漠，即古筠衝之地，又名為西域。風景融和，四時之春也。田沃稻饒，居民樂業。雲南有路可通，一年之上可至其地。西洋亦有路通。名為天堂（指麥加）。有回回曆。」[6] 如果鄭和父親從雲南取道絲綢之路到麥加，要走一年以上。不過，朝覲者也可走海路，乘海舶經西洋（印度東海岸馬八兒）到麥加。

　　明永樂十二年（1414 年），鄭和艦隊就沿元人開闢的海上通道遠航波斯灣，並在忽魯謨斯島（今霍爾木茲島）設立大明海軍基地，時稱「官廠」。鄭和在太倉劉家港天妃宮所立「婁東劉家港天妃宮石刻通番事蹟碑」記載：「永樂十二年統率舟師往忽魯謨斯等國。」又載：「永樂十五年（1417 年），統領舟師、往西域。其忽魯謨斯國進獅子、金錢豹、西馬。阿丹國進麒麟，番名祖剌法，並長角馬哈獸。」[7] 鄭和第七次下西洋曾經派分遣艦隊到過天方。這條航線著錄於茅元儀《武備志・航海圖》天啟元年刊本，今稱《鄭和航海圖》。[8]

表7-1　15至17世紀東西洋航線變遷表

年代	航線	出處	作者和成書年代
1414	太倉劉家港—忽魯謨斯、祖法兒、阿丹	《鄭和航海圖》	歸安人（浙江吳興）茅元儀編，約成圖於洪熙元年至宣德五年（1425-1430 年）間，收入《武備志》天啟元年（1621 年）刊。[9]
1537	太倉劉家港—忽魯謨斯、阿丹、祖法兒、天方	《渡海方程》	福建漳州府詔安人吳朴編，嘉靖十六年（1537 年）刊刻，[10] 鄭若曾編《籌海圖編》、鄭舜功編《日本一鑑》皆引用該書的東洋針路。

4　（美）希提：《阿拉伯通史》上冊，馬堅譯，北京：商務印書館，1979 年，第 155 頁。

5　劉迎勝：〈汪大淵兩次出洋初考〉，《「鄭和與海洋」學術研討會論文集》，北京：中國農業出版社，1988 年，第 301-312 頁。

6　〔明〕汪大淵著：《島夷志略校釋》，蘇繼廎校釋，北京：中華書局，1981 年，第 352 頁。

7　范金民：《鄭和〈婁東劉家港天妃宮石刻通番事蹟記〉校讀》，朱誠如、王天有編：《明清論叢》第 10 輯，北京：紫禁城出版社，2010 年，第 337-845 頁。

8　向達整理：《鄭和航海圖》，北京：中華書局，1961 年，第 3 頁。

年代	航線	出處	作者和成書年代
1520	太倉劉家港—忽魯謨斯、阿丹、祖法兒	《西洋朝貢典錄》	江蘇吳縣人黃省曾編，約成書於正德十五年（1520 年），清嘉慶十三年（1808 年）初刊。[11]
1609	廣州—滿剌加、柯枝、古里、佛郎機、巴喇西（波斯）	《海國廣記》	歸安人慎懋賞（浙江湖州）編，收入《四夷廣記》，約成書於萬曆三十七年（1609 年）。[12]
1617 以前	泉州浯嶼—蘇律門（佛郎）、美脅港（佛郎）、忽魯謨斯、阿丹、祖法兒	《順風相送》	明無名氏編，牛津大學博德利圖書館藏明抄本，約萬曆末年（1617 年以前）成書。[13]
1617	泉州浯嶼—馬六甲、大泥（紅毛番—和蘭）、美洛居（佛郎機、紅夷—和蘭）、啞齊	《東西洋考》	福建漳州龍溪人張燮編，萬曆四十五年（1617 年）刊本。[14]
1664	泉州浯嶼—馬六甲、咬留吧	《指南正法》	福建漳州人吳波編，牛津大學博德利圖書館藏清抄本，約康熙三年（1664 年）成書。[15]

9　《鄭和航海圖》，第 22-66 頁。關於《鄭和航海圖》年代的討論，參見周鈺森：《鄭和航路考》，臺北：海運出版社，1959 年，第 49-50 頁。

10　〔明〕吳朴：《渡海方程》，收入〔明〕董谷：《碧里雜存》卷下（樊維城輯：《鹽邑志林》第十七冊，上海：商務印書館，1937 年刊本，第 93-96 頁）。吳朴撰《龍飛紀略》稱此書為「《海圖方程》」（收入《四庫全書存目叢書·史部》第 9 冊，濟南：齊魯書社，1996 年，第 473-475 頁）。有學者認為，此書當即牛津大學博德利圖書館藏《順風相送》（陳自強：〈論吳朴的海洋意識〉，《漳州師範學院學報》2008 年第 3 期，第 112-116 頁），其說不足信（張榮、劉義杰：〈《順風相送》校勘及編成年代小考〉，上海中國航海博物館主辦：《國家航海》第三輯，上海古籍出版社，2012 年，第 78-96 頁）。

11　〔明〕黃省曾：《西洋朝貢典錄校注》，謝方校注，北京：中華書局，1991 年。

12　〔明〕慎懋賞：《海國廣記》，《四夷廣記》（《玄覽堂叢書續集》），臺灣中央圖書館影印本，1947 年，第 101 冊，廣東至滿剌加針路，第 102-103 頁；第 102 冊，柯枝國往古里路程，第 55 頁；占城往佛郎機路程，第 79 頁；巴喇西國，第 87-88 頁。

13　向達點校：《兩種海道針經》，北京：中華書局，1961 年，第 3、31-99 頁。

14　〔明〕張燮：《東西洋考》，謝方點校，北京：中華書局，1981 年，序第 7 頁、正文第 170-184 頁。

15　向達點校：《兩種海道針經》，北京：中華書局，1961 年（2000 年重印）。

值得注意的是，牛津大學博德利圖書館藏《雪爾登中國地圖》繪有一條泉州—古里—忽魯謨斯—阿丹航線，並在圖中標出具體針路，而古里至波斯灣、阿拉伯半島航線則用注記說明（圖7-1）。其文曰：「古里往阿丹國，去西北，計用一百八十五更；古里往〔祖〕法兒國，去西北，計用一百五十更；古里往忽魯謨斯，用乾針五更，用乾亥四十五更，用戌一百更，用辛戌一十五更，用子癸二十更，用辛酉五更，用亥十更，用乾亥三十（更），用單子五更。」

據我們考證，《雪爾登中國地圖》實乃《鄭芝龍航海圖》，原名可能是《大明東洋西洋海道圖》。[16] 伊朗國家博物館、土耳其托普卡匹宮所藏17世紀景德鎮外銷瓷，就從這條航線遠渡重洋，從泉州浯嶼運往波斯灣忽魯謨斯或中東其他港口。葡萄牙人占領馬六甲後，天方國仍派使者朝貢。據《明史·西域傳》記載，正德末年至萬曆年間，中國與阿拉伯半島之間一直進行朝貢貿易。除陸上絲綢之路之外，兩國交往亦走海路。《明史·西域傳》記載：「天方，古筠衝地，一名天堂，又曰默伽（即麥加）。水道自忽魯謨斯四十日始至，自古里西南行，三月始至。其貢使多從陸道入嘉峪關。」[17]這條中國—古里—忽魯謨斯—天方航線，正是《大明東洋西洋海道圖》所記泉州—古里—忽魯謨斯—祖法兒—阿丹針路。

二、《大明東洋西洋海道圖》之阿拉伯圖源

早在元代初年，阿拉伯海圖就傳入中國。《秘書監志》卷四記載：「至元二十四年（1287年）二月十六日奉秘書監台旨，福建道騙（驅）海行船回回每（們），有知海回回文剌那麻，具呈中書省行下合屬取索者。奉此。」[18] 元代回回文，指波斯文。[19] 所謂「剌那麻」，譯自波斯語 rāhnimāy（指南），[20] 阿拉伯語作 rahnami 或 rahmani（指南），可知元代初年《航海指南》之類的阿拉伯海圖已傳入中國。[21]

---

16 林梅村：〈鄭芝龍航海圖——牛津大學鮑德林圖書館藏《雪爾登中國地圖》名實辯〉，《文物》2013年第9期，第64-82頁。

17 《明史·西域傳》，第8621頁。

18 〔明〕王士點、商企翁編次：《秘書監志》，高榮盛點校，杭州：浙江古籍出版社，1992年，第76頁。

19 劉迎勝：〈唐元時代的中國伊朗語文與波斯語文教育〉，《新疆大學學報》1991年第1期，第18-23頁。

20 D. N. MacKenzie, *A Concise Pahlavi Dictionary*, London: Oxford University Press, 1971, p. 70.

21 馬建春：〈元代東傳回回地理學考述〉，《回族研究》2002年第1期，第14-18頁。

中世紀阿拉伯最著名的地圖，首推《伊第利斯方形世界地圖》（*al Idrisi's World Map, Rectangular*），現藏巴黎法國國家圖書館（編號 MSO Arabe 2221）。1154 年，阿拉伯地理學家伊第利斯（Muhammad al Idrisi）為西西里島諾曼王羅傑二世繪製此圖，故稱 *Tabula Rogeriana*（《羅傑圖板》）。此後大約三百年間，此圖一直是最精確的世界地圖（圖 7-2）。伊第利斯按照穆斯林傳統將北方置於底部，因此這幅地圖上下顛倒了 180 度，與現代地圖上北下南正好相反。[22] 元代初年從波斯傳入中國的航海圖，當即此類伊斯蘭地圖。

阿拉伯航海家用牽星術導航，導航儀稱「牽星板」（阿拉伯語 kamal「四角規」）。[23] 明萬曆年間，李詡撰《戒庵老人漫筆》卷一記載：「蘇州馬懷德牽星板一副，十二片，烏木為之，自小漸大，大者長七寸餘，標為一指、二指，以至十二指，俱有細刻，若分寸然。」據嚴敦杰考證，這十二塊方板中，最大一塊七寸餘，當合 24 公分，定為十二指。其次是 22 公分為十一指，每塊遞減 2 公分，最小一塊約長 2 公分，叫一指。另外又有用象牙製成的一個小方塊，大約 6 公分長，四角刻有缺口。缺口四邊的長度分別是半指、一角、二角、三角，一角是四分之一指。[24]

牽星板刻度單位為「指」（阿拉伯語 isba「手指」）和「角」（阿拉伯語 zam「四分之一指」），一指等於 4 角。一指合今日一度 36 分，一角合 24 分。操作牽星板時，以一條繩貫穿在木板的中心，觀察者一手持板，手臂向前伸直，另一手持住繩端置於眼前。此時，眼看方板上下邊緣，將下邊緣與水平線取平，上邊緣與被測的星體重合，然後根據所用牽星板屬於幾指，便可計算出星辰高度的指數。牽星板的原理相當於現代的六分儀。透過牽星板測量星體高度，便可以測出船舶所在地看到的星辰距離水平線的高度。高度不同可用十二塊牽星板或象牙板替換、調整。[25]《大明東洋西洋海道圖》清楚地表明，直到明末泉州至波斯灣航線仍暢通無阻，那麼蘇州穆斯林馬懷德的牽星板實乃萬曆年間遠航印度洋的導航儀，而非有些學者認為的鄭和下西洋之故物。[26]

---

22 Ahmad, S. Maqbul, "Cartography of al-Sharīf al-Idrīsī", in J. B. Harley and D. Woodward, *The History of Cartography* vol. 2 Book 1: *Cartography in the traditional Islamic and South Asian Societies*, Chicago: University of Chicago Press, 1992, pp. 156-174.

23 黃盛璋：〈《過洋牽星圖》起源阿拉伯與中國發展、提高的貢獻指謎解難〉，劉迎勝主編：《《大明混一圖》與《混一疆理圖》研究》，南京：鳳凰出版社，2010 年，第 135-136 頁。

24 嚴敦杰：〈牽星術——我國明代航海天文知識一瞥〉，《科學史集刊 9》，北京：科學出版社，1966 年，第 77-88 頁。

25 李啟斌：〈牽星術〉，劉南威主編：《中國古代航海天文》，科學普及出版社廣州分社，1989 年，第 16 頁。

26 黃盛璋，前揭文，第 132-133 頁。

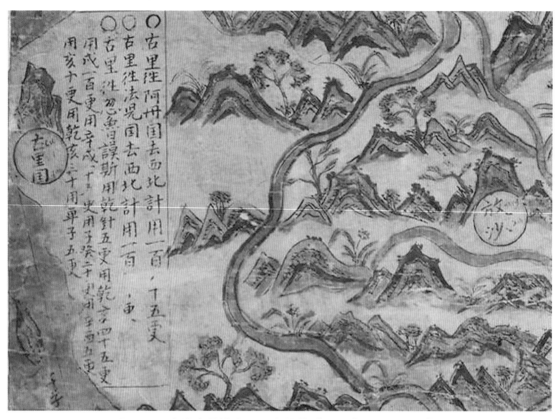

圖 7-1　牛津大學博德利圖書館藏《大明東西洋海道圖》

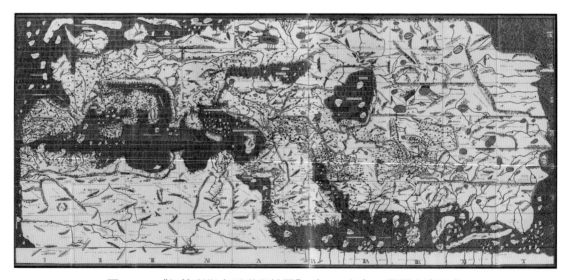

圖 7-2　《伊第利斯方形世界地圖》（1154年），原圖上南下北

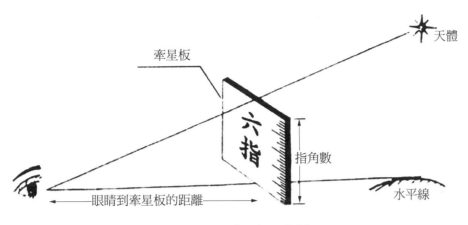

圖 7-3 牽星板示意圖

從葡萄牙史料看，《大明東洋西洋海道圖》所見印度洋針路當來自阿拉伯航海圖。葡萄牙人開闢中國航線之初，也利用了阿拉伯航海圖。1512 年 4 月 1 日，阿爾布奎克（Afonso de Albuquerque）總督致信唐·曼努埃爾一世國王。其文曰：「從一爪哇領航員的一張大圖上複製了一部分。該圖上已標有好望角、葡萄牙、巴西、紅海、波斯海和香料群島。還有華人（Os Chins）及琉球人（Os Gores）的航行，標明大船的航線及直線路程、腹地及何國與何國交界。我主，我竊以為是我有生以來所見的最佳作品，想必殿下也一定願一睹為快。地名都是爪哇文寫的。我攜帶的爪哇人識字。我將此圖敬呈殿下，弗朗西斯科·羅德里格斯（Francisco Rodrigues）已複製一份。從圖上，陛下您可以看到華人及琉球人究竟從何而來，殿下的大船前往香料群島的航線、金礦、盛產肉豆蔻和肉豆蔻皮的爪哇島與班達島、暹羅國王的國土、華人航行的地峽。它向何處轉向及從那裡無法再向前航行的情況……」[27] 這裡有三個問題需要討論：

第一，琉球人（Os Gores）：其名亦寫作 Cores，經常與高麗（Korea）相混淆。據法國東方學家費瑯（Gahriel Ferrand）考證，其名實際上源於阿拉伯人對琉球的稱謂 al-Ghür，本義為「鐵礦」。[28]

第二，爪哇文（Javanese script）：古代爪哇語深受佛教及梵語的影響，爪哇文採用印度婆羅謎字母體系。14 至 16 世紀伊斯蘭教傳入爪哇後，爪哇語又受伊斯蘭教的

---

27 金國平、吳志良：《西力東漸——中葡早期接觸追昔》，澳門基金會，2000 年，第 127 頁。

28 多默·皮列士：《東方志——從紅海到中國》，何高濟譯，杭州：江蘇教育出版社，2005 年，第 108-109 頁，
   注釋 27。

強烈影響，改用阿拉伯文拼寫。17 世紀荷蘭入侵後，爪哇語改用拉丁字母拼寫，一直沿用至今。葡萄牙人從爪哇領航員複製的爪哇文海圖，當即 16 世紀初阿拉伯文航海圖。1498 年，摩爾水手伊本·馬吉德就憑藉阿拉伯航海圖為達·伽馬導航。阿拉伯地理學家穆罕默德·伊第利斯 1154 年為西西里島諾曼王羅傑二世繪製過一幅世界地圖，此後大約三百年間，這幅地圖都是最精確的世界地圖。1500 年葡萄牙人卡布拉發現巴西，那麼這幅 1512 年阿拉伯文航海圖所標「巴西」當來自葡萄牙人地理大發現的知識。[29]

第三，所謂「該圖上已標有好望角、葡萄牙、巴西、紅海、波斯海和香料群島」：1498 年，在摩爾水手伊本·馬吉德的導航下，達·伽馬從麻林迪穿越印度洋，首航印度西海岸古里（今科澤科德）。當達·伽馬返回里斯本時，葡萄牙船隊所載絲綢、瓷器、香料等東方特產的價值相當於費用的六十倍。於是葡萄牙王唐·曼努埃爾一世接二連三地派艦隊遠征印度，並任命印度總督。1510 年，葡萄牙第二任印度總督阿爾布奎克攻占印度果阿。這個小島是印度西海岸僅次於古里的繁華國際商業中心，有河流與內陸相通，波斯和阿拉伯馬就從果阿運往南亞次大陸。1510 年葡萄牙占領果阿後，在島上建立葡萄牙殖民東方的首府和東方貿易中心。

羅德里格斯後來將這幅從阿拉伯海圖翻譯的世界地圖呈獻給葡萄牙國王。可惜，這幅世界地圖原件早就失傳，但是在羅德里格斯手稿中，卻保存幾幅有關中國沿海地區的地圖。這部手稿現藏巴黎法國國家圖書館，[30] 部分圖影刊於《澳門：從地圖繪製看東西方交匯》一書。[31] 為了便於討論，本文姑且稱作《羅德里格斯海圖》。其中六幅圖專門描繪從馬六甲到中國北部沿海地區，是歐洲人前所未見之全新地圖。[32]

《羅德里格斯海圖》第一圖為《東京灣圖》（圖 7-4 左）。東京灣位於中國南海西北部，是一個半封閉的大海灣，今稱「北部灣」。地理範圍東臨中國雷州半島和海南島，北臨廣西壯族自治區，西臨越南，南與南海相連。為中越兩國陸地與中國海南島所環抱。越南黎朝時期（明宣德五年／1430 年），升龍（今越南河內）改稱「東京」。歐洲人東來後，稱為「東京」，有 Tunquin、Tonquin、Tongking、Tongkin、Tonkin 等諸多變體。越南人後來將東京改稱「河內」，而歐洲人卻一直沿用 Tonkin Gulf（東京灣）來稱呼北部灣。從地理位置看，此圖葡萄牙文圖注「Cidade da China」（中國的城市）

---

29 關於這幅爪哇文世界地圖，參見 Benjamin B. Olsin, "A Sixteenth Century Portuguese Report concerning an Early Javanese World Map," *Hist. cienc. saude-Manguinhos*, vol. 2 no. 3 Rio de Janeiro Nov./Feb. 1996, pp. 97-104。

30 關於羅德里格斯手稿收藏情況，參見皮列士，前揭書，第 1-2 頁。

31 紀念葡萄牙發現事業澳門地區委員會編：《澳門：從地圖繪製看東西方交匯》，澳門：東方基金會，2011 年，第 79-79 頁，圖版 I-IV。

32 Lutz Walter (ed.), *Japan: A Cartographic Vision: European Printed Maps from the Early 16th to the 19th Century*, Munich: New York: Prestel Verlag. 1994.

實乃河內，亦即越南黎朝都城升龍，那麼此圖右下角的無名城市或為越南清化。

《羅德里格斯海圖》第二圖為《萬里長沙圖》（圖7-4右）。在唐宋史籍中，南沙群島往往稱作「長沙」或「萬里長沙」，而西沙群島則稱「千里石塘」或「萬里石塘」。元明時期以「石塘」、「長沙」為名記述南海諸島的書籍達上百種。元人汪大淵《島夷志略・萬里石塘》記載：「石塘之骨，由潮洲而生，逶邐如長蛇，橫亙海中……原其地脈。歷歷可考。一脈至爪哇，一脈至勃泥及古里地悶，一脈至西洋遐崑崙之地。」[33] 所謂「萬里石塘」指南沙群島。在牛津大學博德利圖書館藏《鄭芝龍航海圖》中，南沙群島稱作「萬里長沙」，而西沙群島則稱「萬里石塘」。葡萄牙人從阿拉伯海圖翻譯的海圖第二圖上的島嶼當為南沙群島，明史稱「萬里長沙」。

《羅德里格斯海圖》第三圖為《廣州河口及內陸圖》（圖7-5左）。此圖下端河口有葡萄牙文圖注：Rioqumquo（廣州河口）。其上描繪西江口與珠江口，有葡萄牙圖注：「中國海峽口」。進入海峽口後，江中有若干小島，其中一個小島有葡萄牙圖注：「前往中國的帆船停泊此島」。有學者認為，此島就是葡萄牙商人歐維士首航中國的屯門島（Tamao）。[34] 一條支流通向內地一座城市，支流上的葡萄牙圖注說：「小船沿此江上溯，運貨至中國的城市」。此圖左上方繪有一座正方形城市，有葡萄牙文圖注：「A Cidade da China」（一座中國的城市）。城內繪有房子與樹木。[35] 阿拉伯人稱廣州為「中國城市」。《中國印度見聞錄》記載：「隨後，船隻航行了十天，到達一個叫占婆的地方，該地可取得淡水……得到淡水以後，我們便向一個叫占不牢山（Tchams）的地方前進，這山是海中一個小島。十天之後，到達這一小島，又補足了淡水。然後，穿過『中國之門』，向著漲海前進……船隻通過中國之門後，便進入一個江口，在中國地方登岸取水，並在該地拋錨，此處即中國城市（指廣州）。在中國，無論在江河、山谷軍事哨所、市場等處都可找到淡水。」[36] 中葡關係史專家金國平教授告訴我，葡萄牙人將廣州稱作「眾城之城」，那麼此圖所謂「中國的城市」當指廣州。

《羅德里格斯海圖》第四圖為《中國沿海及小琉球圖》（圖7-5右）：此圖右上角葡萄牙文圖注曰：「中國人所發現的地方一直延伸到這裡。」它的左上方則繪有一條長長的河流，而地圖左上方的大片土地應是中國東北。此圖下方是一個長長的

33 汪大淵，前揭書，第318頁。

34 皮列士，前揭書，第107頁，注釋27。

35 Lutz Walter (ed.), *Japan: A Cartographic Vision: European Printed Maps from the Early 16th to the 19th Century*, Munich/New York: Prestel Verlag, 1994.

36 （阿）蘇萊曼等著：《中國印度見聞錄》，穆根來、汶江、黃倬漢譯，北京：中華書局，1983年，第9頁。

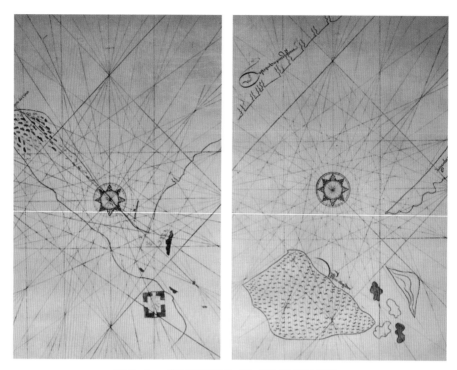

圖7-4 《東京灣圖》與《萬里長沙圖》

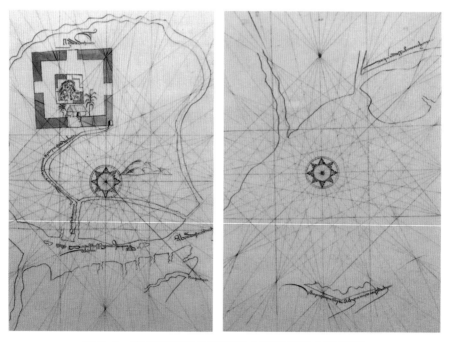

圖7-5 廣州河口及內陸圖與中國沿海及小琉球圖

島嶼，葡萄牙圖注曰：「這是帕爾波古（Parpoquo）島。在這裡可以獲得許多來自中國的物產。」有學者認為，這個帕爾波古實際上是「日本」的異寫。[37] 帕爾波古島亦稱 Parico Insvla（帕爾科島）。[38] 其名來自拉丁語，亦即早期葡萄牙海圖「小琉球」（Lequeio Parva）之別稱。其名或作 Lequeo Pequeño（小琉球），指今臺灣南部。[39]

《羅德里格斯海圖》第五圖是《琉球群島圖》（圖7-6）：此圖上方有一長形島嶼，島內有葡萄牙文圖注，意為：「這裡是琉球群島的主要島嶼，據說有麥子和銅製品。」[40] 皮列士《東方志》記載：「琉球人在他們的國內只有小麥和大米」，又說：「琉球人運往馬六甲的商品，主要有金、銅、各種武器……」[41]。凡此表明，此圖描述的長島即琉球群島。

歐洲人擺脫馬可·波羅的影響所繪製的第一幅《中國地圖》，首推葡萄牙製圖師路易斯·若爾熱所繪《中國新圖》（圖7-7），1584年編入荷蘭製圖師烏特柳斯於1570年所繪《坤輿大觀》增補版（第三版）。該圖左下角有作者簽名 Ludovico Georgio，亦即路易斯·若爾熱的拉丁文名字。[42] 此圖採用上西下東、左南右東方向，首次將長城呈現在歐洲人面前。圖中包括塞外的蒙古包、內陸的洞庭湖，而臺灣（圖中稱 Ins. Fermosa「福摩薩島」）、小琉球（Lequeio Parva）標在福建沿海。[43] 葡萄牙人起初不清楚琉球、臺灣的具體方位，故早期葡萄牙航海圖往往把臺灣和琉球分成三個島嶼：小琉球指臺灣南部，福摩薩指臺灣北部，而大琉球（Lequeio Gramde）才是真正的琉球群島。[44]

三、波斯使團對明王朝的最後一次訪問

正德年間，波斯王派使團對明王朝進行最後一次訪問。當時波斯人在遜尼派白羊

---

37 龔纓晏：〈古代西方手稿中的中國地圖〉，《地圖》2011年第1期，第131頁。

38 皮列士，前揭書，第101-102頁。

39 陳宗仁：〈Lequeo Pequeño 與 Formosa——十六世紀歐洲繪製地圖對臺灣海域的描繪及其轉變〉，《臺大歷史學報》第41期，臺北，2008年，第109-164頁。

40 陳宗仁，前揭文，第115-116頁。

41 皮列士，前揭書，第101-102頁。

42 關於路易斯·若爾熱生平事蹟，參見金國平、吳志良：〈歐洲首幅中國地圖的作者、繪製背景及年代〉，《澳門理工學報》2003年第1期，第79-87頁。

43 路易斯·若爾熱所繪《中國新圖》，參見周敏民編：《地圖中國：圖書館特藏》，香港科技大學圖書館，2003年，第51頁，Plate 11。

44 金國平：〈「Os Léquios」、「O Léquio Pequeno」及「A Ilha Formosa」〉，2012年5月28日臺灣學術講座講演稿。

王朝（Aq Qoyunlu）統治之下。15 世紀末，白羊王朝分裂，阿爾萬德（al-Wand）和穆拉德（Murad）兩位蘇丹分別割據亞塞拜然、亞美尼亞和伊朗中西部。1502 年，阿爾萬德在納希切萬附近沙魯爾被什葉派薩非王朝創建者沙・伊斯邁爾擊敗，喪失伊朗。翌年，白羊王朝末代蘇丹穆拉德也被沙・伊斯邁爾擊敗，退守巴格達四年之久。1508年，白羊王朝覆亡。[45]

關於波斯使團對明王朝的最後一次訪問，祝允明《野記》記載：「正德辛未歲（1511 年），巴喇西國遣使臣沙地白入貢，言其國在南海，甚遠。始領其王命，在洋舶行，凡四年半，被風飄至西瀾海面，舶壞，唯存一腳艇。又在洋飄風八日，至得吉零國，住十二個月。又往地名秘得住八個月，乃遵路行二十六日至暹羅國。以情白王，王賜日給，又與婦女四人，住彼又四年。至今年五月，才附番人奈林船入廣。」[46]巴喇西即波斯（今伊朗），西瀾指錫蘭（今斯里蘭卡），秘得指泰國西北部的梅塔（Medha）。[47]吉零國在今馬來西亞西部吉令河畔；暹羅指泰國大城（即阿瑜陀耶城）。從沙地白出使時間看，這個波斯使團應為白羊王朝所遣。由於葡萄牙人的阻撓，十一年後才在暹羅國王的幫助下抵達廣東。

1507 年，葡萄牙人占領忽魯謨斯（今伊朗霍爾木茲島），切斷波斯與中國海上朝貢貿易航線。沙地白使團成了波斯人從海路與明王朝最後一次官方交往。《明史・外國傳》亦載：「巴喇西，去中國絕遠。正德六年（1511 年）遣使臣沙地白入貢，言其國在南海，始奉王命來朝，舟行四年半，遭風飄至西瀾海，舟壞，止存一小艇，又飄流八日，至得吉零國，居一年。至秘得，居八月。乃遵陸行，閱二十六日抵暹羅，以情告王，獲賜日給，且賜婦女四人，居四年。迄今年五月，始附番舶入廣東，得達闕下。進金葉表，貢祖母綠一，珊瑚樹、琉璃瓶、玻璃盞各四，及瑪瑙珠、胡黑丹諸物。帝嘉其遠來，賜賚有加。」[48]

絲綢之路開闢之後，波斯人在中西文化交流史上扮演重要角色，波斯語成了東西文化交流的國際交際語，如漢唐時代的粟特語、波斯語、元明時代的「回回語」，因此，許多波斯語詞彙借入古漢語。沙地白使團貢品清單中就有許多波斯語借詞。例如：祖母綠源於婆羅缽語 zumuburd（新波斯語 zumurrud）；[49]珊瑚源於婆羅缽語 xrōhak（珊瑚）；[50]玻璃源於婆羅缽語 bēlūr（水晶）。[51]漢語「玻璃」一詞在梵文中是 śilā，在

---

45 C. E. Bosworth and R. Bullet, *The New Islamic Dynasties: A Chronological and Genealogical Manual*, Columbia University Press, 1996, p. 275.

46〔明〕祝允明：《野記》，上海：商務印書館，1936 年，第 107 頁。

47 金國平、吳志良：〈「巴喇西」與「巴兒西」試考〉，《過十字門》，澳門成人教育學會，2004 年，第 410-420 頁。

48《明史・外國傳》，第 8428-8429 頁。

婆羅鉢語中是 abānēga 或 jām。[52] 為什麼古漢語不直接用這兩個詞呢？看來，波斯胡商最初用玻璃冒充水晶與中國人交易。商人之奸詐，古亦有之。[53] 這份波斯貢品清單的「玻璃盞」指玻璃碗，而「琉璃瓶」或許指波斯釉陶瓶。柏林伊斯蘭藝術博物館藏有一件伊朗克爾曼燒造的伊斯蘭釉陶瓶（圖 7-8：1），堪稱 17 世紀伊斯蘭琉璃瓶的代表作。[54]

　　顧名思義，胡黑丹是波斯出產的一種黑色丹藥，疑為唐代文獻提到的波斯解毒藥「底也伽」。史載：「貞觀十七年（643 年）拂菻王波多力遣使獻赤玻璃、綠金精等物。太宗降璽書答慰，賜以綾綺焉。自大食強盛，漸陵諸國，乃遣大將軍摩栧伐其都城，因約為和好，請每歲輸之金帛，遂臣屬大食焉。乾封二年（667 年），遣使獻底也伽。」[55] 這種波斯解毒藥含鴉片成分。[56] 鴉片原產於南歐和小亞，後來傳入印度、阿拉伯和東南亞，元代文獻稱「打里牙」或「塔里牙」。延祐七年（1320 年）七月，「回回太醫進藥曰打里牙，給鈔十五萬貫」。[57] 至順三年（1332 年）十月「甲寅，諸王不賽因遣使貢塔里牙八十八斤、佩刀八十，賜鈔三千三百錠」。[58] 所謂「打里牙」或「塔里牙」，當即唐代文獻所言「底也伽」，皆源於波斯語 tārīg（黑色的）。[59] 沙地白使團貢品清單中的「胡黑丹」來自波斯語 tārīg（黑色的）另一譯名，指含有鴉片成分的波斯解毒藥。伊朗國家博物館藏有一件波斯文款青花盤（圖 7-8：2），屬於景德鎮正德民窯燒造的青花瓷。希臘雅典本納吉博物館藏有一件波斯文款青花爐（圖 7-8：3），亦為景德鎮正德民窯燒造的產品。這些明青花很可能是白羊王朝使團帶回波斯，後來流散世界各地的。

---

49 D. N. Mackenzie, *A Concise Pahlavi Dictionary*, London: Oxford University Press, 1971, p. 85.

50 D. N. Mackenzie, *op. cit*., p. 94.

51 D. N. Mackenzie, *op. cit*., p. 18.

52 D. N. Mackenzie, *op. cit*., p. 116.

53 林梅村：《絲綢之路考古十五講》，北京大學出版社，2006 年，第 94 頁。

54 本圖引自美國華盛頓大學絲綢之路網站柏林伊斯蘭藝術博物館網頁（http://depts.washington.edu/silkroad/museums/mik/miklaterislam.html）。

55 《舊唐書・西戎傳》，第 5314-5319 頁。

56 黃時鑒：〈現代漢語中伊朗語借詞初探〉，《伊朗學在中國論文集》，北京大學出版社，1993 年，第 29-38 頁（收入《黃時鑒文集 II》，上海文藝出版有限公司，2011 年，第 158 頁）。

57 《元史・英宗紀一》，第 604 頁。

58 《元史・寧宗紀》，第 812 頁。

59 D. N. Mackenzie, *op. cit*., p. 82.

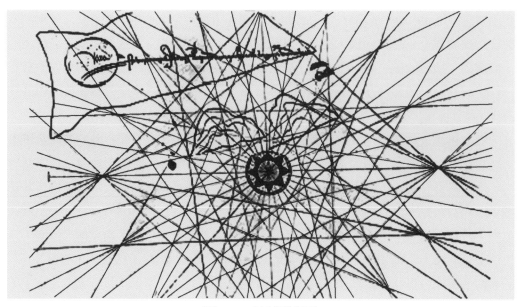

圖 7-6 琉球群島圖

圖 7-7 路易斯・若爾熱於1584年所繪《中國新圖》

圖7-8　17世紀伊斯蘭琉璃瓶、正德民窯波斯文款青花盤與波斯文款青花爐

四、波斯藝術對歐洲訂製瓷之影響

　　1511年，葡萄牙人占領馬六甲後，這座海港城市成了東方陶瓷貿易中心之一。1990年代以來，馬來西亞海域相繼發現元明時代的沉船。1996年4月，瑞典水下考古學家索傑斯特朗德（Sten Sojstrand）在馬來半島東部海域水下52公尺處發現一艘16世紀葡萄牙沉船，因沉船內發現「大明宣德年造」款明青花，而稱「宣德號」（圖7-9）。沉船地點距柔佛海岸約60英里。東南亞古陶瓷學家布朗和瑞典考古學家索傑斯特朗德相繼撰文，介紹這個重要發現。[60]

　　除明青花之外，宣德號沉船還發現兩門佛郎機青銅炮，據考證，這兩門佛郎機炮是1420年代在里斯本鑄造的，可知這艘葡萄牙武裝走私船沉沒於嘉靖十九年（1540

---

60 Roxanna M. Brown, "Xuande-Marked Trade Wares and the 'Ming Gap'," *Oriental Art Magazine* XLIII-2, 1997, pp. 2-6;
　　Sjostrand, Sten, "The Xuande wreck ceramics," *Oriental Art Magazine* XLIII-2, 1997, pp. 7-14.

年），亦即葡萄牙人在雙嶼港（今舟山六橫島）從事走私貿易時期。[61] 這艘沉船內發現許多暹羅素可泰陶器。素可泰陶器創燒於 13 世紀末，藝術風格與宋代磁州窯鐵繪陶器相似。宣德號沉船出水素可泰陶器，主要是鐵繪陶器，所繪紋樣主要模仿明青花。

　　這艘葡萄牙沉船內還發現一百七十件景德鎮青花瓷，其中七件寫有「宣德年造」款，如麒麟望月紋碗、纏枝蓮紋軍持、纏枝蓮紋玉壺春瓶、纏枝花卉紋執壺（圖 7-10：1）、團花穿花鳳紋盤、團龍紋大盤、纏枝花卉紋碗等。1999 年，宣德號沉船內一部分青花瓷在蘇富比拍賣行出售，從拍賣目錄上也可知這批嘉靖民窯青花瓷部分情況。葡萄牙桑托斯宮藏明青花執壺即為景德鎮嘉靖民窯燒造，與宣德號沉船發現的景德鎮嘉靖民窯青花執壺風格相似。1909 年以來，桑托斯宮成為法國大使館。這件明青花執壺部被巴黎吉美博物館永久性借展。壺高 33 公分，頸部飾蕉葉紋，腹部飾獅子紋，底款為「大明嘉靖年造」（圖 7-10：2）。這件執壺的器型與馬來西亞海域嘉靖十九年沉船所出青花執壺造型相同，只是紋飾不同，當為葡萄牙人在雙嶼港購買的。

　　除此之外，西方博物館還收藏另外兩件佩索托執壺：第一件佩索托執壺為葡萄牙梅德羅斯・阿爾梅達基金會藏品（圖 7-10：4），壺嘴與徑連接部分殘缺，高 33.5 公分，底徑 16.5 公分，蒜頭部分飾波浪蕉葉紋，腹部飾有葡萄牙商人安東尼奧・佩索托（Antonio Peixoto）家族徽章，底款為「大明嘉靖年造」；第二件佩索托執壺為倫敦維多利亞和埃伯特博物館藏品（圖 7-10：5），保存完好，器型和紋飾與第一件完全相同。從這些執壺上的葡萄牙族徽看，兩者皆為 1543 年遠航日本的葡萄牙貴族安東尼奧・佩索托（Antonio Peixoto）訂製的。此類青花執壺採用波斯銀壺的藝術造型，與法國吉美博物館藏 16 世紀波斯銀壺造型相似（圖 7-10：6）。

　　大航海時代開始後，中國與波斯之間海上貿易並未中斷。伊朗國家博物館藏有大批明嘉靖至萬曆年間景德鎮民窯專為伊斯蘭世界生產的波斯藝術風格的青花瓷，乃至波斯文款青花瓷（圖 7-11：1），與 12 世紀波斯銀碗如出一轍（圖 7-11：2）。凡此表明，波斯人不僅積極參與景德鎮青花瓷的海外外銷，而且前往江西景德鎮直接參與明青花的圖案設計。

　　薩非王朝（又譯薩法維王朝）是一個土庫曼人建立的帝國，開國君主伊斯邁爾一世統一波斯，並把疆土擴展到今天亞塞拜然、伊拉克和阿富汗一部分，以什葉派的「十二伊瑪目」教義為國教。薩非王朝與鄂圖曼帝國戰爭不斷。1588 年，阿巴斯大帝繼位，遷都伊斯法罕，與土耳其講和，並趕走烏茲別克人，從葡萄牙人手中奪得波斯灣口的霍爾木茲島，入侵霍爾木茲海峽南邊的巴林，遂使波斯成為伊斯蘭世界最重要

61 林梅村：〈六橫島訪古〉，《澳門研究》2010 年第 2 期，第 169-184 頁。

的文化中心之一。[62] 值得注意的是，葡萄牙早期訂製瓷的器型和設計圖案，往往模仿伊斯蘭藝術風格的青花瓷，如美國皮伯迪・埃薩克斯博物館藏耶穌會青花碗（圖7-11：4）。這個青花碗屬於景德鎮嘉靖民窯產品，底部寫有宣德款、口沿寫葡萄牙文款，碗壁繪葡萄牙徽章。[63] 器型和圖案設計顯然模仿伊朗國家博物館藏伊斯蘭風格的青花碗。無獨有偶，葡萄牙卡拉穆羅博物館藏耶穌會青花大盤亦模仿伊斯蘭藝術，外壁飾牡丹紋。盤心飾四獅滾繡球，內壁飾耶穌會拉丁文 J.H.S. 會徽（圖7-11：3）。[64] 盤心花紋與宣德號沉船及景德鎮觀音閣嘉靖地層出土的月華紋青花碗（圖7-11：5）相同，屬於景德鎮嘉靖民窯產品。[65] 目前共發現七件，直徑全在 51 至 53 公分左右，內壁飾耶穌會徽，流行年代當在 1540 年耶穌會開始使用 HIS 符號之後。

綜合全文的討論，我們似可得出以下幾點認識：

第一，大航海時代開啟後，中國與波斯並未中止貿易往來。相反，中國和波斯海商不斷衝破葡萄牙、荷蘭殖民者對東方貿易的壟斷，從泉州浯嶼遠航印度洋。

第二，牛津大學博德利圖書館藏《順風相送》和《大明東洋西洋海道圖》描述明代末年中國海商下海通番航線，與《鄭和航海圖》所見明王朝與印度洋諸國「朝貢貿易」航線無關。

第三，《大明東洋西洋海道圖》的部分圖源來自阿拉伯航海圖，李詡《戒庵老人漫筆》所載蘇州穆斯林馬懷德的牽星板，實乃萬曆年間遠航印度洋的導航儀，而非有些學者認為的鄭和下西洋之故物。

第四，大航海時代葡萄牙人開闢的中國航線，借助於阿拉伯地理學的東方地理知識。葡萄牙人從爪哇領航員複製的爪哇文海圖實乃 16 世紀初阿拉伯文海圖。

第五，1511 年，沙地白率波斯官方使團最後一次出使中國。從時間看，這個波斯使團應為白羊王朝所遣。由於葡萄牙人的阻撓，十一年後才在暹羅國王的幫助下抵達廣東。伊朗國家博物館藏景德鎮正德窯瓷器應是沙地白使團帶回波斯的。

第六，近年馬來西亞水下考古新發現表明，葡萄牙人占領馬六甲後，主導東西方的海上貿易。葡萄牙人開始在景德鎮訂製瓷器。

第七，歐洲早期訂製瓷往往採用伊斯蘭藝術造型和圖案設計，說明葡萄牙人並未

62 H. R. Roemer: "The Safavid Period", in *Cambridge History of Iran*, vol. VI, Cambridge University Press 1986, p. 339.

63 金國平、吳志良：〈流散於葡萄牙的中國明清瓷器〉，《故宮博物院院刊》2006 年第 3 期，第 100 頁。

64 Maria Fernanda Lochschmidt: *Chinesisches Blauweiß Exportporzellan Die portugiesischen Bestellungen vom Anfang des 16 Jahrhunderts bis 1722: Eine neue Chronologie mit Beiträgen zu Form und Dekor*, Wien, im April, 2008, p. 43.

65 北京大學考古文博學院等：〈江西景德鎮觀音閣明代窯址發掘簡報〉，《文物》2009 年第 12 期，第 39-57 頁。

圖 7-9　宣德號沉船所出明青花、暹羅素可泰陶瓷和佛郎機青銅炮

中斷中國與波斯之間的海上貿易。相反，葡萄牙人在開闢中國航線的過程中，大量起用中國和穆斯林海商，中斷八十多年的中國與波斯的海上貿易重新繁榮起來。16 至 17世紀景德鎮外銷瓷和龍泉窯瓷器，就在這樣一個歷史背景下不斷輸入波斯和中東各地。

圖 7-10　宣德號沉船「大明宣德年造」款青花執壺與桑托斯宮佩索托青花執壺

圖 7-11　嘉靖民窯波斯文款青花碗與12世紀波斯銀碗、耶穌會青花大盤與嘉靖窯青花碗

8

《鄭芝龍航海圖》

一、《雪爾登中國地圖》入藏牛津大學始末

2011 年，香港大學錢江教授在《海交史研究》撰文，報導牛津大學鮑德林圖書館「重新發現」的一幅明代彩繪本航海圖（編號 MS. Selden supra 105），紙本設色，縱 1.5 公尺，橫 1 公尺（圖 8-1）。[1] 此圖原為英國律師雪爾登（Johan Selden）私人藏品，1654 年（清順治十一年）從英國東印度公司駐萬丹商館人員手中購得此圖。[2]

東亞海上貿易分為東洋和西洋兩大航線。東洋航線行至呂宋、蘇祿和香料群島（今馬魯古群島），而西洋航線則經印度支那沿岸和馬來半島，遠達爪哇島西岸萬丹。最有利可圖的貿易在泉州和馬尼拉之間進行，美洲白銀在那裡大量易手。在西洋航線方面，萬丹港後來居上，逐漸取代咬留吧（今雅加達）；《東西洋考》稱為「下港」，《雪爾登中國地圖》則稱為「順塔」。萬丹不僅大量生產胡椒，而且成為來自印度洋、印尼群島和南中國海的商品集散地。1567 年隆慶開關後，萬丹港成了福建海商西洋貿易航線的終點碼頭。

1600 年（萬曆二十八年），英國東印度公司（簡稱 BEIC）於荷蘭東印度公司（簡稱 VOC）成立前兩年組織建立。為了發展香料貿易，1613 年英國人在蘇拉威西島的望加錫建立商館，1615 年不顧荷蘭人反對，在蘇門答臘的亞齊、占卑建立商館，於是

---

1 錢江：〈一幅新近發現的明朝中葉彩繪航海圖〉，《海交史研究》2011 年第 1 期，第 1-7 頁。

2 承蒙牛津大學鮑德林圖書館中國文獻館館長大衛·赫里維爾（David Helliwell）博士提供此圖高畫質彩色照片，並授權發表，謹致謝忱。

圖 8-1

也圖》

圖 8-2　溫莎堡藏沈福宗油畫像，1687年英國宮廷畫師克內勒爵士繪

引發荷蘭與英國之間的武裝衝突。1618 年 12 月，一艘荷蘭船從暹羅北大年抵達爪哇的萬丹，不幸被英國人扣留、焚毀。1619 年荷蘭人占領雅加達，更名「巴達維亞」（Badauia）。1621 年荷蘭人攻占隆塔爾島、蘭島，並驅逐那裡的英國人。1628 年（崇禎元年）巴達維亞商館的英國人接到命令遷回萬丹，直到 1682 年英國人被迫放棄萬丹商館。[3] 牛津大學羅森（Jessica Rawson）教授告訴我，約翰·雪爾登在議會負責出口事務，並對收藏東方古物有興趣。這幅航海圖是從一位在萬丹從事貿易的福建商人手中收購的，當初用作包裝紙，連同中國貨物一起賣給萬丹商館的英國人。1654 年雪爾登去世，他的東方收集品於 1659 年捐獻給鮑德林圖書館。此外，這批捐贈品中還有一個旱羅盤（非水羅盤）和大批東方語言手稿，而航海圖就以收藏家的名字命名，稱為 Selden Map of China（《雪爾登中國地圖》）。

　　1679 年（康熙十八年），比利時耶穌會士柏應理（Philippe Couplet）當選中國副

3　（澳）尼古拉斯·塔林主編：《劍橋東南亞史》第 1 卷，賀聖達等譯，昆明：雲南人民出版社，2003 年，第 294 頁；范岱克著，查忻譯：〈荷蘭東印度公司在 1630 年代東亞的亞洲區間貿易中成為具有競爭力的原因與經過〉，《暨南史學》第三輯，廣州：暨南大學出版社，2000 年，第 123-144 頁。

省代理人，奉命前往羅馬，向教皇匯報在中國傳教情況，並尋求資助和招募赴華傳教士。臨行前，耶穌會中國副省會長南懷仁決定挑選幾名中國教徒隨柏應理前往羅馬，旨在向教廷證明中國亦有優秀的神父。柏應理的得意門生、南京名醫之子沈福宗（教名 Michael Alphonsius）入選，隨柏應理使團出訪羅馬。

1683 年 9 月，柏應理使團先赴法國，在凡爾賽宮晉見法王路易十四，遊說法王派傳教士去中國。沈福宗在路易十四面前，展示孔子像，用毛筆表演書法，在巴黎引起轟動。訪法後，柏應理與沈福宗到羅馬覲見教皇英諾森十一世，並呈獻四百餘卷傳教士編纂的中國文獻，成為梵蒂岡圖書館最早的漢籍藏本之一。中國學人在法國和羅馬的訪問引起英國人的注意，便有了柏應理和沈福宗應邀訪英之旅。[4]

1687 年（康熙二十六年），柏應理和沈福宗在倫敦拜見英王詹姆斯二世。英王頗為欣賞這個知識豐富的中國人，特地讓宮廷畫師克內勒爵士在溫莎堡為沈福宗畫了一幅真人大小的全身油畫像（圖 8-2），並由皇家收藏。沈福宗畫像就這樣入藏溫莎堡。[5]訪英期間，沈福宗還應東方學家湯瑪斯．海德（Thomas Hyde）邀請，到牛津大學鮑德林圖書館為中文藏書編書目。大英圖書館藏有海德與沈福宗之間書信往來和談話紀錄，這批檔案屬於英國皇家亞洲協會秘書、大英博物館奠基人漢斯．斯隆收集品，或稱「斯隆手稿」（Sloane MSS）。沈福宗尊稱海德為「德老爺」。其中一件手稿寫有沈福宗給這位英國學者起的漢名「奇德」。海德是希伯來語和阿拉伯語專家，不懂中文。他從沈福宗那裡了解到《雪爾登中國地圖》上中文注記的內容，隨手在一些漢字旁用拉丁文注音。例如：漢文地名「呂宋王城」旁的拉丁文 urbs regius li que（王城和……）。不過，此圖右上角太陽圖和左上角月亮圖中並無漢字，卻分別寫有拉丁文 Sol（太陽）和 Luna（月亮），不知是作者寫的，還是沈福宗、海德所為。如果是前者，那麼西方學者亦參與此圖的創作。

1935 年，沈福宗來訪兩百四十八年後，鮑德林圖書館迎來另一位中國學者——北京圖書館研究員向達，此行來牛津大學協助整理中文圖書。不知什麼原因，向先生與鮑德林圖書館藏《雪爾登中國地圖》失之交臂，僅抄錄《順風相送》（編號 Laud Or. 145）、《指南正法》（編號 Backhouse 578）等館藏明清抄本，1961 年以《兩種海道針經》為題在北京出版。[6]

4　方豪：《中國天主教史人物傳》中冊，北京：中華書局，1988 年影印本，第 200-202 頁。

5　梁二平：〈尋訪漂在英倫的「大明東西洋航海圖」〉，《深圳晚報》2011 年 10 月 18 日。

6　向達校注：《兩種海道針經》，北京：中華書局，1961 年（2000 年重印）。

　　向達來訪七十三年後，鮑德林圖書館迎來一位美國漢學家。2008 年 1 月，美國喬治亞南方大學副教授巴契勒（Robert K. Batchelor）訪問牛津，他在鮑德林圖書館「重新發現」這幅古航海圖。這位美國學者致力於 17 世紀英國貿易擴張研究，他立即發現此圖並非簡單勾勒中國海岸線，而是具體標示南中國海當時的貿易航線。它們都從泉州啟航，然後分別航行到東亞各地。在 2011 年 9 月 15 日的《雪爾登中國地圖》學術討論會上，他進一步指出：這幅地圖和墨卡托投影地圖不太一樣，可謂葡萄牙和中國兩個不同系統地圖結合的產物。[7]《雪爾登中國地圖》的重要價值，由此引起國際學術界廣泛關注。

　　我們幾乎在第一時間就得知這個消息。2009 年 8 月，在銀川中國社科院考古所主辦的絲綢之路國際學術研討會上，愛爾蘭某大學一位女教授在會上展示《雪爾登中國地圖》的高畫質照片，旨在向中國考古學家推銷她的天體攝影器材。由於資料沒有發表，她不能給我照片，但是答應聯繫鮑德林圖書館，獲取高畫質照片，後來杳無音信。最近，我指導的學生打算作海上絲綢之路考古的題目，為他們準備材料時，才發現這幅航海圖業已成為當今中國乃至國際學術界研究的一個熱門重點。主要研究成果如下：

　　一、錢江認為，此圖年代在明代中期，建議取名為《明代中葉福建航海圖》。[8]2011 年 11 月第十二屆深圳讀書月上，錢江等學者建議命名為《明代東西洋航海圖》。

　　二、陳佳榮對圖上一百零五個海外交通地名進行初步注解，建議取名為《明末疆里及漳泉航海通交圖》，並指出編繪時間約在 1624 年（天啟四年）。[9]

　　三、周運中認為，此圖年代在明代末年，而非錢江建議的明代中葉。[10]

　　四、郭育生、劉義杰建議取名為《東西洋航海圖》。他們根據航海圖航線繪製方式的歷史演變及臺灣島北港、加里林等地名的漢文注記，認為此圖不會早於明嘉靖末的 1566 年，也不會晚至明萬曆中葉的 1602 年。[11]

　　五、龔纓晏建議取名為《明末彩繪東西洋航海圖》，認為圖注提到的「化人」和「化人番」指西班牙人，並將此圖年代係於 1607 至 1624 年之間。[12]

7　詳見牛津大學鮑德林圖書館《雪爾登中國地圖》2011 年 9 月 15 日學術討論會網頁（http://seldenmap.bodleian.ox.ac.uk/colloquium）。

8　錢江：〈一幅新近發現的明朝中葉彩繪航海圖〉，《海交史研究》2011 年第 1 期，第 1-7 頁。

9　陳佳榮：〈新近發現的《明代東西洋航海圖》編繪時間、特色及海外交通地名略析〉，《海交史研究》2011年第 2 期，第 52-66 頁。

10　周運中：〈牛津大學藏明末萬老高閩商航海圖研究〉，《文化雜誌》（澳門）2013 年夏季刊，第 1-22 頁。

11　郭育生、劉義杰：〈《東西洋航海圖》成圖時間初探〉，《海交史研究》2011 年第 2 期，第 67-81 頁。

12　龔纓晏：〈國外新近發現的一幅明代航海圖〉，《歷史研究》2012 年第 3 期，第 156-160 頁。

六、孫光圻、蘇作靖從航海學角度對其包含的技術要素進行分析研究。以航海技術方法對其比例尺進行測算，論證其為總圖性質的古航海圖。[13]

七、金國平在 2012 年第三屆澳門學國際學術研討會提出，「化人」即「佛朗」的別稱，源於阿拉伯人對葡萄牙、西班牙等歐洲人的稱謂。[14]

八、卜正民（Timothy Brook）認為，這幅航海圖的作者一定是當時定居在巴達維亞（今雅加達）的福建商人。理由是，這幅航海圖和向達先生早年從牛津大學鮑德林圖書館抄錄回國的兩本航海針路簿一樣，屬於同一時期的作品。既然那兩本海道針經是由荷蘭東印度公司的職員從巴達維亞帶回阿姆斯特丹，後來輾轉流入牛津大學，那麼這幅航海地圖也可能經由荷蘭東印度公司，而非透過英國東印度公司之手，流入鮑德林圖書館。[15]

二、《雪爾登中國地圖》之年代

《雪爾登中國地圖》的時代特徵頗為明顯，圖中呂宋島（今菲律賓）東部沿海一個狹長海峽的入口處，有一句漢文注記：「化人番在此港往來呂宋」（圖 8-3）。化人亦稱「佛郎」或「佛郎機」，是明清人對葡萄牙人或西班牙人的稱謂。據龔纓晏調查，黃可垂（字毅軒）在《呂宋紀略》中寫道：「呂宋為干絲蠟屬國。干絲蠟者，化人番國名也，在海西北隅，其國不知分封所自始，地多產金銀財寶，與和蘭、勃蘭西、紅毛相鼎峙，俗呼為宋仔，又曰實斑牛。」《呂宋紀略》作為附錄收入清初漳州人王大海著《海島逸志》。王大海在該書後記中說：「甲子（1804 年）冬，余與毅軒長君宗超同寄跡於吳門，稱莫逆交，見余《逸志》，因出《呂宋紀略》相示。」[16]可知《呂宋紀略》約成書於 18 世紀末。

《雪爾登中國地圖》中最右側繪有一個島嶼，上有三行漢文注記，右下方為「萬老高」，左下方是「紅毛住」，最上方為「化人住」。紅毛或紅毛番，是明人對荷蘭人

---

13 孫光圻、蘇作靖：〈中國古代航海總圖首例——牛津大學藏《雪爾登中國地圖》研究之一〉，《中國航海》2012 年第 2 期，第 84-88 頁。

14 金國平：〈「The Selden Map of China」中「化人」略析——兼考「佛郎機」與「佛郎機國」〉，中國社會科學院歷史研究所明史研究室編：《明史研究論叢》第十二輯，北京：中國廣播電視出版社，2014 年，第 209-223 頁。

15 Timothy Brook: *Mr. Selden's Map of China: Decoding the Secrets of a Vanished Cartographer*, Anansi in Toronto (September 2013), Bloomsbury in New York, and London: Profile, to appear 2014.

16 〔清〕黃可垂：《呂宋紀略》，收入〔清〕王大海編：《海島逸志》，姚楠、吳琅璇校注，香港：學津書店，1992 年，第 168 頁。

圖 8-3　《雪爾登中國地圖》中
的漢文和拉丁文注記

的稱呼，見於《東西洋考》萬曆四十五年（1617 年）刊本，其文曰：「紅毛番自稱和
蘭國，與佛朗機鄰壤，自古不通中華。其人深目長鼻，毛髮皆赤，故呼紅毛番云。」[17]
萬老高，《東西洋考》稱作「美洛居」，指今印尼馬魯古群島，亦稱「香料群島」，
主要島嶼則稱「特爾納特島」（Ternate Island）。《東西洋考》記美洛居曰：「華人
某者流寓彼中，慧而黠，有口辯，遊說兩國間，分萬老高山山半為界，山北屬和蘭，
而山南屬佛郎機，各罷兵，並雄茲土。」[18]

　　1595 年荷蘭人初抵印尼海域時，恰逢特爾納特島統治者不堪忍受西班牙人入侵。
他們將荷蘭人視為抗擊西班牙人的盟友。1607 年 3 月，特爾納特島統治者請荷蘭人出
兵趕走西班牙人。同年 5 月，荷蘭艦隊應邀來到特爾納特島，但是他們不敢攻打西班
牙人的要塞，而是建造新要塞。《雪爾登中國地圖》所謂「紅毛住」就指荷蘭人的新
要塞，那麼此圖不早於萬曆三十五年（1607 年）。1662 年（康熙元年），西班牙人聽
說鄭成功要攻打馬尼拉，便於次年從特爾納特島要塞撤走。1666 年（康熙五年），島

---

17 〔明〕張燮：《東西洋考》，謝方點校，北京：中華書局，1981 年，第 127 頁。
18 《東西洋考》，第 101 頁。

上的西班牙要塞被荷蘭人摧毀。[19]

　　《雪爾登中國地圖》在長城之北寫有「北撻在此」（圖8-4）漢字注記。北撻即北韃。關於中國塞外民族，明萬曆年間來華的義大利傳教士利瑪竇寫道：「關於中國的位置，似乎宜繪一張地圖，先從南部交趾支那，直到東北的尖端，是遼州（半島），它屬於中國的一省，自那裡向上沿海可至日本。其南方海岸在廿至廿八度之間，從北極算起，在中國北方為韃靼區：差不多離北極有四十四、五度。」[20] 萬曆二十年進士謝肇淛編《五雜俎·地部》曰：「且近來北韃之勢強於西戎，若都建康，是棄江北矣；若都洛陽、關中，是棄燕雲矣。故定鼎於燕，不獨扼天下之吭，亦且制戎虜之命。」[21] 可知北韃是明人對長城以北蒙古人的稱謂。

　　值得注意的是，《雪爾登中國地圖》在長城之北還寫有「（食）人番在此處」的漢字注記。《金史·哀宗本紀》記載：「乙酉（1165年），大元召宋兵攻唐州（今河南唐河），元帥右監軍烏古論黑漢死於戰，主帥蒲察某為部曲兵所食。城破，宋人求食人者盡戮之，餘無所犯。宋人駐兵息州南。」[22]《金史·烏倫古黑漢傳》記載：南宋紹定六年（1233年），唐州被困「城中糧盡，人相食，黑漢殺其愛妾啖士，士爭殺其妻子」。[23] 故女真人有「食人生番」之惡名，那麼《雪爾登中國地圖》注記所謂「食人番」即明人對長城以北女真人後裔滿族人的蔑稱。《清史稿·吳三桂傳》記載：順治元年（1644年），李自成攻陷北京，崇禎帝自縊煤山，吳三桂引清軍入關，[24] 那麼《雪爾登中國地圖》繪於1644年清軍入關以前。中國史書將「佛郎機」（指葡萄牙人或西班牙人）稱作「化人」，始見於18世紀末成書的《呂宋紀略》。[25] 萬曆四十五年（1617年）張燮《東西洋考》不見「化人」，而《雪爾登中國地圖》又不晚於1644年清軍入關，那麼此圖當繪於1617至1644年之間。

　　據廈門大學莊國土教授分析，以漳州海商為主導的閩南海商集團在17世紀初迅速衰落，被泉州海商取代。漳州海商衰落的原因有三：一、馬尼拉大屠殺：1603年西班

19 Leonard Y. Andaya: *The World of Maluku: Eastern Indonesia in the Early Modern Period*, Honolulu: University of Hawaii Press, 1993, pp. 152-156.

20 （義）利瑪竇：《利瑪竇書信集》上冊，羅漁譯，《利瑪竇全集》第3冊，臺北：光啟出版社／輔仁大學出版社，1986年，第46頁。

21 〔明〕謝肇淛編：《五雜俎》，上海書店，2001年重印本，第41頁。

22 《金史·哀宗本紀》，第400頁。

23 《金史·忠義三·烏倫古黑漢》，第2686頁。

24 《清史稿·吳三桂傳》，第12835-12836頁。

25 《呂宋紀略》，第166-167頁。

牙人對馬尼拉華僑大開殺戒，殉難者兩萬五千人，其中漳州海澄人十居其八。[26] 馬尼拉大屠殺造成漳州籍海商元氣大傷，這是泉州籍海商後來居上，取代漳州海商的主要原因之一。二、漳州月港逐漸淤塞：漳州月港作為明代後期中國私商貿易中心的地位因此逐漸被泉州浯嶼、安海等港口取代。三、鄭芝龍海上帝國的興起：鄭芝龍以泉州安平為大本營，建構海上帝國。鄭氏主導的閩南海商集團以泉州籍人為主，漳州籍人不得不退而為輔。[27] 換言之，《雪爾登中國地圖》繪製時代（1617-1644 年），正值鄭芝龍海上帝國興起。

三、《雪爾登中國地圖》實乃《鄭芝龍航海圖》

鄭芝龍是明朝末年臺灣海峽最具實力的海盜之王，西方人稱之為 Nicolas Iquan Gasper（尼古拉斯‧一官‧賈斯帕）。崇禎元年（1628 年），鄭芝龍就撫明王朝，授海上游擊，實際上仍保持極大獨立性。就撫期間，鄭芝龍既未領過明王朝的軍餉，也從未聽從明朝政府的調動，雙方只是相互利用。明王朝企圖利用鄭氏集團的力量平定東南沿海海盜騷擾，而鄭芝龍則借助明朝政府之力，消滅劉六、劉七等諸多海上競爭對手，從而壟斷北至吳淞口、南到廣東的海上貿易。鄭芝龍繼閩南海盜林鳳（西方人稱 Limahong）、李旦（西方人稱 Andrea Ditis）之後，成為與葡萄牙人、西班牙人、荷蘭人爭奪海權的中國海盜集團之魁首。在鄭芝龍海上帝國鼎盛時期，出入長崎港的鄭芝龍商船數遠遠超過荷蘭商船。葡萄牙人、荷蘭人、西班牙人、英國人、日本人都是其生意夥伴，每年收入數以千萬計，富可敵國。[28]

鄭芝龍還注重收集、編繪日本至印度洋海圖。中國國家博物館藏有一幅鄭芝龍題款《日本印度洋地圖卷》，絹本設色，縱 30 公分，橫 302 公分。據周錚調查，此圖內容可分三個部分，凡七圖。第一部分為《日本圖》，共兩圖；第二部分為《東南夷圖》，共三圖；第三部分為《西南夷圖》，共兩圖。各圖前後銜接，依次為：《日本國東南界圖》、《日本國北界合圖》、《東南夷東南界圖（日外）》、《東南夷圖二》、《東

26 〔清〕陳鍈等修、葉廷推等纂：《海澄縣志》乾隆十八年刊本；《中國方志叢書》第 92 冊，臺北：成文出版社，1968 年，第 13 頁。

27 莊國土：〈論 17—19 世紀閩南海商主導海外華商網路的原因〉，《東南學術》2001 年第 3 期，第 68 頁。

28 （英）博克瑟著，松儀摘譯：〈鄭芝龍（尼古拉‧一官）興衰記〉，《中國史研究動態》1984 年第 3 期，第 14-21 頁；（日）岩生成一：〈明末日本僑寓支那人甲必丹李旦考〉，《東洋学報》第 23 卷第 3 號，東京，1936 年，第 63-119 頁；鄭廣南：《中國海盜史》，上海：華東理工大學出版社，1998 年，第 407-412 頁。

圖 8-4 《雪爾登中國地圖》
之漢文注記

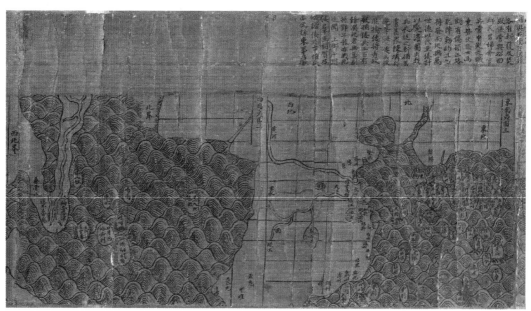

圖 8-5 中國國家博物館藏鄭芝龍題款《日本印度洋地圖卷》

南夷圖三》（圖 8-5）、《西南夷圖一》、《西南夷圖二》。七圖的地理範圍，從日本北方直迄印度西海岸，與《雪爾登中國地圖》的地理範圍（日本北方至印度西海岸古里）幾乎完全相同。中國國家博物館藏明代海圖卷末有鄭芝龍題款「南安伯鄭芝龍飛虹鑑定」，款左鈐白文「鄭芝龍印」和朱文「飛虹圖書」二方印，圖前標題下鈐朱文「南安伯印」。[29] 劉獻廷撰《廣陽雜記》卷四云：「鄭飛虹，幼姣好，其父為府……其父欲殺之，逃往海盜李旦舟中，有寵於旦。旦死，欲置主，卜之於神，飛虹十卜皆吉，遂立以為主。」[30] 可知鄭芝龍亦名「飛虹」。崇禎十七年三月，李自成攻陷北京。五月，福王朱由崧在南京監國。鄭芝龍時任福建都督同知總兵官。八月，鄭芝龍被南明流亡政府封為南安伯，那麼這幅海圖當繪於南明弘光元年（1644 年）八月之後。

美國哈佛大學圖書館藏有鄭大郁撰《經國雄略》四十八卷，南明隆武元年（1645年）潭陽王介爵觀社刻本，凡三十冊，附圖。卷一題：「清漳鄭昆貞（十師）、南安伯鄭芝龍（飛虹）全鑒定；武榮鄭鴻達（羽公）、石江鄭芝豹（玄公）校閱，溫陵鄭大郁（孟周）編訂，晉江蔡鼎（無能）參閱，潭陽王介爵（錫九）校梓。」鄭芝龍為此書作序曰：「我國家王氣，自南金重建，得無一非常之人，出而展胸中夙負，秉以灰蕩中原，上報天子，寧甘坐觀淪陷，竟置匡復於不講哉！孟周（鄭大郁的字）是編，搜羅今古……靡不詳載考圖，俾留心經國者，讀此備知窮變度險。孚號忠志，協佐中興。」文末落款：「欽命鎮守福建等處並浙江金溫地方總兵官太子太師敕賜蟒衣南安伯石江鄭芝龍撰」。[31] 可知《經國雄略》輯於清軍入關之後。

中國國家博物館藏明彩繪本鄭芝龍題款《日本印度洋地圖卷》或為《經國雄略》所附地圖的底圖，年代晚於清軍入關前所編《雪爾登中國地圖》。鄭芝龍題款《日本印度洋地圖卷》最末是《西南夷圖》。稍加比較，不難發現此圖的印度洋部分取材於洪武二十二年（1389 年）《大明混一圖》彩繪本、1402 年朝鮮權臣權進跋《混一疆理歷代國都之圖》彩繪本，[32] 或羅洪先《廣輿圖》萬曆七年增補本《西南海夷圖》（圖

---

29 周鈺：〈鄭芝龍題款的日本地圖考〉，《文物》1988 年第 11 期，第 79-90 頁。

30〔清〕劉獻廷撰：《廣陽雜記》，汪北平、夏志和點校，北京：中華書局，1957 年，第 169 頁。

31〔南明〕鄭大郁：《經國雄略》，哈佛大學哈佛燕京圖書館編：《美國哈佛大學哈佛燕京圖書館藏中文善本匯刊 19》，《中國古籍海外珍本叢刊》，北京：商務印書館／桂林：廣西師範大學出版社，2003 年，第 3 頁。

32 汪前進、胡啟松、劉若芳：〈絹本彩繪大明混一圖研究〉，收入曹婉如等編：《中國古代地圖集·明代》，北京：文物出版社，1994 年，第 51-55 頁；（日）杉山正明：〈東西の世界図が語る人類最初の大地平〉，《大地の肖像——絵図·地図が語る世界》，京都大學學術出版會，2007 年，第 54-83 頁；劉迎勝：〈《混一疆理歷代國都之圖》相關諸圖間的關係——以文字資料為中心的初步研究〉，劉迎勝主編：《《大明混一圖》與《混一疆理圖》研究：中古時代後期東亞的寰宇圖與世界地理知識》，南京：鳳凰出版社，2010 年，第 88-99 頁。

8-6）。[33]

鄭芝龍為明代末年日本至東南亞海域一代梟雄，天啟年間（1621-1627 年）迅速崛起。其勢力範圍與《雪爾登中國地圖》所標泉州至東西洋航線完全相符。清初計六奇撰《明季北略》記載：「海盜有十寨，寨各有主，停一年，飛黃（鄭芝龍的號）之主有疾，疾且痼，九主為之宰牲療祭，飛黃乃泣求其主：『明日祭後，必會飲，乞眾力為我放一洋，獲之有無多寡，皆我之命，煩緩煩懇之。』主如言，眾各欣然。劫四艘，貨物皆自暹邏來者，每艘約二十餘萬，九主重信義，盡畀飛黃。飛黃之富，逾十寨矣。海中以富為尊，其主亦就殂，飛黃遂為十主中之一。時則通家耗，輦金還家，置蘇杭細軟，兩京人內寶玩，興販琉球、朝鮮、真臘、占城、三佛齊等國，兼掠犯東粵（潮、惠、廣、肇）、福浙（汀、閩、台、紹）等處。此天啟初年事也。」[34]

明代後期福建沿海的國際走私貿易點多集中在閩南一帶。清初郝玉麟等修《福建通志》卷七十四記載：「福地素通番舶，其賊多諳水道，操舟善鬥，皆漳泉福寧人。漳之詔安有梅嶺、龍溪、海滄、月港，泉之晉江有安梅（海），福寧有桐山，各海澳僻遠，賊之窩向船主、喇哈（＝波斯語 nakhota「船長」）、火頭、舵公皆出焉。」[35]泉州安平（或稱安海）的地理位置十分有利於泊船貿易。由於它地處海灣內側，遠離縣治，既避風，又便於避開官兵巡查。一出灣便是茫茫大海，可直達另一個走私海島——浯嶼。萬曆末無名氏編《順風相送》（約 1617 年以前成書）所見東西洋針路，主要以浯嶼為始發港。[36]《雪爾登中國地圖》所標東西洋航線，大量採用《順風相送》著錄的針路，主要是泉州（浯嶼）往來東西洋航線（圖 8-7）。[37]《鄭和航海圖》沒有標示古里至忽魯謨斯、阿丹、祖法兒三艘印度洋航線，[38]那麼《雪爾登中國地圖》漢文注記中提到的三條印度洋航線亦來自《順風相送》。

33 羅洪先《廣輿圖》初刻於嘉靖三十四年前後，包括《輿地總圖》一幅、《兩直隸十三布政司圖》十六幅、《九邊圖》十一幅、《洮河、松潘、虔鎮、麻陽諸邊圖》五幅、《黃河圖》三幅、《海運圖》二幅、《朝鮮、朔漠、安南、西域圖》四幅，凡四十幅地圖。萬曆七年（1579 年）錢岱翻刻韓君恩本，增補《東南海夷圖》、《西南海夷圖》，而《輿地總圖》中明長城似為錢岱增補（〔明〕朱思本撰、〔明〕羅洪先、胡松增補：《廣輿圖》，收入《續修四庫全書》第 586 冊，上海古籍出版社，2002 年，第 412-528 頁）。

34 〔清〕計六奇撰：《明季北略‧鄭芝龍小傳》，北京：中華書局，1984 年，第 187 頁。

35 〔清〕郝玉麟等監修，謝道承編纂：《福建通志》卷七十四《鄭若曾福建防海事宜》，收入《影印文淵閣四庫全書》第 530 冊，臺北：商務印書館，1986 年，第 635 頁右下。

36 張榮、劉義杰：〈《順風相送》校勘及編成年代小考〉，《國家航海》第三輯，上海古籍出版社，2012 年，第 78-96 頁。

37 關於《順風相送》所載東西洋針路，參見楊國楨：《閩在海中》，南昌：江西高校出版社，1998 年，第 54-57 頁。

38 周運中：〈鄭和下西洋阿拉伯海航線考〉，《暨南史學》第七輯，南寧：廣西師範大學出版社，2007 年，第143 頁。

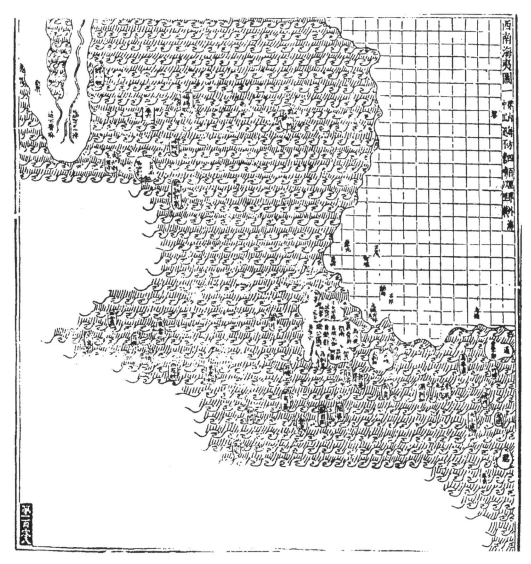

圖 8-6　《廣輿圖》萬曆七年版增補《西南海夷圖》

　　泉州安平港是鄭芝龍的家鄉，明末清初成了鄭氏海上帝國的大本營。史載：「安平之俗好行賈，自呂宋交易之路通，浮大海趣利，十家而九。」[39] 安海商人不僅從事對外貿易，而且奔走國內市場，遂使安海成了一個國際貿易的商品集散地。史載：「安平市獨矜賈，逐什一趨利，然亦不倚市門，丈夫子生及已弁，往往廢著鬻財，賈行遍

39〔明〕李光縉：《景璧集》卷十四《二烈傳》第四冊，南京：江蘇廣陵古籍刻印社，1996 年，第 2398 頁。

郡國，北賈燕，南賈吳，東賈粵，西賈巴蜀，或衝風突浪，爭利於海島絕夷之墟。」[40]

　　牛津大學鮑德林圖書館藏明代無名氏編《順風相送》、《雪爾登中國地圖》、張燮《東西洋考》基本上為同一時代產物。其中，《順風相送》年代最早，約成書於萬曆末年。該書不見「紅毛番」和「化人」，年代略早於《東西洋考》（約 1617 年）。《東西洋考》和《雪爾登中國地圖》都提到「紅毛」（荷蘭人），但是《東西洋考》不見「化人」，年代早於《雪爾登中國地圖》。在傳世文獻中，佛郎機（葡萄牙人和西班牙人）稱作「化人」，始見於 18 世紀末黃可垂撰《呂宋紀略》。《雪爾登中國地圖》的發現相當重要，將該詞始見年代提前到明代末年。

　　崇禎元年（1628 年）九月，鄭芝龍就撫明王朝後，很快殲滅其他海盜集團，統一臺灣海峽。於是素有「海上馬車夫」之稱的荷蘭殖民者，便成了鄭芝龍最大的競爭對手。鄭氏家族與荷蘭人的恩怨由來已久，因為雙方是東南亞和中日貿易航線上的競爭對手。1624 年，荷蘭東印度公司占據臺灣，主要購買中國生絲、絲綢，運到日本或者荷蘭貿易。由於荷蘭人無法直接到中國沿海自由貿易，只能透過中國商人轉手。這樣一來，就非得獲得鄭芝龍的特許不可。鄭芝龍不准商船到臺灣，荷蘭人便束手無策。在日本，鄭芝龍亦結交甚廣，娶肥前平戶侯之家臣之女為妻，亦即鄭成功的生母田川氏。因此，鄭氏商船在日本受到比荷蘭商船更高的特殊待遇。為了扭轉貿易中不利局面，荷蘭人曾經威逼、利誘鄭芝龍簽訂貿易協定，而鄭芝龍則出爾反爾，不守諾言，商業競爭逐漸演變為軍事衝突。[41]

　　崇禎六年（1633 年）七月，鄭芝龍遭荷蘭人突襲，二十多艘海船被毀。不過，僅僅一個月後他就重整旗鼓，與荷蘭人在金門料羅灣展開一場聲勢浩大的海戰，史稱「料羅灣大捷」。巡撫福建的左僉都御史鄒維璉〈奉剿紅夷報捷疏〉記載：「此一舉也，計生擒夷酋一偽王、夷黨數頭目。燒沉夷眾數千，生擒夷眾一百一十八名，馘斬夷級二十顆，焚夷夾版巨艦五隻，奪夷夾版巨艦一隻，擊破夷賊小舟五十餘隻，奪獲盔甲、刀劍、羅經、海圖等物皆有籍存。而前後銃死夷屍被夷拖去未能割首者，累累難數，亦不敢敘。蓋臣到海上一月竣事，師不老（勞）而財不匱。說者皆曰：閩粵自有紅夷來，數十年間，此捷創聞。」[42]

---

40 李光縉，前揭書，1996 年，第 726 頁。

41 夏蓓蓓：〈鄭芝龍：十七世紀的閩海巨商〉，《學術月刊》2002 年第 4 期，第 59-62 頁；李德霞：〈淺析荷蘭東印度公司與鄭氏海商集團之商業關係〉，《海交史研究》2005 年第 2 期，第 67-80 頁。

42 〔明〕鄒維璉：《達觀樓集》卷十八〈奉剿紅夷報捷疏〉，《四庫全書存目叢書·集部》第 183 冊，濟南：齊魯書社，1997 年影印本，第 241 頁。

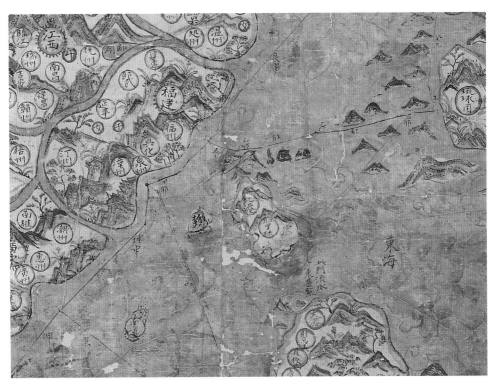

圖 8-7　《雪爾登中國地圖》所標泉州為始發港的東西洋航線

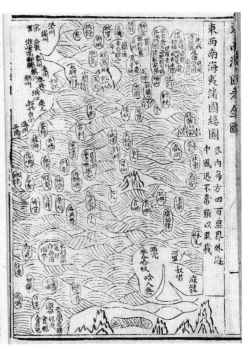

圖 8-8　張燮《東西洋考》附圖《東西南海夷諸國總圖》

　　此後，臺灣海峽成了鄭芝龍艦隊游弋的內海。[43] 不僅如此，鄭芝龍艦隊還控制泉州至馬尼拉，乃至爪哇西岸萬丹港航線。1640 年，荷屬東印度公司與這位中國海上國王達成航海與貿易的若干協定，並開始向鄭芝龍朝貢。所有在澳門、馬尼拉、廈門、臺灣、日本各港口間行駛的商船，都必須接受鄭氏集團的管理，穿航在南中國海與東南亞各港口的商船，絕大多數都是懸掛鄭氏令旗的中國帆船。正如 17 世紀荷屬東印度總督簡・皮特斯佐恩・科恩（Jan P. Coen）所言：「把到萬丹的中國人叫做小商販以區別於那些到馬尼拉貿易的大商人。17 世紀的 20 年代，這些富商也開始派遣他們的船隻到巴達維亞。1640 至 1680 年間，福建大部分的海運控制在鄭氏家族的手中。這個家族最著名成員鄭芝龍（別名一官）和他的兒子鄭成功（別號國姓爺）創建了一個規模龐大貿易機構，在其全盛時期，在中國海上沒有與之匹敵者。在這個時期，幾乎每艘到臺灣或巴達維亞的帆船都是由鄭氏家族所控制或者屬他們所有。」[44]

　　從《明史紀事本末》、《靖海志》、《明季北略》等中國史書，我們只知鄭芝龍發跡於日本，並與日本保持著密切的貿易往來。17 世紀天主教文獻進一步披露，赴日本之前，鄭芝龍曾經投靠澳門的母舅黃程學經商之道。在澳門經商得懂葡萄牙語，而學習葡語則必須入天主教，所以他以 Nicolas（尼古拉斯）為教名受洗。鄭芝龍早年從事澳門─馬尼拉海上貿易，曾經前往馬尼拉謀生，並學過西班牙語，因此他還有一個西班牙語名字 Gaspard（賈斯帕）。[45]

　　《雪爾登中國地圖》集明末東西洋航線之大成，而掌控這些航線的正是鄭芝龍海上帝國。崇禎元年（1628 年）就撫後，鄭芝龍成了明王朝海疆的封疆大吏，所以這幅航海圖繪有明王朝內陸兩京十三省，那麼此圖實乃《鄭芝龍航海圖》（*Nautical Chart of Zheng Zhilong/Nicolas Iquan Gaspard*）。崇禎十七年，清軍入關。鄭芝龍見明王朝大勢已去，便於南明隆武二年（1646 年）北上降清。[46] 這和《雪爾登中國地圖》不晚於

43 張先清：〈17 世紀歐洲天主教文獻中鄭成功家族故事〉，《學術月刊》2008 年第 3 期，第 139-140 頁。

44 （荷）包樂史著，溫廣益譯：〈荷蘭東印度公司時期中國對巴達維亞的貿易〉，《南洋資料譯叢》1984 年第 4 期，第 69 頁。

45 〔清〕江日昇：《臺灣外記》，福州：福建人民出版社，1983 年，第 191 頁；金國平、吳志良：〈鄭芝龍與澳門──兼談鄭氏家族的澳門黑人〉，《早期澳門史論》，廣州：廣東人民出版社，2007 年，第 369 頁；（西）帕萊福等，前揭書，第 62-63 頁；李德霞：〈淺析荷蘭東印度公司與鄭氏海商集團之商業關係〉，《海交史研究》2005 年第 2 期，第 67-80 頁。

46 《清世祖實錄》記載：順治三年（1646 年），鄭芝龍降清。博洛回京之前，利用鄭芝龍的聲望招降其舊部，奉芝龍之命降清的有武毅伯施福、澄濟伯鄭芝豹和部下總兵十員，兵將十一萬三千（《清實錄》卷三十三、卷三十四，北京：中華書局，1985 年影印本，第 268 頁下、第 279 頁上）。《清史稿・列傳四十七・施琅傳》記載：「順治三年（1646 年），師定福建，琅從芝龍降。從征廣東，戡定順德、東莞、三水、新寧諸縣。」（《清史稿》，第 9864 頁）。

崇禎十七年（1644 年）完全相符。

四、《鄭芝龍航海圖》之西方圖源與圖名

鄭芝龍降清後，鄭成功繼承鄭芝龍的海上帝國，割據廈門、金門，與清朝政府繼續抗爭。據馬尼拉的西方傳教士金提尼（T. M. Gentile）記載：「著名的國姓爺（指鄭成功）……是海上君主和統治者，在中國從未有過如此眾多和龐大的艦隊……僅在廈門水域配備的水師就由多達 13,000 只帆船組成的，成千上萬分布在整個沿海線上的其他船隻也聽命於這個帝國。」[47]

康熙二十二年（1683 年），鄭芝龍舊部施琅「背鄭降清」，引清軍渡海統一臺灣。施琅之子施世驃繪製過一幅彩繪卷軸《東洋南洋海道圖》，縱 1.69 公尺，橫 1.3 公尺；約成圖於康熙五十一年至六十年（1712-1721 年）施世驃出任福建水師提督時期。世驃博覽群書，受父親影響，對東亞海域極為熟悉，搜集大量翔實的海洋地理資訊，繪成《東洋南洋海道圖》。圖上對南海諸島各個島群的方位、名稱都標注得相當精確，繪有福建沿海各口岸通往日本、越南、老撾、印尼、柬埔寨、汶萊、菲律賓等國的航線、針錄和所需時間，並用漢文注記說明當地物產資源，現藏中國第一歷史檔案館。[48]

值得注意的是，《東洋南洋海道圖》與《鄭和航海圖》、《東西洋考》所附《東西南海夷諸國總圖》（圖 8-8）等中國傳統海圖不盡相同，採用西方投影法繪製，約成圖於施世驃出任福建水師提督期間（1712-1721 年）。[49]乾隆二十年（1755 年）刊《皇清各直省分圖》和嘉慶二十二年（1817 年）刊《大清一統天下圖》皆採用施世驃所繪海圖（圖 8-9）。1714 年，康熙命西方傳教士赴臺灣實地測繪地圖，1715 年，法國傳教士馮秉正（Joseph-Francois Marie-Anne de Moyriac de Mailla）複製一份寄回耶穌會，1726 年正式出版。[50]康熙還命西方傳教士實地測量海南島及其附近幾個島嶼。然而，《東洋南洋海道圖》所繪幾乎一半海域，康熙並未派人實地勘測，顯然另有圖源。

清代前期保存下來的海圖，還有康熙五十二年至五十三年（1713-1714 年）閩浙

47（義）白蒂著：《遠東國際舞台上的風雲人物——鄭成功》，莊國土等譯，南寧：廣西人民出版社，1997 年，第 70 頁。

48 鄒愛蓮、霍啟昌主編：《澳門歷史地圖精選》，北京：文華出版社，2000 年，第 4 頁，圖版 15。

49 鄭錫煌：〈中國古代地圖學史大事記·清代〉，曹婉如等編：《中國古代地圖集·清代》，北京：文物出版社，1997 年，第 180 頁。

50 林天人：〈坐看天下小　故宮新藏地圖芻議〉，馮明珠主編：《經緯天下：飯塚一教授捐獻古地圖展》，臺北故宮博物院，2001 年，第 153 頁。

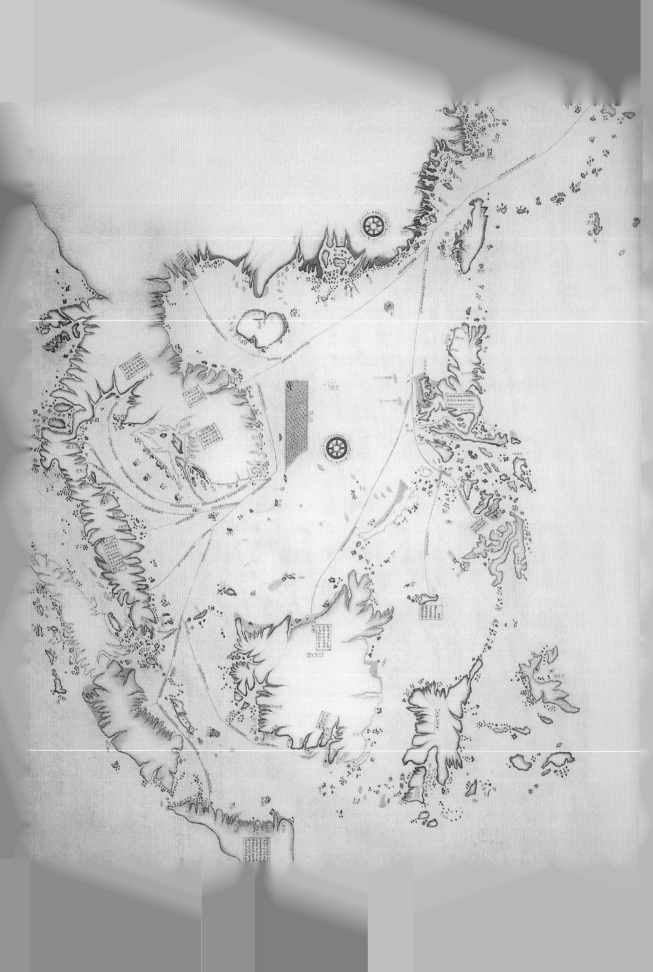

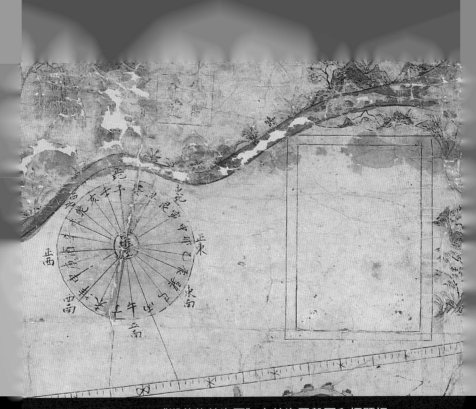

圖 8-10 《鄭芝龍航海圖》之航海羅盤圖和標題框

8-11 楊松、　　　　　　圖》（1630年）

總督覺羅滿保進呈的《西南洋各番針路方向圖》，紙本彩繪，圖上繪有中國東南沿海重要海口，凡與暹羅、緬甸、越南及「南洋」各島航海往返路線、方向、轉折，都注上道里遠近、土產貿易情況，大約成圖於康熙五十年到五十四年（1711-1715年）。原圖藏中國第一歷史檔案館。[51] 此圖與歐洲一種古海圖相似，只標航線及海港，不標內陸。此類海圖可追溯到 13 世紀或更早時期，拉丁文作 Portus（海港圖），義大利語作 Portulano。康熙六十年（1721年），福建總督覺羅滿保遣提督施世驃渡海峽鎮壓朱一貴起義，變民潰散，朱一貴被擒送北京，磔死。[52]《西南洋各番針路方向圖》可能也源於施世驃海圖。

我們發現，《東洋南洋海道圖》與《鄭芝龍航海圖》一脈相承。二者皆採用西方投影地圖，上北下南，左西右東。《東洋南洋海道圖》繪有中國沿海各口岸通往日本、越南、老撾、印尼、柬埔寨、汶萊、菲律賓等國航線、針路和所需時間，並用文字說明當地物產資源。圖上畫了兩個航海羅盤，水體加繪水紋，沙灘以點表示，著黃色，頗具形象。無獨有偶，《鄭芝龍航海圖》亦繪有航海羅盤（圖8-10）。

金國平先生提醒我注意，在航海圖上畫羅盤是西方航海圖的重要特徵。1630 年，荷蘭兩位製圖學家楊松（Jan Janssonius）和洪迪烏斯（Hendrik Hondius）合繪《東印度新圖》。此圖右下角和左下角各繪有一個航海羅盤（圖8-11）。[53]《雪爾登中國地圖》和一個旱羅盤（編號 MHS 44055）一起被捐給牛津大學圖書館，而中國古代海商恰恰用旱羅盤導航。[54] 美國學者巴契勒和陳佳榮已經注意到，《雪爾登中國地圖》採用 1602 年後刊布的西式繪圖成就，絕非中國傳統地圖可比擬。不過，陳佳榮認為此圖「顯然受歐洲傳教士輸入的最新繪圖成就所影響。……本圖的東南亞圖形，顯然參考了利瑪竇的成就。更有進者，甚至可能利用了更為精確的其他地圖，如艾儒略《職方外紀》天啟三年（1623年）編著中的《亞細亞圖》，或外國傳教士的《地球儀》天啟三年編制等」。[55]

我們的看法略有不同。利瑪竇等西方傳教士繪製的各種地圖失之簡略，不太可能是《鄭芝龍航海圖》的圖源。據鄒維璉〈奉剿紅夷報捷疏〉記載，1633 年，金門料羅

51 承蒙金國平先生告知此圖資訊，謹致謝忱。

52 〔清〕藍鼎元：《平臺紀略》，北京：中華書局，1991 年影印本，第 14 頁。

53 Cf. *Insularum Indiae Orientalis Nova Descriptio* by Johannes Janssonius, in Goetzfried Antique Maps (http://www.vintage-maps.com/en/Antique-Maps/Asia/Southeast-Asia/Janssonius-Southeast-Asia-1630－1690:1248.html).

54 聞人軍：〈南宋堪輿旱羅盤的發明之發現〉，《考古》1990 年第 12 期，第 1127-1131 頁。

55 陳佳榮，前揭文，第 52-66 頁。

灣大捷，鄭芝龍艦隊從荷蘭海船「奪獲盔甲、刀劍、羅經、海圖等物皆有籍存」。[56]
鄭芝龍通曉葡萄牙、西班牙、日本等多國語言，那麼《鄭芝龍航海圖》有可能直接借
鑑從荷蘭人手中繳獲的西方海圖。

　　鄭和下西洋時代，明王朝以蘇門答臘島西北的亞齊作為東西洋分界。正德六年
（1511年），葡萄牙人占領馬六甲後，明王朝失去與印度洋諸國傳統的官方貿易往來。
萬曆年間，明朝改以汶萊作為東西洋分界。張燮《東西洋考》卷五曰：「汶萊即婆羅
國，東洋盡處，西洋所自起也」，並將交趾、占城、暹羅、加留巴、柬埔寨、舊港、
馬六甲、亞齊、柔佛等國作為西洋列國；而朝鮮、日本、琉球、菲律賓、汶萊等國作
為東洋列國。[57]

　　明萬曆以後的「西洋」指東南亞海域，清初改為「南洋」。如果《東洋南洋海
道圖》確實源於《鄭芝龍航海圖》，那麼後者原來的圖名很可能是《大明東洋西洋
海道圖》。為什麼不在圖上寫標題呢？我們懷疑，此圖完成之際，明王朝大勢已去。
鄭芝龍雖有意降清，一時又下不了決心，因此只在此圖正中頂部畫了一個標題框（圖
8-11），留待日後局勢明朗後，再根據情況填寫圖名。不知什麼原因，鄭芝龍未將此
圖呈獻清順治皇帝，最終流失海外。如果施世驃《東洋南洋海道圖》源於此圖，那麼
此圖不止一份，另一摹本在鄭芝龍舊部施琅之子施世驃手中。康熙五十一年至六十年
（1712-1721年）改頭換面，由施世驃呈獻給康熙皇帝。

　　中國人用西方投影法繪製地圖始於康熙皇帝。1688年，法國國王路易十四聽聞康
熙雅好西學，遂以法國皇家科學院的名義，派遣五位精通科學的傳教士前往中國。康
熙同意其中三位在中國傳教，另兩位當他的私人教師。康熙對土地測量頗有興趣，親
自定位、調整各種形式的儀器，精確地計算，並與實測距離核對。西洋老師趁機向他
建議進行一次全國土地測量。於是，康熙命宮廷西洋教師白晉（Joachim Bouvet）主持
這項工程。康熙四十七年，中國領土與領海測繪分兩路進行，領土測繪以兵部為主，
欽天監派員以及眾多外國傳教士共同參與。歷時十年，完成於康熙五十七年（1718
年）。這次中國領土勘測不包括新疆，最後繪製成《皇輿全覽圖》，康熙五十八年
（1719年）刊布。[58] 中國領海部分則採用施世驃呈獻的《東洋南洋海道圖》，康熙
六十年（1721年）刊布。[59]《鄭芝龍航海圖》的發現相當重要，首次以實物證據將中

---

56 鄒維璉，前揭文，第241頁。

57 張燮，前揭書，第102頁。

58 翁文灝：〈清初測繪地圖考〉，《地學雜誌》第18卷第3期，1930年，第405-438頁；孫喆：《康雍乾時期
　　輿圖繪製與疆域形成研究》，北京：中國人民大學出版社，2003年，第37-44頁。

59 鄒愛蓮、霍啟昌主編，前揭書，第4頁，圖版15。

圖-13　《鄭芝龍航海圖》所繪萬老高島化人住（西班牙要塞）與紅毛住（荷蘭要塞

圖-14　威廉‧布勞於1633年繪《馬魯古地圖》所見特爾特納島上西班牙要塞與荷蘭

國人用西方投影法繪製地圖提前到明代末年。

　　儘管《鄭芝龍航海圖》採用西方投影圖，但是此圖並非實測圖，只是借鑑西方投影地圖。西方現代投影地圖始於 1569 年刊《墨卡托世界平面圖》，荷蘭製圖學家墨卡托（Gerardus Mercator）採用正軸等角圓柱投影法製成，圖注曰：「此圖對地球進行全新和更完整的表述，完全適用於航海。」1630 年以後，墨卡托投影圖被廣泛採用，這位荷蘭製圖師則被譽為「現代地圖學之父」。[60]

　　歐洲人擺脫馬可‧波羅的影響所繪第一幅《中國地圖》，是葡萄牙製圖師路易斯‧若爾熱（Luis Jorge de Barbuda）所繪《中國新圖》，1584 年編入荷蘭製圖師烏特柳斯（Abraham Ortelius）1570 年繪《坤輿大觀》增補版（第三版）。該圖左下角有作者簽名 Ludovico Georgio，即路易斯‧若爾熱的葡萄牙文名字。此圖首次將長城呈現在歐洲人面前，還包括塞外的蒙古包、內陸的洞庭湖，而臺灣（Ins. Fermosa）、琉球（Lequeio parva）亦標在福建沿海（地點就在左下角長翅膀小天使上方）。[61] 路易斯‧若爾熱的《中國地圖》並非上北下南，而是上西下東，《鄭芝龍航海圖》顯然與之無關。

　　16 世紀以來，歐洲製圖學的中心在荷蘭，這裡聚集許多專門繪製、出版地圖的名門望族，其中最為著名的首推布勞家族。該家族從 1635 年開始出版大型世界地圖集《世界新圖集》；1655 年將義大利傳教士衛匡國（Martin Martini）編繪的《中國新圖集》收入《世界新圖集》第六冊，在阿姆斯特丹出版。這個地圖世家的奠基人威廉‧布勞（Willem Janszoon Blaeu）與 17 世紀歐洲三大製圖師——烏特柳斯、墨卡托、斯彼德（John Speed）齊名。早年隨丹麥天文學家第谷從事地圖學研究，製有地球儀和地圖集，並於 1605 年出版大型世界地圖集。1633 年，威廉‧布勞出任荷蘭東印度公司繪圖師，卒於 1638 年（崇禎十一年）。[62] 威廉‧布勞與鄭芝龍（1604-1662 年）為同時代人。我們懷疑，《鄭芝龍航海圖》很可能參考這位荷蘭繪圖大師於 1618 年繪製的《亞洲新圖》（圖 8-12）和 1630 年所繪《馬魯古地圖》（圖 8-14）。[63]

60 黃時鑒：〈巴爾布達《中國新圖》的刊本、圖形和內容〉，《中國測繪》2009 年第 6 期，第 62-69 頁；周振鶴：〈西洋古地圖裡的中國〉，周敏民編：《地圖中國：圖書館特藏》，香港科技大學圖書館，2003 年，第 1-2 頁；Iris Kockelberg, *Mercator: Exploring New Horizons*, Antwerp: Plantijn-Moretus Museum, 2012, pp. 95-99.

61 關於路易斯‧若爾熱生平事蹟，參見金國平、吳志良：〈歐洲首幅中國地圖的作者、繪製背景及年代〉，《澳門理工學報》2003 年第 1 期，第 79-87 頁。關於路易斯‧若爾熱所繪《中國新圖》，參見周敏民，前揭書，第 51 頁，Plate 11。

62 Edward Luther Stevenson: *Willem Janszoon Blaeu, 1571-1638: A Sketch of His Life and Work, with an Especial Reference to His Large World Map of 1605*, New York: De Vinne Press, 1914.

63 威廉‧布勞於 1618 年所繪《亞洲新圖》，參見周敏民，前揭書，第 69 頁，Plate 20。

　　美國普林斯頓大學圖書館藏有一幅威廉・布勞 1640 年版《馬魯古地圖》（1633年第 1 版）。《鄭芝龍航海圖》上萬老高島所標「化人住」和「紅毛住」（圖 8-13），似乎來自此圖特爾納特島上西班牙要塞及荷蘭要塞（圖 8-14）。[64]

　　綜合全文的討論，我們似可得出以下幾點結論：第一，牛津大學鮑德林圖書館藏《雪爾登中國地圖》成圖於崇禎六年至十七年凡十一年間（1633-1644 年）。第二，《雪爾登中國地圖》以泉州為始發港，所標東西洋航線絕大部分在鄭芝龍海上帝國控制範圍，那麼《雪爾登中國地圖》實乃《鄭芝龍航海圖》。第三，鄭芝龍舊部施琅之子施世驃所繪《東洋南洋海道圖》與此圖一脈相承，皆源於西方投影地圖。巡撫福建的鄒維璉《奉剿紅夷報捷疏》記載：1633 年，金門料羅灣大捷，鄭芝龍艦隊從荷蘭人手中繳獲到「海圖」。鄭芝龍通曉葡萄牙、西班牙、荷蘭和日本多國語言，那麼此圖的繪製很可能直接借鑑料羅灣大捷繳獲的西方海圖。第四，明萬曆以後「西洋」指東南亞海域，清初更名「南洋」，那麼此圖原名可能是《大明東西洋海道圖》，康熙六十年（1721 年）改頭換面，由施世驃呈獻給康熙皇帝。

（本稿完成後，承蒙金國平先生提出許多重要修改意見，謹致謝忱）

---

64 威廉・布勞於 1633 年所繪《馬魯古地圖》，參見 Thomas Suarez: *Early Mapping of Southeast Asia*, Hong Kong: Periplus Editions (HK) Ltd., 1999, p. 202, fig. 114.

9

〈野墅平林圖〉考

　　為了紀念利瑪竇逝世四百週年，義大利馬切拉塔市利瑪竇東方關係學院籌辦大型
文物展「利瑪竇——明末中西科學技術文化交融的使者」，在梵蒂岡、北京、上海、
南京四個城市巡迴展覽。2010 年 2 月，在北京巡迴展時，我們前往首都博物館參觀，
在展覽圖錄中見到傳為利瑪竇所繪〈野墅平林圖〉屏風畫（圖 9-1），但是原畫只在

圖 9-1　遼寧省博物館藏〈野墅平林圖〉

上海參加巡迴展。為此，我們最近專程到上海看原畫，一睹〈野墅平林圖〉之「廬山真面目」。這是一幅青綠山水畫，絹本設色，分四屏裝裱在畫軸上，縱 218.2 公分，每屏橫 65.5 至 71 公分，總寬度 273.2 公分。這幅屏風畫雖用中國墨筆勾勒，以石青、石綠、赭石渲染，但繪畫技法卻採用歐洲油畫表現手法，尤其是對光線、明暗的把握，顯示出畫家有較深的素描功底。畫面上一汪湖水，湖岸古木參天、蘆草叢生，掩映著中景的小橋和遠景的樓閣，小橋在平滑如鏡的湖面最狹處連接小湖兩岸，天空亂雲飛渡，遠方隱約可見兩座小山，湖岸楓樹梢開始泛紅，一派北國初秋景色。這幅畫的前後裱邊寫有清末和近人題款、簽章。[1] 利瑪竇畢生致力於中西文化交流，歐洲油畫、銅版畫和西方繪畫技法就是明代耶穌會傳教士傳入中國的。如果〈野墅平林圖〉真與利瑪竇相關，那麼它將為我們了解西洋美術在明帝國的傳播提供重要實物。為此，我們對這幅屏風畫的發現過程、藝術題材以及作者進行初步調查。草擬此文，見教於海內外研究者。

一、〈野墅平林圖〉鑑藏始末

〈野墅平林圖〉本為清宮內府藏品，清末落入戊戌變法風雲人物蔡金台之手。[2] 1950 年代初，這幅畫由周懷民和于省吾合資收藏。關於〈野墅平林圖〉鑑藏始末，1987 年，譚志泉在《團結》雜誌上介紹說：「五十年代初，周懷民好友、考古學家、東北大學教授于省吾先生專程來京請他鑑定一幅古畫。他從容展閱，但見此畫是畫在四幅屏上的山水。總寬度為 273.2 cm，高 218.2 cm，題名為〈野墅平林〉，畫的是北京郊外景色，使用中國毛筆，畫在明代絲絹之上。用墨勾勒，用中國顏料石青石綠、赭石渲染。有典型的明代山水畫風格。但又浸透著鮮明的西畫技法。其光線、明暗的表現看出畫家有深厚的素描功底。周懷民又細察了題字。畫面題記很多，多是一些收藏家的讚譽之詞。其中有清末北京著名的裱畫作坊『二友山房』的裱後題記和印章。題曰：當初裝裱此畫時背面發現『利瑪』二字。周懷民根據這種種情況分析，並查閱了有關史料，斷定此圖為明朝萬曆十年（1582 年）到中國來的義大利傳教士利瑪竇所

1　（義）菲立普・米尼尼等編：《利瑪竇——明末中西科學技術文化交融的使者》，北京：首都博物館，2010 年，第 224 頁。

2　關於蔡金台其人，參見鄧之誠：《骨董瑣記全編》，鄧珂點校，北京出版社，1996 年，第 602-604 頁。鄧之誠在該書稱蔡金台字「燕生」似不確，應為「燕孫」。

作。於是周懷民與于省吾一起重金買下，由周懷民收藏。」「1982 年〈野墅平林〉捐獻給遼寧省博物館。榮寶齋裱畫高手張貴桐老師傅父子專程來到瀋陽，用了兩個多月的時間，終於將這幅歷經劫難、已碎成上千塊的文物修復了。1985 年 1 月在瀋陽舉行『利瑪竇來華 400 週年文物特展』時，周懷民站在這幅畫屏面前，似乎第一次看到它如此光彩照人。他為這一珍貴文物回到人民手中，由衷高興。」[3] 需要補充的是，兩位老人家捐畫時間實際上在 1981 年。據〈遼寧省博物館藏大事記（1948-2004）〉記載，1981 年「7 月，于省吾、周懷民捐贈明利瑪竇〈野墅平林圖〉」。[4] 周懷民對〈野墅平林圖〉作者的判斷，主要依據畫上「利瑪」題款。據馮鵬生介紹，「遼寧博物館所藏〈野墅平林〉四條屏，過去被奧地利人托氏定為荷蘭人格洛特所作，後來經過北京二友山房裝裱時，發現畫的背面角絹與托紙處有『利瑪恭』三字，其餘字模糊不清，因此，根據各種資料判斷，定為『利瑪竇』所繪」。[5]

　　1983 至 1985 年，范敬宜、劉肇寧、陳宗舜等學人和書畫鑑定家相繼撰文、題簽，認同此圖出於利瑪竇之手。[6] 謝稚柳則於〈野墅平林圖〉第三、四幅分別題簽：「利瑪竇畫野墅平林圖通景其三」及「利瑪竇畫野墅平林圖通景其四」，下鈐「謝稚柳」白文方印一、「稚柳」朱文方印一。[7] 1989 年，〈野墅平林圖〉公之於世，引起海內外學者廣泛關注。隨後，義大利記者伊拉里奧‧菲奧雷（Hilario Fiore）兩次撰文討論，認為是利瑪竇晚年親筆所繪。[8] 1991 年，楊仁愷撰文〈明代繪畫藝術初探〉，對〈野墅平林圖〉評述說：「有人說利氏帶來油畫，本人不嫻繪事，其實不然，他曾有文字敘述西畫的技巧，並於晚年在北京繪京郊秋景畫屏，重彩絹素，用中國工具和染料，稍有別於西畫構圖以散點透視出之，只是描繪技法用陰陽面處理，畫倒影，這中西畫法的融合，正是以中國畫為主體的交融。」[9] 楊先生是中國國家文物鑑定委員會常務委員，此畫為利瑪竇所繪之說得到更多研究者支持。

---

3 譚志泉：〈中華赤子情──記著名國畫家周懷民〉，《團結》1987 年第 6 期。

4 參見〈遼寧省博物館藏大事記（1948-2004）〉，《中國書畫》2004 年第 10 期，第 62 頁。

5 馮鵬生：《中國書畫裝裱技法》，北京工藝美術出版社，2003 年，第 86 頁。

6 范敬宜：〈稀世之寶〉，《遼寧日報》1983 年 1 月 8 日；劉肇寧：《利瑪竇真跡〈野墅平林〉畫屏》，《團結報》1983 年 3 月 12 日。

7 趙曉華：〈明利瑪竇野墅平林圖屏幅〉，遼寧省博物館編委會編：《遼寧省博物館藏書畫著錄‧繪畫卷》，瀋陽：遼寧美術出版社，1998 年，第 421 頁。

8 （義）伊拉里奧‧菲奧雷著，白鳳閣、趙泮仲譯：〈畫家利瑪竇〉，《世界美術》1990 年第 2 期，第 26-27 頁；（義）伊拉里奧‧菲奧雷：〈畫家利瑪竇與〈野墅平林圖〉〉，收入《遼寧省博物館藏寶錄》，上海文藝出版社／香港三聯書店，1994 年，第 152-153 頁。

9 楊仁愷：《中國美術五千年》第 1 卷，北京：人民美術出版社等聯合出版，1991 年，第 325 頁。

　　然而，這個看法並未在美術史界達成一致共識。莫小也長期致力於研究 17 至 18 世紀西洋美術東漸問題研究，對利瑪竇在華傳教活動如數家珍。他從《利瑪竇全集》找出兩則記載，說明利瑪竇本人粗通繪事。其一，利瑪竇在南昌給樂安王寫過一封回書，並在首頁繪了西方聖人畫像；其二，利瑪竇第二次進北京時得知萬曆皇帝想了解歐洲君主的服飾、髮式、宮殿等，便主動獻上神父們收藏的一幅銅版畫。由於畫的尺寸太小而無彩色，加上明廷畫師不會畫陰影，利瑪竇與龐迪我（Didace de Pantoja）花了兩三天時間，奉旨協助宮廷畫師把它放大著色。不過，莫小也不贊同周懷民、楊仁愷的推論。他認為：「有理論修養並不表明能夠動手，利瑪竇是否是〈野墅平林圖〉的作者尚需要進一步考證。」[10]

　　〈野墅平林圖〉即將在上海博物館展出的消息傳出後，人們提出更多質疑。上海博物館研究人員陶喻之認為：「此屏幅圖名顯然只是今人根據畫面意境擬定許為人理解，可問題是確定描繪京郊景致憑據何在始終令人不得要領。就此，晚清題跋也未直截了當判斷跟北京有關，只是當代義大利記者菲奧雷作畫面分析認為：一幅畫著雜草叢生的湖邊矗立一棵大樹，掩映著中景的樹木和遠近建築，它可能是達官貴人的樓閣。接著是小湖風光，北京郊區這類潭、塘、湖泊比比皆是……才斷言此景必是京郊景色。接著他又說：利瑪竇畫的風景是中國的，還帶有懷念他故鄉的色彩。凡是從他出生地馬切拉塔到亞得里亞海邊旅行過的人就不難發現，在他畫的這幅〈野墅平林圖〉中可以找到他家鄉的某個角落、色彩和線條。但是明眼人一望而知圖間並無北京標誌性景觀可資對號入座，故將此圖與京郊景物鏈接未免失之牽強；至於還附會到利氏故鄉就更為離奇。換言之，有關此圖與利瑪竇的美術史價值並未獲得充分的把握。」[11] 在此之前，陶先生在澳門《文化研究》雜誌發表過相同的意見，認為這幅畫未必是利瑪竇所繪。[12]

---

10 莫小也：《十七─十八世紀傳教士與西畫東漸》，杭州：中國美術學院出版社，2002 年，第 47-52 頁。

11 陶喻之：〈利瑪竇畫藝膚談〉，《新民晚報》2010 年 3 月 29 日 B7 版。

12 陶喻之：〈關於新發現徐光啟行書詩扇與相傳利瑪竇畫通景屏幅〉，《文化雜誌》（澳門）第 72 期，2010 年，第 127-142 頁。

二、〈野墅平林圖〉之題跋

1998 年，遼寧省博物館研究人員趙曉華對〈野墅平林圖〉作了詳細介紹，並抄錄這幅畫前後裱邊題跋。[13] 這些題跋對我們了解〈野墅平林圖〉來龍去脈相當重要，討論於下。

第一幅右邊跋曰：「此屏乃宮禁所藏，余初題為郎世寧筆。而歷考郎跡，俱無此精妙。聞奧館參贊拉君熟精西畫，持以請鑑。拉君一見，遽自謂傾家不足購此奇寶。因語予曰：『此歐洲第一畫家荷蘭格羅特之筆意也。其人在千六百八十年前，為山水一派開山之祖。當時重其跡，以金錢鋪滿畫幅為價，如此巨幅，鋪金錢當以十萬計，則銀幣百萬矣。故自謂傾家難致也。近今各國競尚美術，雖現存之小名家一小幀，費過千元。此三百餘年畫祖之跡，若數萬金可致。吾歐洲人必爭置之也。』續晤日本鑑家早崎梗吉，亦然其言。謂郎世寧萬不能到。絹質也確是明末清初物。余聞兩君言，乃自幸疑非世寧，殊為有見。因題鑑已裝軸端，不復挈去，特舉東西洋鑑家之言之於此。三天子都逸民識於北京之嗇盦。」（下鈐「臣蔡金台」白文方印。）蔡金台，字燕孫，齋號嗇盦，江西德化人。跋文所謂「三天子都」，指蔡金台家鄉江西廬山。光緒十二年中丙戌科成進士後，入翰林院任編修，光緒十七年出任甘肅省學政。光緒二十五年六月初夥同劉學詢、慶寬以「考察商務」為名，前往日本緝捕康有為、梁啟超，回國後受到慶親王賞識。光緒三十年得充甲辰科會試同考官，後出任掌湖北道監察御史。[14] 這則跋文稱「此屏乃宮禁所藏」，可見蔡金台寫此跋文時〈野墅平林圖〉仍屬清宮內府藏品。

第一幅左邊跋曰：「西人論畫於陰陽向背、深淺遠近俱有法度，不能舛錯毫釐。亦分工筆寫意兩派。然以吾所見諸最著名跡，如比都博物館耶穌行道大幅，懸價至百餘萬元，考其時亦只在十八世之間。求其如此之兼工帶寫，遠觀近即皆各得其妙者蓋鮮。且甚治色極難，寫意者粗筆只利遠觀，工細者賦色又多板滯。獨此屏無此兩弊，令觀者如臨其真境，情為之移。故拉君推其價連城也然。即在吾國，蓋亦二千餘年未有之奇觀，遍亞洲無第二幅也。」（下鈐「嗇盦清錄」白文方印。）第一幅左邊跋下鈐「嗇盦清錄」方印乃蔡金台私印，那麼蔡金台寫此跋、簽章時這幅畫已歸其所有。溥儀退位前夕，監守自盜，將大批內府藏畫賞賜皇親國戚和臣下。[15] 蔡金台大概在這

---

13 趙曉華，前揭文，第 421-424 頁。

14 孔祥吉：〈蔡金台密札與袁世凱告密之真相〉，《廣東社會科學》2005 年第 5 期，第 133-137 頁。

15 楊仁凱：《國寶沉浮錄——故宮散佚書畫見聞考略》，上海古籍出版社，2007 年，第 32-37 頁。

個時期得到這幅清宮內府藏畫。除了這幅屏風畫外，上海博物館藏郭熙〈幽谷圖〉、北京故宮博物院藏〈蘭亭〉亦為蔡金台舊藏，且有其長跋和私印。

第四幅右下跋曰：「二友承裝此幅，於此角絹與托紙間發現原簽，揭之誤成兩片。字最顯者『利馬恭』三字，餘不清，因憶治潢二十年，見內府裝背多有如此者。主人懼傷幅，戒勿復揭。因附記之。」（下鈐「二友山房」白文方印。）此跋文為二友山房裝裱此畫後撰寫，所謂「主人」當指蔡金台。

第四幅右上跋曰：「中國遇舊油畫輒命曰郎世寧，故予初得此幅簽亦沿之。而奧參贊拉君斷以為乃荷蘭格氏筆。余雖記於幅首而疑其無據。然多見郎畫者，此皆謂此非郎所能。且絹素亦確非本朝物，蓄疑久之。頃忽被張君之友於潢褙時揭得背簽，現有利瑪二字，然則實為明時西洋利馬竇筆矣。案：《石渠寶笈》載，有利氏〈天主傳道圖〉巨幅，乃明時經進，此殆其同時並呈者。利氏乃西學入中之祖，況畫跡致精如此，真奇寶也。既屬二友仍之勿粘，以昭觀者，復洵其請留記兩爾。時癸丑冬十月五日九江蔡鮮民記。」（下鈐「臣蔡金台」白文方印。）二友山房裝裱時在畫上發現「利馬恭」題款後，蔡金台改變原來看法，在這則跋文中首次提出此畫乃利瑪竇所繪。

正如趙曉華指出的：「據蔡氏所跋原為內府裝裱，乃宮禁所藏，後入清末著名鑑藏家蔡金台之手。」不過他堅持蔡金台的陳說，則不一定正確。眾所周知，利瑪竇曾經為程大約編《程氏墨苑》的四幅西洋圖像題款。該書收錄四幅聖經故事圖，分別為〈信而步海〉（圖9-2左）、〈二徒聞實〉、〈淫色穢氣〉及〈聖母抱聖嬰耶穌圖〉，並附有利瑪竇對前三幅圖所作羅馬字拼音圖注。[16] 學界以前一直認為這四幅西洋圖像皆利瑪竇所贈，但是普林斯頓大學藝術史博士林麗江發現程大約早就有了前三幅西洋圖像。理由是：第一，利瑪竇在〈二徒聞實〉和〈淫色穢氣〉圖注末尾寫有「萬曆三十三年歲次乙巳臘月朔遇寶像三座」（圖9-2右），那麼此三圖並非利瑪竇所贈。第二，在《程氏墨苑》早期版本中，如《續修四庫全書》所收萬曆刻本卷十二末的三幅西洋圖像，既無標題也無解釋。該書撰於萬曆二十二年，可見萬曆二十二年至三十三年西洋圖像已刊入《程氏墨苑》。[17] 利瑪竇的貢獻是，為前三幅西洋圖像擬定標題，撰寫羅馬注音圖注，唯有第四幅西洋圖像〈聖母抱聖嬰耶穌像〉是利瑪竇贈給

16 〔明〕程君房撰：《程氏墨苑》，《四庫全書存目叢書‧子部‧譜錄類》79 冊，濟南：齊魯書社，1995 年。此書圖版不清晰，本文圖9-2引自 Berthold Laufer, "Chhristian Art in China", *Mitteilungen des Seminars für Orientalische Sprachen*, 1910, fig. 2.
17 程君房，前揭書，第271-272頁。

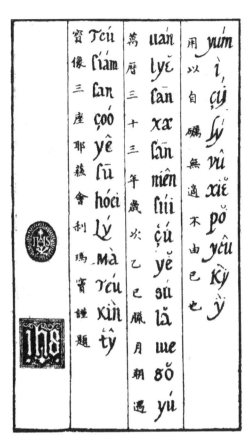

圖9-2　〈信而步海〉及圖注，《程氏墨苑》萬曆三十三年刻本

程大約的。[18] 儘管《程氏墨苑》前三幅西洋圖像皆有利瑪竇題款，但是它們既不是利瑪竇所繪，亦非利瑪竇所贈。〈野墅平林圖〉的「利瑪恭」題款，或許可以說明此圖與利瑪竇有關，但不足以證明是他本人的作品。

　　我們在上海博物館觀看原畫時，單國霖先生幫助我們分析〈野墅平林圖〉的藝術風格及繪畫手法。他認為，這幅屏風畫的構圖採用中國式和西洋式相結合的形式。中國畫構圖沒有嚴格的視線，此圖卻採用西方焦點透視法，但是並不完全遵循西方畫法。如右邊的松樹就遵循中國畫的習慣，近景樹大，不在嚴格意義上的焦點透視線上。湖水用西洋畫法，繪有倒影，水波紋用色彩表現，而中國畫絕無倒影，水波紋亦用線條表現。圖中松樹的魚鱗皴採用中國畫法，但是松樹的皺紋有明暗則屬於西方技法。在

18 Lin Li-chiang, *The Proliferation of Images: The Ink-stick Designs and the Printing of the Fang-shih mo-p'u and the Ch'eng-shih mo-yuan. Ph.D. Dissertation*, Princeton University, 1998, pp. 202-204.

圖 9-3　什剎海銀錠橋

樹葉上加白粉，使之成為亮面，更為西方畫法的特點。據單國霖分析，〈野墅平林圖〉
整張畫的風格和繪畫手法一致，應該出自同一位畫師之手。[19]

中國傳統繪畫有手卷、壁畫、屏風畫、立軸、冊頁和扇面等不同形式。在種類繁
多的中國傳統繪畫形式中，屏風畫屬於皇家或貴族藝術。中國屏風畫起源甚早，經歷
代重新裝裱，難以原樣保存下來。不過，傅熹年認為，傳為唐代李思訓的〈江帆樓閣
圖〉軸（今藏臺北故宮博物院）當初應該是屏風畫；巫鴻則認為五代畫家顧閎中〈韓
熙載夜宴圖〉（今藏北京故宮博物院）絹本設色手卷原來亦為屏風畫。[20] 為了製造大
幅世界地圖，利瑪竇多次接觸屏風畫。利瑪竇在札記中提到，他的中國好友、南京工
部主事李之藻「搞到一份再版《皇輿全圖》，盡可能予以放大，以至尺寸超過一人高，
刻印為六塊，可以展開如屏風。利瑪竇補充以若干王國，加以注釋，若干士大夫賦詩
題之」。[21] 利瑪竇還在 1608 年「8 月 22 日信上說，有一天忽被皇上傳召入宮，由太
監降旨命獻六軸十二幅綢印《坤輿全圖》」。[22] 在為李之藻、明神宗製作六軸版《坤
輿萬國全圖》，以及為朝鮮人李應試（李保祿）製作八軸版《兩儀玄覽圖》（現藏遼
寧省博物館）過程中，利瑪竇熟悉中國古老的繪畫形式屏風畫。[23]

1601 年 1 月，利瑪竇攜帶一批天主教聖像等西洋方物進貢明神宗，請求在京城居
留，但是「他（指明神宗）不能欣賞一個小人像的細膩特徵和繪畫陰影的變化手法，
這種技巧中國人是忽視的，於是皇帝命令他的宮廷畫師照這幅畫繪製一幅更大、色彩
更濃的畫。他們立即著手工作，神父們在皇宮裡耽擱了三天，指導他們的工作。……
他們還向他提供了他所希望知道的有關歐洲皇宮的情況」。[24] 在利瑪竇的指導下，明
廷畫師臨摹西方君主人物畫及歐洲皇宮風景畫。為了讓西方君主了解東方藝術，利瑪
竇還買過一套有世俗畫的屏風寄給西班牙國王。[25]〈野墅平林圖〉正是這樣一幅屏風
畫，只是內容並非歐洲皇宮風景，而是中國園林風光。

利瑪竇來華後，致力於用西方科學與藝術征服中國。〈野墅平林圖〉的產生絕非
偶然，當為利瑪竇借用中國繪畫形式進行宗教宣傳的一個嘗試，旨在展示西方先進的
透視學，以及歐洲文藝復興時期新發明的繪畫技法，藉以宣傳西方文明，為在中國傳

---

19 上海博物館青銅部主任周亞先生安排參觀事宜，書畫部主任單國林先生幫助分析繪畫風格，謹致謝忱。

20 巫鴻：《重屏：中國繪畫中的媒材與再現》，文丹譯，上海人民出版社，2009 年，第 25-60 頁。

21 （法）裴華行：《利瑪竇評傳》，管震湖譯，北京：商務印書館，1993 年，第 358 頁。

22 裴華行，前揭書，第 556-557 頁。

23 楊雨蕾：〈韓國所見《兩儀玄覽圖》〉，《文獻》2002 年第 4 期，第 273 頁。

24 （義）利瑪竇、金尼閣：《利瑪竇札記》，何高濟等譯，北京：中華書局，1983 年，第 407 頁。

25 莫小也，前揭書，第 51 頁。

播上帝之福音開闢道路。既然如此,那麼這幅內府藏畫當為利瑪竇獻給明神宗的貢畫之一。

三、〈野墅平林圖〉之銀錠橋

〈野墅平林圖〉所繪景色與北京什剎海湖光秋色頗為接近。如果這幅畫真是北京某地風光,這個景色當為明代北京城西涯八景第一景「銀錠觀山」。[26] 明代文人墨客把什剎海一帶稱作「西涯」,其名典出明朝文淵閣大學士李東陽所作《西涯雜詠》十二首。李東陽是明弘治、正德兩朝重臣。他在《誥命碑陰記》寫道:「吾祖始居白石橋之旁,後築入地安門內,移於慈恩寺之東,海子之北。」據此,清代文人吳長元認為:「今鼓樓斜街沿湖一帶,當即始西涯也。惜為市廛所掩,人未之考耳。」[27] 白石橋即元代初年所建萬寧橋,今北京地安門外後門橋。

李東陽家原來在萬寧橋附近的西涯,「位於慈恩寺之東,海子之北」,也就是今天銀錠橋東岸的煙袋斜街(圖9-3)。李東陽捨近求遠,在《誥命碑陰記》用萬寧橋「白石橋」標識故居位置,卻沒把距離他家更近的銀錠橋當作地理座標,似說明這座橋在李東陽以前一直「養在深閨人未識」。李家後來遷到李閣老胡同(今北京西城區府右街力學胡同),但李東陽仍不時故地重遊。有一次遊覽慈恩寺時,他賦詩〈慈恩寺偶成〉一首,將銀錠橋一帶的景色譽為「城中第一佳山水」。[28] 從此,銀錠橋聲名鵲起,成為北京城一道絢麗的風景線,而「銀錠觀山」則被譽為燕京西涯八景第一美景。清宣統年間,攝政王載灃住在什剎海後海北沿醇親王府,銀錠橋是他每日進宮必經之路,1910年3月31日,汪精衛在橋下埋藏炸彈,欲謀刺載灃,儘管謀刺行蹤被發覺而失敗,銀錠橋卻由此聞名天下。

什剎海是元代京杭大運河上段通惠河的終點。明代北京城整體向南推移,通惠河終點亦移至東便門外。明正統三年在東便門外修建大通橋,成了通惠河新的終點碼頭。明代以後北京城內通惠河故道為皇宮引水,改名「御河」(或稱「玉河」)。[29]

利瑪竇對北京的橋梁情有獨鍾,他在札記中寫道:「神父們從這些撒拉遜人(指

26 金誠、吳雙:〈歷史上的「西涯八景」〉,《海內與海外》2009年第12期,第56頁。

27 此碑錄文引自〔清〕吳長元輯:《宸垣識略》,北京古籍出版社,1983年,第153頁。

28 〔明〕李東陽:《懷麓堂集》,收入《李東陽集》卷二,長沙:岳麓書社,1983年點校本,第348頁。

29 北京市文物研究所等編:《北京玉河——2007年度考古發掘報告》,北京:科學出版社,2008年,第192-196頁。

穆斯林）身上肯定了中華帝國就是他們所知的契丹，皇都就是他們的汗八里，世界上再沒有別的國家是他們所知道的契丹。正因為這個緣故，所以神父們早就寄書給印度和歐洲，建議那裡的人修改他們的地圖，這些地圖上是把契丹置於中國北部長城之外的。如果這看來與馬可·波羅所說的汗八里中的無數橋梁有矛盾的話，或許這座都城現在比那時要小一些，但即使現在，人們還會在都城裡數出上萬座橋；有些是河上雄偉壯觀的橋，有些是溪流、湖泊上的橋和那些隱匿在四散的街衢中間的小運河上的橋。」[30] 銀錠橋正是架設在元代運河——通惠河故道上的一座小橋，當即利瑪竇所言「小運河上的橋」之一。

　　銀錠橋始建於元代，最初稱「洪濟橋」。《元一統志》提到「海子東澄清閘三」。[31]《析津志輯佚》將這三座橋閘分別稱作洪濟橋（上閘，今銀錠橋）、萬寧橋（今地安門外後門橋）、望雲橋（下閘，今東不壓橋胡同南口）。其文曰：「洪濟橋，在都水監前石甃，名澄清上閘，有碑文。」[32] 元代都水監是通惠河的管理機構，明代改建為海潮觀音庵，今銀錠橋胡同九號院仍保留一部分舊殿。[33] 明代始有「銀錠橋」之名，這座橋經歷朝不斷翻修，現為一座單孔石拱橋。有報導說：「1984年拆建，發現橋基為柏木樁，樁之間用銀錠鎖（狀如銀錠形狀）固定。現平橋改為石拱橋（為通航），不復原貌。銀錠橋為前後海分界，也是溝通前後海的津梁。」[34] 故知銀錠橋本為銀錠形小木橋，而〈野墅平林圖〉所繪小橋正是一座銀錠形木橋（圖9-4）。[35]

　　耐人尋味的是，〈野墅平林圖〉的遠景中隱約可見兩座小山，當即景山和北海白塔山。元大內後殿延春閣建於景山，元代稱「青山」。明永樂十八年，明軍將拆除舊皇城的渣土和挖新紫禁城筒子河的泥土，在延春閣舊址上堆了一座鎮山，明代稱「萬歲山」。明代前期萬歲山僅為果園，或稱北果園。[36] 因此，〈野墅平林圖〉所繪景山上無宮殿建築。北海白塔山為金世宗在瓊華島所建鎮山，山頂原建有廣寒殿。元大內

30 利瑪竇、金尼閣，前揭書，第415頁。
31 〔明〕勃蘭肹等撰：《元一統志》，趙萬里校輯，北京：中華書局，1966年，第15頁。
32 〔明〕熊夢祥：《析津志輯佚》，北京圖書館善本部輯，北京古籍出版社，1983年，第98頁。
33 關於洪濟橋，參見林梅村：〈元人畫跡中的歐洲傳教士〉，《九州學林》第五卷第四期，香港城市大學／上海：復旦大學，2008年，第204-231頁。
34 關於1984年重修銀錠橋，參見《銀錠橋胡同——胡同坊巷》網頁（http://www.52loo.cn/html/laobeijing/yin-shi/200808/20-53472.html）。
35 據梁欣立考證，銀錠橋在「明正統年間將木橋改建為一座單孔石拱橋」，但他未注明出處，不知有何根據（梁欣立：《北京古橋》，北京圖書館出版社，2007年，第55頁）。
36 〔清〕于敏中等編：《日下舊聞考》卷三十五，北京古籍出版社，1983年，第548-549頁。

圖 9-4　〈野墅平林圖〉之銀錠形木橋

落成前，忽必烈駐蹕廣寒殿。[37]明初廣寒殿尚存，但是在萬曆七年（1579年）突然倒塌。《萬曆野獲編》卷一廣寒殿條記載：「己卯歲（萬曆七年／1579年）端陽節前一日，遺材盡倒。梁上得金錢百二十文，蓋厭勝之物。其文曰：『至元通寶』。」[38]因此，〈野墅平林圖〉所見北海白塔山亦無宮殿建築。總之，〈野墅平林圖〉表現的並非北京郊外野景，而是燕京西涯八景第一美景「銀錠觀山」。

---

37 林梅村：〈尋找成吉思汗〉，《兩岸發展史學術演講專輯》第六輯，臺北：中央大學出版中心，2009年，第83-159頁。

38 沈德符：《萬曆野獲編》上冊，北京：中華書局，1959年，第20頁。

圖 9-5　〈野墅平林圖〉之海印寺

圖 9-6　銀錠橋東南岸海印寺故址

四、〈野墅平林圖〉之海印寺

銀錠橋東南岸沿湖地帶有一座元明時代的喇嘛教寺院，名曰海印寺，寺內有鏡光閣。〈野墅平林圖〉在銀錠橋左岸畫了一座兩層樓閣（圖9-5）。這座樓閣似即明代文人墨客屢次提到的海印寺鏡光閣。海印寺為元代初年古剎，明宣德四年（1429年）改稱「慈恩寺」。李東陽〈遊朝天宮慈恩寺詩序〉記載：「都城之可遊者，道院惟朝天，僧寺惟慈恩為勝。慈恩即所謂海印寺者，在予所居故里。有林木水石，視朝天為尤勝。」[39]

關於海印寺的位置，清乾隆年間吳長元《宸垣識略》記載：「銀錠橋在北安門海子三座橋之北，城中水際看山，第一絕勝處。吳岩沿銀錠橋河隄作：『短垣高柳接城隅，遮掩樓臺入畫圖，大好西山銜落日，碧峰如幛水亭孤。』海潮觀音寺在銀錠橋南灣，有明萬曆間翰林檢討趙用賢碑。又一碑磨泐無考。海印寺在海子橋北，明宣德間重建，改名慈恩寺。內有鏡光閣，今廢。……長元按：嘉靖間海潮寺碑云，海印寺東為廣福觀，西為海潮寺。則今銀錠橋東南沿湖隙地，疑即海印廢址。」[40]古漢語「閣」往往指兩層以上的樓房，如江西南昌的滕王閣，那麼明代海印寺的鏡光閣當為一座樓閣。〈野墅平林圖〉所繪樓閣位於銀錠橋的東南岸，當即海印寺的樓閣。為此，我們到銀錠橋實地調查，發現〈野墅平林圖〉的視角是站在銀錠橋東北岸鴉兒胡同沿湖地帶向東南方向眺望。由於視角較高，畫家也許站在鼓樓上向銀錠橋方向眺望，這樣才能看到畫中景色。

銀錠橋兩岸有兩座明代建築保存下來。其一，天順三年所建廣福觀如今尚存，位於銀錠橋東岸煙袋斜街37至51號。明代統領天下道教的道錄司就設在廣福觀。其二，銀錠橋西岸明代海潮寺只有部分舊殿保存下來，位於銀錠胡同九號院，今為民宅淹沒。嘉靖年間海潮寺碑記載：「海印寺東為廣福觀，西為海潮寺。」清乾隆年間吳長元見過此碑，並提出「今銀錠橋東南沿湖隙地，疑即海印廢址」。這座寺院舊址現在是什剎海知名餐館——烤肉季（圖9-6）。[41]

39〔明〕李東陽：《懷麓堂集》，收入《李東陽集》卷二，長沙：岳麓書社，1983年點校本，第55頁。

40〔清〕吳長元輯：《宸垣識略》，北京古籍出版社，1983年，第153頁。

41 王彬認為：「海子橋亦稱越橋、三座橋，已廢，在今三座橋胡同北口。」他進而推測，慈恩寺在恭王府東側的羅王府（王彬：《北京微觀地理筆記》，北京：三聯書店，2007年，第42-45頁）。不過，明嘉靖海潮寺碑明確說：「海印寺東為廣福觀，西為海潮寺。」因此，慈恩寺當如吳長元《宸垣識略》所言，在「今鼓樓斜街沿湖一帶」。

海印寺建於元代初年，元末熊夢祥《析津志輯佚》沒提到這座寺院，說明它在元代尚默默無聞。[42]永樂十二年，尼泊爾高僧五明板的達室利沙（實哩沙哩卜得羅）來朝。「永樂甲午，入中國。謁文皇帝於奉天殿。應對稱旨。命居海印寺。」[43]永樂十九年，明成祖遷都北京後，在明帝的扶植下，海印寺一躍成為京城三大名剎之一。西域高僧慧進奉詔在北京海印寺主持纂刻《大藏經》（即《永樂北藏》）。[44]《萬曆野獲編》記載：「永樂辛丑（1421年），翰林吉士高谷寫經於海印寺，遇雨徒跣奔歸。有見而憐之者，欲為丐免。谷不可曰：盍語當路，概行禁寫，所全者不更大乎。」[45]高谷為永樂至景泰五朝元老。早年在海印寺抄寫佛經，就是慧進奉詔在海印寺主持編纂的《永樂北藏》。

嘉靖帝好道教，海印寺失去帝王支持。《明世宗實錄》嘉靖二十二年三月癸酉條記載：「初，禁苑北牆下，故有大慈恩寺一區，為西域群僧所居，至是，上以為邪穢，不宜邇禁地，詔所司毀之，驅置番僧於他所。」[46]《禮部志稿》記載：「嘉靖十年，右春坊右中允廖道南請改大慈恩寺，興辟雍，以行養老之禮。」[47]《萬曆野獲編》載廖中允上疏：「以大慈恩寺與靈濟並稱，欲廢慈恩改辟雍，行養老之禮。禮臣以既有國學為至尊臨幸之地，似不必更葺別所。唯寺內歡喜佛，為故元醜俗，相應毀棄。上是之，謂夷鬼淫像可便毀之，不數年而此寺鐘為鞠場矣。」[48]不過，嘉靖帝下詔毀棄的只是海印寺的佛像，這所寺廟的主體建築仍保存下來。嘉靖二十九年，蒙古土默特部首領俺答率軍逼近北京，城外百姓紛紛逃入城裡避難。明世宗「詔於慶壽、海印二寺空地結茇以居城外避虜之民」。[49]這個記載說明海印寺主體建築當時尚在，山門前空地在嘉靖二十九年一度當作京城百姓的避難所。

慈恩寺廢棄後，明代文人墨客紛紛到銀錠橋一帶遊玩，以慈恩寺為題材作過許多歌詠。例如：李東陽《西涯雜詠》十二首有〈慈恩寺〉、〈候馬北安門外遊慈恩寺後園有感〉、〈九日遊慈恩寺疊前韻〉、〈再遊慈恩寺留僧璿畫卷〉、〈慈恩寺偶成〉、〈重

---

42 〔明〕沈榜：《宛署雜記》，北京古籍出版社，1983年，第223頁。

43 〔明〕釋明河：《補續高僧傳》卷二十五〈大善國師傳〉，《續修四庫全書·子部·宗教類》第1283冊，上海古籍出版社，1991年，第335頁。

44 〔明〕釋明河：《補續高僧傳》卷四〈慧進傳〉，《續修四庫全書·子部·宗教類》第1283冊，上海古籍出版社，1991年，第59-60頁。

45 沈德符，前揭書上冊，第256頁。

46 《明世宗實錄》，第5357頁。

47 〔明〕俞汝楫纂：《禮部志稿》卷八十五，《影印文淵閣四庫全書》第598冊，臺北：商務印書館，1983年，第520頁。

48 沈德符，前揭書上冊，第2頁。

49 《明世宗實錄》，第6506頁。

經慈恩寺憶張滄題瑢僧故廬〉。[50] 明代書畫家王寵，嘉靖九年春，進京赴試，遊什刹海作〈海印寺閣眺〉。[51] 嘉靖朝南京三部尚書湛若水作〈海印寺鏡光閣登高二首〉，[52] 正德朝文學家復古派前七子之一何景明亦有〈慈恩寺〉一首。[53] 這些詩歌表明海印寺廢棄後，寺內部分建築尚在，成為嘉靖、正德兩朝文人墨客吟詠對象。

海印寺最終毀於何時，史無明載，《宛署雜記》卷十九提到「海印寺」，下注：「元初建，今廢。」[54] 此書成於萬曆二十年，那麼海印寺廢棄於 1592 年。不過，〈野墅平林圖〉仍繪有海印寺部分樓閣，說明利瑪竇在京傳教時海印寺尚未完全毀棄。朱大啟〈海印廢寺即慈恩寺〉曰：「我行海子橋，不見鏡光閣。唯有青蓮花，涼風吹不落。」[55] 朱大啟，字君興，萬曆三十八年進士。崇禎初，起太常寺少卿，提督四夷館。後拜大理寺卿，轉刑部右侍郎。崇禎十五年逝世。[56] 朱大啟遊覽海子橋時「不見鏡光閣」，故知海印寺在萬曆末或崇禎初不復存在。

五、〈野墅平林圖〉之作者

西洋繪畫技法傳入中國，歸功於義大利耶穌會士尼閣老（Giovanni Niccolo）。1582 年，尼閣老與利瑪竇同船抵達澳門，1583 年為澳門大三巴教堂繪製有可能是西方畫家在中國繪製的第一幅油畫〈救世者〉。隨後，尼閣老在澳門和日本開設西洋美術學校，從而將歐洲文藝復興時期新發明的油畫技法傳入中國和日本。[57] 尼閣老為耶穌會中國教區培養一批中國西洋畫家，包括倪雅谷、游文輝、石宏基、徐必澄、邱良稟等。1614 年，他第二次到澳門主持西洋美術教學，直到 1626 年去世。[58]

尼閣老在日本天草美術學校培養的學生倪雅谷是第一批中國西洋畫家中的佼佼者，1579 年（萬曆七年）生於日本，字一誠，教名 Jacques Niva。父親是中國人，母

---

50 〔明〕李東陽：《李東陽集》卷十九《西涯雜詠十二首》，長沙：岳麓書社，1984 年，第 421-422 頁。

51 〔明〕王寵：《雅宜山人集》卷二，《四庫全書存目叢書集部》第 79 冊，濟南：齊魯書社，1997 年，第 23-24 頁。

52 〔明〕湛若水：〈海印寺鏡光閣登高二首〉；收入《甘泉先生文集》卷四十，北京大學圖書館藏明嘉靖十五年刻本，第 7-8 頁。

53 〔明〕蔣一葵：《長安客話》引何景明〈慈恩寺〉詩，北京古籍出版社，1960 年，第 15 頁。

54 沈榜，前揭書，第 223 頁。

55 王彬，前揭書，2007 年，第 19 頁。

56 〔清〕謝曼等監修：《江西通志》卷五十九，《影印文淵閣四庫全書》第 515 冊，臺灣商務印書館，1983 年，第 98 頁。

57 Donald F. Lach and Edwin J. van Kley, *Asia in the Making of Europe*, vol. II; book 1, The University of Chicago Press, Chicago, 1994, p. 67.

58 湯開建：〈澳門——西洋美術在中國傳播的第一站〉，《美術研究》2002 年第 4 期，第 42 頁。

圖 9-7 尚蒂伊耶穌會檔案館藏水墨畫〈沙勿略像〉

親是日本人。[59] 1601 年（萬曆二十九年），倪雅谷作為中國傳教區畫師從日本來澳門為重建大三巴教堂繪製聖像。[60] 目前尚不清楚倪雅谷畫過那些畫，有學者認為澳門聖若瑟修道院藏〈聖彌額爾大天神像〉是倪雅谷之傑作，繪畫手法採用西方透視學原理，但是在形象、造型和服飾方面頗具日本和東方色彩，現存澳門天主教藝術博物館。[61] 1602 年（萬曆三十年），倪雅谷首次到北京繪製聖像，頗受利瑪竇的賞識。《程氏墨苑》刊刻的第四幅西洋圖像〈聖母抱聖嬰耶穌像〉，就是倪雅谷帶到北京的。關於倪雅谷

59（法）榮振華：《在華耶穌會使列傳及書目補編》，耿昇譯，北京：中華書局，1995 年，第 459 頁。蘇立文（Michael Sullivan）說倪雅谷的父親是日本人，母親是中國人〔（英）蘇立文著：《東西方美術的交流》，陳瑞林譯，南京：江蘇美術出版社，1998 年，第 47 頁〕，不知有何根據。關於倪雅谷的身世，參見沈藝：〈日本教難與澳門聖保祿教堂〉，《澳門研究》2015 年第 1 期。

60〔清〕印光任、張汝霖撰：《澳門紀略》，上海古籍出版社，1990 年重印本，第 2890 頁。

61 莫小也，前揭書，第 96-98 頁。

到北京作畫之事，利瑪竇在札記中寫道：「李瑪諾去北京時，帶了倪一誠（即倪雅谷）同往。他是一位畫家，父親是中國人，母親是日本人，是在耶穌會修道院受的教育，但尚未入會。他的藝術造詣相當高，學的是西畫。是巡閱使神父（即范禮安）派他陪伴李瑪諾來中國視察教務。李瑪諾與他在 1602 年 7 月由水路到達北京，路上沒有遇到任何困難。李瑪諾在北京住了兩個月……看到教務在北京的順利發展，離去時十分興奮，決定獻身發展中國之傳教工作。倪一誠則留在北京。」[62]

萬曆三十二年（1604 年），澳門大三巴教堂因失火重建，倪雅谷從北京返回澳門，繪製〈聖母瑪利亞升天圖〉等祭壇畫。利瑪竇去世時，倪雅谷不在京城，耶穌會士只好請游文輝為利瑪竇畫遺像。明神宗將北京阜成門外二里溝騰公柵欄兒（今北京市委黨校）一座佛寺賜給利瑪竇當作墓地。萬曆三十八年，倪雅谷進京為利瑪竇墓園作畫，用天主教繪畫取代寺內原來的佛像。崇禎八年刊《帝京景物略》記載：利瑪竇「墓前堂二重，祀其國之聖賢」。[63] 其實，倪雅谷所繪並非義大利聖賢，而是耶穌像。「畫上基督坐在當中的一個輝煌的寶座上，天使在上面飛翔，下面使徒站在兩側聆聽他的教導。」[64]

倪雅谷後來到南京為教堂作畫。萬曆四十五年（1617 年），南京教案發生後，被迫返回澳門。此後，倪雅谷是否回過中國不太清楚。只知道他與尼閣老曾經在澳門相會，並在這位義大利老師指導下畫過一幅〈沙勿略像〉。[65] 巴黎近郊尚蒂伊耶穌會檔案館藏有一幅用西方繪畫技法創作的水墨畫〈沙勿略像〉（圖 9-7），[66] 我們認為，可能是精通東西方各種繪畫的倪雅谷所繪。1602 年（萬曆三十年），澳門大三巴教堂重修時，耶穌會派畫師重新繪製教堂內壁畫。據一位耶穌會士的報告，「這些畫是由一名日本畫家畫的，我們稱他為『同宿』，他是根據我們的要求，由范禮安神父安排留在中國的。范神父吩咐他繪製種種繪畫，將它們送給最近改宗的中國人，中國人期望以此替代以前存在的各種偶像。這位青年具有出乎意外的才華，精通所有的繪畫技巧。他完成的繪畫非常美麗，使中國人快樂無比」。正如莫小也指出的，這位畫家就是倪雅谷。[67] 既然倪雅谷「精通所有的繪畫技巧」，那麼尚蒂伊耶穌會檔案館所藏西方繪畫技法創作的水墨畫〈沙勿略像〉當出自這位多才多藝的耶穌會畫師之手。尼閣

62 劉俊餘、王玉川譯：《利瑪竇全集》第 2 冊，臺北：光啟出版社／輔仁大學出版社，1986 年，第 412-413 頁。
63 〔明〕劉侗、于奕正編：《帝京景物略》，北京古籍出版社，1983 年，第 207 頁。
64 裴華行，前揭書，第 646 頁。
65 莫小也，前揭書，第 96 頁。
66 （法）雅克·布羅斯著：《發現中國》，耿昇譯，濟南：山東畫報出版社，2002 年，第 42 頁插圖。
67 莫小也，前揭書，第 98 頁。

老卒於天啟六年（1626 年），[68] 那麼這幅〈沙勿略像〉當繪於 1626 年以前。1638 年（崇禎十一年）10 月 26 日，倪雅谷在澳門逝世。[69]

　　法國學者伯德萊長期致力於 18 世紀入華耶穌會士畫家研究。關於耶穌會重要畫師倪雅谷，他評述說：「利瑪竇歸化了幾位大文豪或文士。中國人圍繞著他們其中之一徐光啟（Paul Siu）而大批聚集起來，如倪雅谷（Jacques Niva），他出生自一名中國父親和一名日本母親之家。此人是助理修士，也是天才畫家，並且可能曾以其師利瑪竇的名義為某些宗教畫署名題款。」據伯希和考證，「在一封杜雅克神甫從中汲取靈感的佚失的信函中，我們看到，利瑪竇熱情洋溢地談論倪雅古的繪畫，實際上，此畫是為中國宮廷而作，同樣，在他的信中寫道，非常多的參觀者前來傳教團『好奇地觀看我們的繪畫和雕塑』」。

　　關於倪雅谷為明神宗繪製貢畫之事，伯希和分析說：「這位教友（指倪雅谷）以其繪畫贏得了全中國的讚揚，利瑪竇神甫在他的一封信中如是說。在中國沒有任何繪畫能與之相比，世界上也沒有人比中國人更敬仰這些繪畫。不過，他的工作相當保密，只有兩名非常忠誠的中國教徒協助他。如果不是這樣，就會引起皇室的注意，那他就只能為宮廷裡的達官顯貴幹活了。而要是不能滿足這些高官，他就有得罪這些人的危險。」[70]

　　據以上資料，〈野墅平林圖〉似為利瑪竇給杜雅克信中提到那些「為中國宮廷而作」的貢畫之一。這幅畫之所以由利瑪竇題款，目的是保護倪雅谷的安全，否則這位天才畫師一旦被明神宗看中，就會像義大利畫師郎世寧那樣，被擄入清宮中當一輩子皇家「畫奴」。〈野墅平林圖〉與尚蒂伊耶穌會檔案館藏〈沙勿略像〉屬於同一類繪畫，採用西洋繪畫技法創作中國繪畫。作者兼通西洋油畫和中國水墨畫，並與利瑪竇在華傳教活動密切相關。具備上述條件似乎只有一個人，也就是利瑪竇手下的耶穌會畫師倪雅谷。

　　綜合全文的討論，〈野墅平林圖〉所繪銀錠形木橋實乃北京什剎海銀錠橋，而小橋東南岸的樓閣即銀錠橋東南岸明代海印寺鏡光閣。這幅青綠山水畫所繪景色並非北京城郊外野景，而是燕京西涯八景第一美景「銀錠觀山」。據畫上蔡金台題跋，〈野墅平林圖〉原為清宮內府藏品，清末流出皇宮。這幅畫的產生絕非偶然，當為利瑪竇

---

68 湯開建：〈澳門——西洋美術在中國傳播的第一站〉，《美術研究》2002 年第 4 期，第 42 頁。

69 榮振華，前揭書，第 459 頁。

70 （法）伯希和著，李華川譯：〈利瑪竇時代傳入中國的歐洲繪畫與版刻〉，《中華讀書報》2002 年 11 月 6 日
　　（譯自 P. Pelliot, "La Peinture et la Gravure Européennes en Chine au Temps de Mathieu Ricci", *T'oung Pao* 20, 1921,
　　pp. 1-18）。

借用中國繪畫形式進行宗教宣傳的一個嘗試，旨在展示西方先進的透視學，以及歐洲文藝復興時期新發明的繪畫技法，藉以宣傳西方文明，為在中國傳播上帝之福音開闢道路。有證據表明，〈野墅平林圖〉的作者並非利瑪竇，而是多才多藝的耶穌會中國籍畫師倪雅谷。萬曆三十年至三十二年，倪雅谷第一次進京為南堂和明廷作畫，那麼〈野墅平林圖〉大約創作於倪雅谷第一次進京作畫時期（1602 年 7 月至 1604 年 12 月）。利瑪竇在畫上題款後觀獻萬曆皇帝，並且成為紫禁城內府藏品。

10

大航海時代的忽魯謨斯島

一、忽魯謨斯島的變遷

　　1492 年，哥倫布率西班牙船隊橫渡大西洋，發現美洲新大陸。1497 年，達‧伽馬率葡萄牙船隊越過非洲好望角，並於 1498 年首航印度西海岸古里。這些地理大發現標誌著世界歷史進入大航海時代，西歐各國殖民與海外貿易活動應運而生。1501 年，第二次遠航印度的葡萄牙艦隊將古里兩位景教徒帶回里斯本，其中一位名叫若澤，他曾經前往羅馬和威尼斯觀見教皇和執政官。1502 年 6 月，若澤在威尼斯的講演被整理成書，1507 年以《若澤論印度航行》為題在威尼斯出版發行。該書記載：「印度的百貨在此（指古里）匯集。以前契丹人在此貿易時尤甚。契丹人是基督徒，像我們一樣白，十分勇敢。80 或 90 年前他們在古里有一個特殊商站。古里王曾侮辱他們。一怒之下，他們集合了一支龐大的船隊來古里，摧毀了它。從那時至今，他們從未來此貿易，但是他們到了一個屬於那羅辛哈王（指統治馬六甲的三佛齊國王）的名叫滿剌加之地（Mailapetā）的城市。該城沿印度河東行 1,090 海里可至。這些人名叫大支那人（Malaāines）。他們運輸來各種絲綢、銅、鉛、錫、瓷器及麝香，換取完全加工過的珊瑚及香料。」[1]

　　1405 至 1421 年，鄭和艦隊在滿剌加（今馬六甲）、印尼蘇門答臘、孟加拉吉大港和印度古里相繼設立過大明帝國的四個官廠。[2] 葡萄牙人戈雷亞宣稱當時在古里見到

---

[1] 金國平：《西方澳門史料選萃（15—16 世紀）》，廣州：廣東人民出版社，2003 年，第 9 頁。

[2] 鄭和在滿剌加、蘇門答臘和古里所設官廠見《鄭和航海圖》（向達整理：《鄭和航海圖》，北京：中華書局，2000 年重印本，第 50、53、58 頁）。關於吉大港官廠的考證，參見周運中：〈明初張璇下西洋卒於孟加拉國珍貴史料解讀〉，《南亞研究》2010 年第 2 期，第 123-133 頁。

一座中國城壘（Chinacota），並且繪有圖畫（圖 10-1）。這座城堡當即鄭和在印度古里所設「官廠」，[3] 那麼 1501 年葡萄牙東來之前八十年（1421 年）或九十年（1411 年）遠航印度洋的中國船隊正是鄭和率領的明帝國艦隊。換言之，鄭和下西洋結束後，中國與印度洋的海上貿易一度中斷八十或九十年。

在葡萄牙人的推動下，明弘治年間中國與印度洋的陶瓷貿易得以恢復。英國考古學家威廉姆森博士在忽魯謨斯島（圖 10-2）發現許多景德鎮弘治民窯青花瓷片（圖 10-3）。[4] 2010 年，哈伊馬角市政府與英國考古隊聯合，搶救性發掘佐爾法・努杜德港口遺址，並對出土的兩百五十片中國瓷片進行整理及產地分析。這些瓷片以青瓷和青花瓷為主，器形主要為碗、盤，時代從南宋中期一直延續到明代晚期，其中包括景德鎮弘治窯青花瓷片。[5] 阿拉伯半島南端出土過一個完整的景德鎮弘治民窯青花碗（圖 10-4），現藏阿曼國家博物館。法國考古隊在阿拉伯聯合大公國朱爾法遺址發現類似的青花碗殘片。[6] 大航海時代始於明孝宗弘治年間，一個新興的景德鎮瓷器消費市場在歐洲形成。華盛頓國家美術館藏有一幅喬萬尼・貝利尼和提香創作的油畫〈諸神之宴〉，大約繪於 1514 至 1529 年，畫上繪有景德鎮弘治窯青花碗和青花盤。[7]

1507 年（正德二年），葡萄牙殖民者阿爾布奎克攻占忽魯謨斯島，並修建葡萄牙城堡（圖 10-5），[8] 試圖成為歐洲香料和陶瓷的主要供應商。1509 年，葡萄牙人攻打阿拉伯艦隊，試圖封鎖阿拉伯海和紅海航道，只有亞丁成功抵禦葡萄牙人 1513 年的進攻。1510 年，葡萄牙第二任印度總督阿爾布奎克攻占印度果阿。當時，果阿是印度西海岸僅次於古里的一個繁華商業中心，有河流與內陸相通，波斯和阿拉伯馬就從果阿運入南亞次大陸。1510 年，葡萄牙占領果阿後，在這裡建立葡萄牙殖民東方的首府和

3 金國平、吳志良：〈1511 年滿剌加淪陷對中華帝國的衝擊——兼論中國近代史的起始〉，《學術研究》2007 年第 7 期，第 76 頁。

4 1975 年，威廉姆森博士在阿曼進行考古調查時不幸引爆地雷，英年早逝。他在波斯灣地區的收集品由父母悉數捐贈給牛津大學阿什莫林博物館，今稱「威廉姆森藏品」。目前由英國考古學家康耐特（D. Kennet）博士主持研究，並隨他調動工作轉由英國杜倫大學考古系保存，初步研究成果參見康耐特指導的碩士研究生普里施曼的論文（Seth M. N. Priestman, *Settlement & Ceramics in Southern Iran: An Analysis of the Sasanian & Islamic Periods in the Williamson Collection*, Durham University: M.A. Thesis, 2005）。

5 （法）趙冰等：〈阿拉伯聯合酋長國哈伊馬角酋長國佐爾法・努杜德港口遺址出土中國瓷片〉，《文物》2014 年第 11 期，第 33-46 頁。

6 （法）畢梅雪撰，趙冰等譯：〈哈伊馬角酋長國朱爾法古城遺址出土的遠東陶瓷（十四—十六世紀）及其作為斷代、經濟與文化發展的標誌〉，《歷史、考古與社會——中法學術系列講座》第 4 號，法國遠東學院北京中心，2003 年，第 3-12 頁，圖 12。

7 林梅村：〈大航海時代東西方文明的交流與衝突——15 ～ 16 世紀景德鎮青花瓷外銷調查之一〉，《文物》2010 年第 3 期，第 84-96 頁。

8 Ulrieh Wiesner, Chinesische Keramik auf Hormuz: Spuren einer Handelsmetropole im Persischen Golf, Cologne: Museum für Ostasiatische Kunst, Kleine Monographien 1, 1979, fig. 22.

貿易中心。

1511年，葡萄牙人占領馬六甲，1513年首航廣東珠江口Tamão島（明史稱「大澳」或「屯門」，今台山市上川島），開啟中國與歐洲直接進行經濟文化交流的新時代。1515年，葡萄牙人在波斯灣忽魯謨斯島建立香料與陶瓷商品集散地。在葡萄牙戰艦武力威脅下，阿拉伯人、波斯人、印度人被迫從印度洋海權競爭中隱退。英國考古學家威廉姆森在忽魯謨斯發現的景德鎮正德民窯瓷片（圖10-6），正是葡萄牙人從廣東上川島運到波斯灣的。

1511年，葡萄牙人占領馬六甲，切斷景德鎮窯廠的鈷料供應。景德鎮窯工不得不生產紅綠彩瓷，以滿足市場需要。廣東上川島外銷瓷遺址就發現許多景德鎮正德民窯紅綠彩瓷片。[9] 威廉姆森博士在忽魯謨斯島還採集到一些明中期紅綠彩瓷片（圖10-7），與上川島出土景德鎮民窯紅綠彩瓷片幾乎完全相同，顯然是葡萄牙人從廣東上川島販運到波斯灣的。

1522年，在廣東海道副使汪鋐所率明軍的打擊下，葡萄牙人被迫逃離在廣東沿海的走私貿易港。在福建海商的引導下，葡萄牙人來到福建、浙江沿海繼續從事走私貿易。史載「正德間，因佛郎機夷人至廣，獷悍不道，奉聞於朝，行令驅逐出境，自是安南、滿剌加諸番舶有司盡行阻絕，皆往福建漳州府海面地方，私自行商，於是利歸於閩，而廣之市井皆蕭然矣」。[10] 佛郎機是中國史書對葡萄牙人的古稱。嘉靖五年，福建罪囚鄧獠「越獄通下海，誘引番夷，私市浙海雙嶼港，投托同澳之人盧黃四等，私通貿易」。[11] 所謂「番夷」，就是指16世紀初盤踞雙嶼的葡萄牙人。目前學界認為，雙嶼就在浙江舟山群島的六橫島。[12]

六橫島在明代屬於寧波府定海縣郭巨千戶所（今寧波市北侖區郭巨村），葡萄牙人稱作 Isles de Liampo（寧波島）或 Syongicam（雙嶼港），今屬浙江舟山市普陀區。[13] 儘管明王朝實行「片板不許入海」的海禁政策，但是葡萄牙人卻與閩浙海盜勾結，在雙嶼港建立全球貿易中心，來自美洲、歐洲、日本的白銀源源不斷運到這裡，以換取中國絲綢、瓷器和茶葉。小小的雙嶼港在明代嘉靖年間竟然有一千兩百名葡萄牙人

9　廣東上川島出土景德鎮正德民窯紅綠彩瓷片，參見香港城市大學中國文化中心陶瓷下西洋研究小組編：《陶瓷下西洋——早期中葡貿易中的外銷瓷》，香港城市大學出版社，2010年，圖9、10和12。

10　〔明〕嚴從簡：《殊域周咨錄》，余思黎點校，北京：中華書局，1993年，第323頁。

11　〔明〕鄭舜功：《日本一鑑・窮河話海》卷六，民國二十八年（1939年）據舊抄本影印。

12　方豪：〈十六世紀浙江國際貿易港 Liampo 考〉，《方豪六十自定稿》上冊，臺灣：學生書局，1969年，第91-121頁；湯開建：〈平托《遊記》Liampo 紀事考實〉，收入《澳門開埠初期史研究》，北京：中華書局，1999年，第27-57頁。

13　金國平編譯：《西方澳門史料選萃（15—16世紀）》，廣州：廣東人民出版社，2005年，第57頁。

CALEQVV

ČFFFFĿı

O REY DE CALEQVV CŌ TEMOR QVE OS NOSOS TOMARIA DELE VINGANGA DA MORTE DO MARICHAL CŌ MVITO
ROGOS · AFONSO DALBOQVERQVE LHE ASENTOV PAZ FAZENDO ESTA FORTELEZA ASVA CVSTA QVE ESTEV
EM MVITA PAZ ATE OANO DE ·1525· QVE DO JOAM DE LIMA SENDO CAPITAM ALEVATOV GERA E SEDESFES ES
FORTELEZA EM TENPO DO GOVERNADOR DOM ANRIQVE DE MENESES

圖 10-1　葡萄牙人於16世紀繪製〈古里中國城堡〉

圖 10-3　忽魯謨斯島出土景德鎮弘治民窯青花瓷片

圖 10-4　阿曼薩拉拉博物館藏弘治窯寶杵纏枝蓮紋青花碗

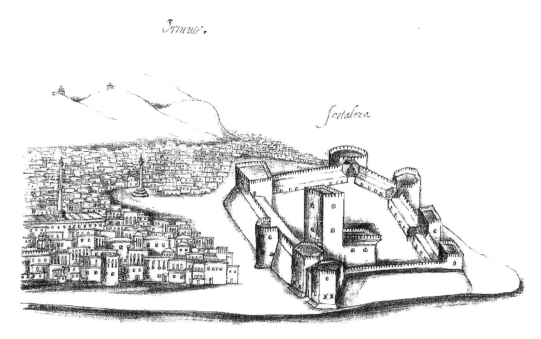

圖 10-5　忽魯謨斯島葡萄牙城堡平面圖

定居，在島上從事走私貿易長達二十餘年，被日本學者藤田豐八稱為「十六世紀之上海」。[14]

2009 年，我們在六橫島天妃宮附近採集到一片明青花碗底瓷片，上飾瓜棱紋。裝飾風格與廣東上川島外銷瓷遺址出土「大明嘉靖年造」款瓜棱紋青花碟片完全一致，當係景德鎮嘉靖民窯青花盤殘片。[15] 1970 年代，威廉姆森博士在忽魯謨斯島也發現大批景德鎮嘉靖民窯青花瓷片，其中包括一片景德鎮嘉靖民窯鈷藍釉瓷片（圖 10-8），當即葡萄牙人從浙江雙嶼港販運到波斯灣忽魯謨斯島的。

據《明實錄》記載，嘉靖三年（1524 年）二月戊申，「舍剌思（今伊朗設拉子）等使滿剌捏只必丁等三十二種進貢馬匹方物，各奏討蟒衣、膝襴、瓷器、布帛等物，詔量之」。[16] 1503 年，伊朗薩非王朝將設拉子納入版圖。1510 年，擊敗烏茲別克首領

---

14 （日）藤田豐八著，何健民譯：〈葡萄牙人占據澳門考〉，《中國南海古代交通叢考》，上海：商務印書館，1936 年，第 378-384 頁。

15 黃薇、黃清華：〈廣東台山上川島花碗坪遺址出土瓷器及相關問題〉，《文物》2007 年第 5 期，第 84 頁，彩圖二五。

16 《明世宗實錄》卷三十六，第 3 頁。

昔班尼，薩非王朝又將版圖擴展至中亞河中地區。[17] 波斯薩非使團顯然從傳統的西域貢路出訪明朝，而明帝賞賜的瓷器亦從陸路輸入伊朗設拉子城。瓷器易碎，分量太重，不易從陸路長途運輸，這批明代官窯瓷器數量不會太多。日本學者三上次男提到伊朗設拉子附近有幾個出土中國陶瓷的遺址，如加斯里·阿布·納斯爾（Qasri Abu Nasr）和南邊的菲魯扎巴迪古城。[18] 忽魯謨斯島發現的景德鎮嘉靖民窯青花瓷，主要是葡萄牙海商走私到波斯灣的。

二、忽魯謨斯島出土克拉克瓷

大航海時代開啟以後，葡萄牙人一直主導著中國與西方的海上陶瓷貿易。1507 年，葡萄牙殖民者阿爾布奎克攻占忽魯謨斯島，不久開闢為波斯灣國際貿易的中心之一。波斯及西方諸國皆在該島轉運中國和印度貨物，以富庶而聞名於東方。直至 1622 年（明天啟二年），波斯薩非王朝阿巴斯大帝奪回忽魯謨斯島。

薩非王朝是一個由土庫曼人建立的伊斯蘭帝國，以什葉派「十二伊瑪目」教義為國教。締造者伊斯邁爾一世統一波斯，鼎盛時疆域包括今亞塞拜然、伊拉克和阿富汗的一部分。薩非王朝建立後，與鄂圖曼帝國戰爭不斷。1588 年（萬曆十四年）阿巴斯大帝繼位，遷都伊斯法罕，與鄂圖曼帝國的土耳其人講和，趕走烏茲別克人。在英國人的幫助下，從葡萄牙人手中奪得波斯灣口忽魯謨斯島，入侵霍爾木茲海峽南邊的巴林，遂使波斯成為伊斯蘭世界最重要的文化中心。1599 年，波斯薩非王朝阿巴斯大帝派使團赴歐洲，訪問俄羅斯、挪威、德國和義大利等國。威尼斯總督府有一巨幅壁畫（圖 10-9），[19] 生動展示 1599 年（萬曆二十七年）威尼斯總督府總督馬里諾·格里瑪尼（Mariano Grimani）接見波斯使團之盛況。

1602 年，荷蘭東印度公司在海上捕獲一艘葡萄牙商船「克拉克號」，船上裝有大量中國青花瓷，因不明瓷器產地，歐洲人把這種瓷器稱作「克拉克瓷」（Kraak

17 張文德：〈《明史西域傳》失剌思考〉，葉奕良主編：《伊朗學在中國論文集》第三集，北京大學出版社，2003 年，第 263 頁。

18 （日）三上次男著：《陶瓷之路》，李經錫等譯，北京：文物出版社，1984 年，第 104 頁。

19 本書威尼斯總督府壁畫照片，引自「Safavid dynasty」，*Wikipedia*（http://en.wikipedia.org/wiki/File:Embassy_to_Europe.jpg）。

圖 10-6　忽魯謨斯島出土景德鎮正德民窯青花瓷片

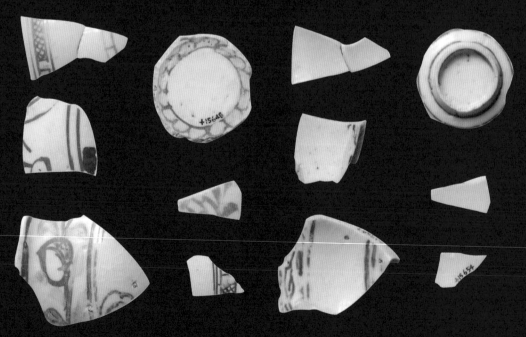

圖 10-7　忽魯謨斯島出土景德鎮正德民窯紅綠彩瓷片

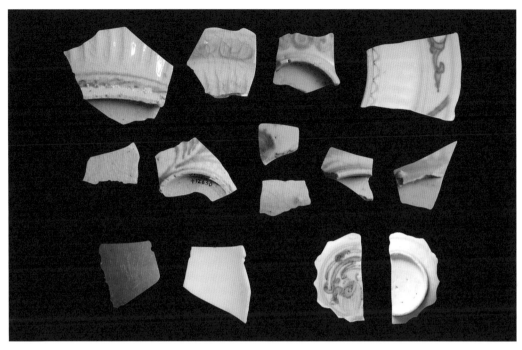

圖 10-8　　忽魯謨斯島出土景德鎮嘉靖民窯青花瓷片

圖 10-9　　威尼斯總督府壁畫──1599年總督馬里諾・格里瑪尼接見波斯薩非王朝使團

Porcelain）或「汕頭器」（Swatou）。[20] 此後，中國與西方的海上陶瓷貿易改由荷蘭人主導。在埃及福斯塔遺址、日本的關西地區，以及澳門等地相繼發現克拉克瓷，日本人稱作「吳須手」、「交趾香合」。近年水下考古還發現許多裝載克拉克瓷的沉船，如 1600 年菲律賓沉船「聖迭戈號」、1613 年葬身於非洲西部聖赫勒拿島海域的「白獅號」、西非海域沉沒的荷蘭東印度公司沉船班達號、越南海域發現的平順號沉船、印尼海域發現的萬曆號沉船。[21]

1991 年，一家專業探寶公司在菲律賓呂宋島西南八打雁省納蘇戈布灣財富島附近海域 50 至 55 公尺深處發現一艘西班牙沉船，命名為「聖迭戈號沉船」。菲律賓政府邀請法國考古學家高第奧（Franck Goddio）海底打撈公司發掘這艘沉船。此船長達 35 公尺（115 英尺），本為 1590 年由中國人設計、菲律賓人建造的商船，後來改裝為西班牙戰艦。1600 年 12 月 14 日，這艘船在納蘇戈布灣一場海戰中被荷蘭艦隊擊沉。發掘工作歷時三年（1991-1994 年），在三萬四千件出水文物中，陶瓷器多達五千六百七十一件，主要為 16 世紀末 17 世紀初景德鎮窯和漳州窯克拉克瓷，包括青花瓷盤、瓶、碗、盞、水器、酒器、罐、蓋盒（用於盛香料），以及泰國、菲律賓等地燒造的陶器。沉船內還有兩千四百餘件金屬製品，其中包括大型鐵錨、鐵炮、炮彈、殖民墨西哥的西班牙國王菲力普二世和三世銀幣、金項鍊、金簪、金飾品等，現藏馬尼拉菲律賓國家博物館。除景德鎮窯產品之外，聖迭戈號內主要是漳州窯仿景德鎮窯瓷。看來，漳州窯一部分產品先由中外商船運抵呂宋島，再由馬尼拉大帆船運往歐洲。[22] 1994 年 7 月，美國《國家地理》曾經對這個重大水下考古發現作了全面報導。

荷蘭人主導海上貿易後，忽魯謨斯島仍是國際貿易中心之一，英國考古學家威廉姆森博士在島上發現大批克拉克瓷。據我們觀察，忽魯謨斯島的克拉克瓷可分為兩類：一類是景德鎮窯燒造的高品質克拉克瓷（圖 10-10：1）；另一類克拉克瓷片，為福建地方民窯燒造的低檔克拉克瓷。原產地主要在漳州平和，包括五寨洞口陂溝窯、花仔樓窯、田坑窯、大壠窯、二壠窯等窯址。為了提高產量，漳州窯不用匣鉢，採用疊燒

---

20 栗建安對克拉克瓷作了如下定義：「在明清時期的外銷瓷中，有種被稱為『克拉克瓷』的瓷器。克拉克（Kraak）一詞，原是當時荷蘭人對葡萄牙貨船的稱呼。1603 年，荷蘭人在馬六甲海峽截獲了一艘名為『The Carrack Catherira』的葡萄牙貨船，並將船上裝載的瓷器拍賣，當時將這批瓷器稱為克拉克瓷，以後相沿成習而將紋樣、圖案與其類似的瓷器均冠以這一名稱。現在一般認為它的代表性器物是青花開光大盤，因而便直接以『克拉克瓷』作為此類青花開光大盤的別稱。」（栗建安：〈克拉克瓷與漳州窯〉，《中國文物報》2000 年 10 月 22 日）。
21 （英）甘淑美：〈十六世紀晚期和十七世紀早期葡萄牙和西班牙的克拉克瓷貿易〉，《逐波泛海——十六至十七世紀中國陶瓷與物質文明擴散國際學術研討會論文集》，香港城市大學中國文化中心，2012 年，第 257-286 頁；Maura Rinaldi: *Kraak Porcelain: A Moment in the History of Trade*, London: Bamboo Publishing, 1989。
22 Franck Goddio, *Treasures of The San Diego*, Rundfunk Berlin-Brandenburg, 2007.

方式，因而在碗心留下澀圈。由於技術不過關，漳州窯克拉克瓷底部往往黏有沙粒（圖10-10：2）。在明清外銷瓷器當中，福建漳州窯和廣東潮州窯同享盛譽。兩者不僅地域相鄰，而且產品和工藝非常相似，古陶瓷研究者以前把福建漳州窯器、廣東石灣窯器歸入漳州窯系，西方學者則稱 Swatow（汕頭窯）。[23]

史載嘉靖「四十四年（1565 年），奏設海澄縣治，其明年隆慶改元，福建巡撫都御史涂澤民請開海禁，准販東西二洋：蓋東洋若呂宋、蘇祿諸國，西洋若交阯、占城、暹羅諸國，皆我羈縻外臣，無侵叛，而特嚴禁販倭奴者，比於通番接濟之例。此商舶之大原也。先是發舶在南詔之梅嶺，後以盜賊梗阻，改道海澄」，[24]成為清代海關的前身。[25]於是「獨澄之商舶，民間釀金髮餘艎，與諸夷相貿易，以我之綺紈磁餌，易彼之象玳香椒，射利甚捷，是以人爭趨之」。[26]伊斯法罕四十柱宮藏克拉克瓷青花大盤，原為阿爾德比勒靈廟舊藏，屬於景德鎮燒造的高檔克拉克瓷（圖10-11）。[27]為了和中國爭奪陶瓷貿易市場，17 世紀日本人在伊萬里窯燒造大批克拉克瓷，稱為「芙蓉手」。無論葡萄牙人還是荷蘭人，主要從東南亞海域和印度洋貿易獲利，忽魯謨斯島出土的只有很少一部分克拉克瓷運到歐洲。

早在 14 世紀，敘利亞陶工就開始仿製元青花，製作白底藍花蓮池紋大盤。高 7.5公分，口徑 35.5 公分，現為敘利亞大馬士革博物館藏品（插圖10-12：1）。敘利亞人不會燒造瓷器，他們的仿製品實際上是一種白底藍彩陶器。16 世紀，鄂圖曼帝國工匠模仿景德鎮青花瓷，燒造過一批白釉藍彩陶碗。伊斯坦堡托普卡匹宮和倫敦維多利亞・阿爾伯特博物館藏有不少這類青花陶器（圖10-13：3-4）。據史書記載，波斯薩非王朝阿巴斯大帝（1587-1629 年）從明朝招聘三百名中國陶工，在伊朗仿造中國瓷器，並製作大批青花陶器。[28]儘管此事有待在漢文史料中核實，但是 16 世紀波斯工匠確實仿製不少中國瓷器。例如：土耳其托普卡匹老王宮藏有 15 世紀伊朗陶工仿燒的龍泉青釉碗，以及伊斯法罕四十柱宮藏克拉克瓷風格的波斯陶盤（圖10-12：2）。

2013 年訪問英國杜倫大學考古系期間，我們在威廉姆森收集品中見到一些忽魯謨斯島出土克拉克瓷風格的陶片（圖10-13：1），與景德鎮民窯博物館收藏的一件湖田

23（英）甘淑美：〈葡萄牙的漳州窯貿易〉，《福建文博》2010 年第 3 期，第 63 頁。

24〔明〕張燮：《東西洋考》卷七〈餉稅考〉，謝方點校，北京：中華書局，2000 年重印，第 131-132 頁。

25 傅衣凌：《明清時代商人及商業資本》，北京：人民出版社，1956 年，第 111 頁。

26 張燮，前揭書，第 152 頁。

27 阿爾德比勒清真寺藏有許多類似的克拉克瓷盤，參見 John A. Pope, *Chinese Porcelains from the Ardebil Shrine*, Washington: Freer Gallery of Art, 1956, pp. 100-104。

28 三上次男，前揭書，第 103 頁。

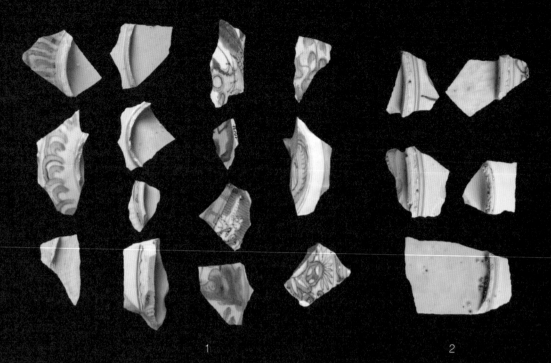

1   2

圖 10-10　忽魯謨斯島出土景德鎮民窯燒造的克拉克瓷

1

2

圖 10-11　伊斯法罕四十柱宮藏景德鎮民窯克拉克瓷盤

1   2

圖 10-12 　伊斯法罕四十柱宮藏克拉克瓷風格的波斯陶盤

1   2

3   4

圖 10-13 　景德鎮湖田窯燒造的克拉克瓷盤與忽魯謨斯島出土克拉克瓷風格的波斯陶片

窯燒造的克拉克瓷盤圖案非常相似（圖 10-13：2）。關於克拉克瓷創燒年代，莫拉‧瑞納爾迪認為：「要準確地確定克拉克瓷首次生產的日期是非常困難的，但是有一批帶嘉靖（1522-1566 年）款識並擁有克拉克瓷器裝飾風格的盤子，可以充分說明它們是克拉克瓷器的前身。其中這些盤的口沿和盤腹沒有紋飾，有些盤則帶有邊飾。這兩種風格的盤，在盤口都有一個主題裝飾，裝飾著風景與鹿的紋飾，而在盤外壁則飾以折枝鳥紋。大多數的盤器形較大，說明它們是為出口而不是為國內市場生產的。在遙遠的伊朗阿達畢爾（Ardebil）和葡萄牙的里斯本都已發現了這種盤。在這種情勢下，中國人認識到歐洲人對這種瓷盤情有獨鍾，他們很快開始大批生產具有類似裝飾風格但較為粗糙和便宜的瓷器。由此，我們可以推定大量外銷到歐洲的真正意義上的克拉克瓷器，應該是葡萄牙於 1557 年在澳門建立貿易基地之後才生產的。」[29]

　　景德鎮湖田窯遺址出土克拉克瓷盤很可能是嘉靖年間燒造的，景德鎮民窯正式燒造克拉克瓷在萬曆、天啟年間。據景德鎮陶瓷學院曹建文教授觀察：「根據觀音閣克拉克瓷青花料色、紋飾、造型特徵和一片帶有『萬曆年』的款識，同時結合窯址上伴隨出土的帶有『大明萬曆年製』、『天啟年造』、『辛酉年製』（此辛酉年即天啟元年）等紀年銘文的內銷瓷器，大致可以框定觀音閣克拉克瓷器生產的時間在明萬曆至天啟時期，即 1573 年至 1627 年之間。」[30]

　　近年，劍橋李約瑟研究所柯玫瑰（Rose Kerr）對倫敦維多利亞‧阿爾伯特博物館收藏的中國外銷瓷器進行整理，認為這批瓷器於 19 世紀購自伊朗，多屬於 16 至 17 世紀，可以藉此窺得該時期外銷中東的中國瓷器概貌。她根據器物風格的轉變將這批器物以兩個時段分別介紹，並對卡加王朝時期（1794-1925 年）中東地區對中國外銷瓷的二次加工工藝進行深入探討。[31]

　　明天啟二年（1622 年）二月，三千名波斯士兵在伊瑪姆‧古里‧貝格的指揮下，向忽魯謨斯城堡發動總攻。在英國艦隊和波斯軍隊雙重夾擊下，4 月 23 日葡軍不得不宣布投降。這樣，忽魯謨斯島在葡萄牙人殖民統治一個多世紀後，終於重新回到波斯人的懷抱。從葡萄牙人手中奪回忽魯謨斯島後，波斯軍隊摧毀島上房屋，並將商業中心轉移至臨海沿岸的阿巴斯港。[32]

29（義）莫拉‧瑞納爾迪著，曹建文、羅易扉譯：〈克拉克瓷器的歷史與分期〉，《南方文物》2005 年第 3 期，第 83-84 頁。

30 曹建文：〈克拉克瓷器在景德鎮窯址的發現〉，收入張之鑄主編：《中國當代文博論著精編》，北京：文物出版社，2006 年，第 430 頁。

31 鄭培凱、范夢園：〈「逐波泛海──十六至十七世紀中國陶瓷外銷與物質文明擴散國際學術研討會」紀要〉，《中國史研究》2011 年第 6 期，第 69 頁。

32 王平：〈16—17 世紀伊朗捍衛霍爾木茲島主權論〉，《重慶大學學報》2007 年第 3 期，第 107-108 頁。

11

普陀山訪古

　　普陀山坐落在浙江省舟山市長江口南側，與山西五台山、四川峨眉山、安徽九華山並稱中國四大佛教名山，分別供奉文殊、普賢、地藏和觀音菩薩。觀音道場本來在南印度布呾落迦山，《大唐西域記》記載：「秣剌耶山東有布呾落迦山，山徑危險，岩谷敧傾。山頂有池，其水澄鏡，派出大河，周流繞山二十匝，入南海。池側有石天宮，觀自在菩薩往來遊舍。其有願見菩薩者，不顧身命，屬水登山，忘其艱險，能達之者，蓋亦寡矣。而山下居人，祈心請見，或作自在天形，或為塗灰外道，慰喻其人，果遂其願。」[1] 宋代以來印度佛教式微，中印佛教交流逐漸中斷，國人便以南海梅岑山取代南印度的布呾落迦山作為新的觀音菩薩道場。[2] 萬曆三十三年（1605 年），浙江舟山群島的寶陀觀音寺賜名「護國永壽普陀禪寺」（今普濟寺），而該寺所在地梅岑山改稱普陀山。其名來自梵語 Potalaka（花山），與西藏拉薩市的布達拉宮同名。[3]

　　在中國四大佛教名山中，普陀山是唯一供奉觀音菩薩的道場。儘管《妙法蓮華經》為觀音信仰提供經典基礎，但是觀音菩薩要在中國本土落葉生根，仍需獲得獨立身分。唐宋時代，靈應故事在深化觀音信仰、使觀音獲得獨立身分等方面充當強而有力的角色。2001 年，美國哥倫比亞大學宗教系教授于君方出版《觀音：觀自在菩薩的中國化轉變》一書，全面考察浙江普陀島成為觀音道場、進而成為觀音朝觀聖地的歷史過程，從一個側面揭示觀音從佛教向中國民間信仰轉變的歷史進程。[4]

1　季羨林等校注：《大唐西域記校注》，北京：中華書局，1985 年，第 861 頁。
2　貝逸文：〈論普陀山南海觀音之形成〉，《浙江海洋學院學報》2003 年第 3 期，第 26-31 頁轉 76 頁。
3　季羨林等，前揭書，第 861-862 頁，注 1。
4　Chun-Fang Yu: *Kuan-yin: the Chinese Transformation of Avalokitesvara*, New York: Columbia University Press, 2001.

明朝開國不久，朱元璋就下達「片板不許入海，寸貨不許入蕃」的禁海令，以防禦倭寇。顧祖禹《讀史方輿紀要》記載：「明洪武五年湯信國（即湯和）經略海上，以島民叛服難信，議徙之於近廓，二十年，盡徙嶼民，廢巡司，而墟其地。」永樂年間，鄭和七下西洋，一度弛禁。江南釋教總裁祖芳於永樂初年前往普陀山弘揚禪宗，「四方緇素，紛紛上山」。然而，好景不長。嘉靖三十二年，又徙僧毀寺，並告示「不許一人一船登山採樵及倡為耕種……如違，本犯照例充軍」。[5]

隆慶開關後，明朝對日本仍實施海禁，不許僧俗上山進香。周應賓《重修普陀山志》記載：「真表，字一乘，翁洲人。年十二入山祝髮，師明增。及壯誓志興復，重創殿宇，規模一新。萬曆六年，禮部給札為住持。十四年，勑頒藏經到山，並賜金環紫袈裟衣。詣闕謝恩，賜延壽寺茶飯香金五十兩，緇衣禪帽各一件而還。其為人性剛直，敬禮十方賢衲，結草庵五十三處，以故名僧皆歸之。真融以客僧至山，頓創叢林，皆表讚揚之力也。」[6]萬曆六年，舟山和尚真表接任寶陀寺（普濟寺前身）住持，萬曆八年協助大智真融禪師創建海潮庵（即今法雨寺的前身）。該寺位於普陀山白華頂的左側，或稱「後寺」。清康熙三十八年（1699年）敕令，拆遷金陵明故宮至普陀山，在後寺興建九龍殿，並賜「天花法雨」匾額。後寺今名「法雨寺」即源於此。

近年我們對普陀山佛教建築和文物，尤其是康熙皇帝拆遷金陵明故宮建普陀山法雨寺一事進行調查。草擬此文，介紹這項研究成果。

一、16至20世紀初西方學者的普陀山考察

16世紀中葉，葡萄牙人在舟山群島的雙嶼港（今舟山六橫島）建立全球貿易中心，西方商人和傳教士紛紛搭乘葡萄牙商船來東方。嘉靖二十四年（1545年），西班牙商人迪斯（Pero Diez）從汶萊乘中國式帆船到中國東南沿海，首先遊歷漳州、雙嶼和南京，然後到日本經商。他的朋友阿爾瓦拉多（G. D. Alvarado）在里斯本寫了一封信。信中說：「這個迪斯在中國海岸見到一個小島。上面有一個寺廟，內有30個教士。他們身著寬大的黑服，戴開口的帽子；寺廟的房子很好，教士的起居、飲食有規矩，不進血腥，僅食蔬果；禁止女子入廟。祭壇上供奉著一個他們稱為佛（Varella＝馬來語Barhala）的女子的漂亮畫像，她的腳下畫了一些面目猙獰的魔鬼；屬於什麼修會、什

---

5 〔清〕顧祖禹：《讀史方輿紀要》卷九十九《福建五》，北京：中華書局，2005年，第4517頁。

6 〔明〕周應賓編纂修：《重修普陀山志》明萬曆張隨刻本，《中國佛寺史志彙刊》第一輯，第9冊，臺北：明文書局，1980年，第177頁。

麼宗教不得而知。」中葡關係史專家金國平認為，這座島上的佛寺或許是普陀山鐵瓦殿。[7]周應賓《重修普陀山志》卷二記載：「國朝洪武二十年，信國公湯和徙居民入內地，焚其殿宇，供瑞相於郡東棲心寺，僅留鐵瓦殿一所，使僧守焉。正德十年，僧淡齋於潮音洞南建正殿五間，方丈二十間。嘉靖六年，河南輝府施琉璃瓦三萬、磚一萬修飾。三十二年，東倭入犯，總督胡宗憲遷其殿宇於定海縣東城外之招寶山，迎大士像供焉，餘舍盡焚。」[8]據此，迪斯訪問的普陀山佛寺應該是潮音洞南邊某座佛寺。這是西方人首次考察普陀山。此後，普陀山成了東西方海上交通的中心之一。正如顧祖禹《讀史方輿紀要》所言，「往時日本、高麗、新羅諸國皆由此取道以候風信」。[9]

清乾隆五十八年（1793 年），英國女王派特使馬戛爾尼一行前往中國，企圖與清王朝建立外交關係，展開對華貿易。英國女王在信中要求：允許英國商船在珠山（今浙江舟山群島）、寧波、天津等處經商，允許英國商人在北京設買賣貨物的洋行，並

圖 11-1　鮑希曼於1887年拍攝的普濟寺

7　金國平編譯：《西方澳門史料選萃（15—16 世紀）》，廣州：廣東人民出版社，2005 年，第 59-60 頁。

8　〔明〕周應賓：《重修普陀山志》卷二，萬曆三十五年刻本，第 139-138 頁。

9　〔清〕顧祖禹：《讀史方輿紀要》卷九十二《浙江四》，上海書店出版社，1998 年，第 4255 頁。

在珠山（即舟山）、廣州附近劃一個小小島為英國商人存放貨物。乾隆帝對英國女王上述要求斷然拒絕，但是英國人不虛此行。英國使團畫師威廉‧亞歷山大在訪華期間對中國各地風光進行素描。英國銅版畫藝術家阿羅姆後來借用威廉‧亞歷山大的素描稿重新繪製 19 世紀中國風情銅版畫，1843 年出版《中國：古代帝國的景觀、建築與社會習俗》一書。[10]

　　近年李天綱將這本書編譯出版，題為《大清帝國城市印象：19 世紀英國銅版畫》。書中有一幅普陀山佛寺銅版畫。[11] 李天綱介紹說，「1793 年 7 月 3 日，馬戛爾尼使團的『克拉倫斯號』使節船到達舟山，他們登上了覬覦已久的佛教聖地普陀山。在他們的筆下，在阿羅姆的〈普陀山普濟寺〉畫中，描繪了依山而築的普濟寺，氣勢恢宏，諸多清宮廷官員正在進寺拜佛，寺右還有一尊雕刻精美的大十字架。普陀山上曾有基督教痕跡這是罕見的，在現有的文史資料中，也找不到普陀山普濟寺曾經有過基督教十字架的記載，這還有待於進一步考證」。[12] 據我們觀察此圖，普濟寺的宗教建築似非十字架，而是藏傳佛教的金剛杵。凡此表明，清乾隆年間藏傳佛教仍對普陀山佛教有一定影響。

　　普陀山佛寺最古老的照片，是光緒十三年（1887 年）美國海軍上將羅伯特‧舒斐特拍攝的。甲午戰爭時期，舒氏奉華府之命來中國協助開放朝鮮事宜。他先從山東芝罘港去朝鮮交涉，但朝鮮王聲稱本朝為大清屬國，外交未便作主。舒氏只好到天津找李鴻章，後來幫助李鴻章對付清朝海關總稅務官赫德。舒氏當年考察過普陀山，並拍攝普濟寺等一批普陀山佛寺照片。[13]

　　普陀山古建築的科學考察始於 20 世紀初。1902 年，德國建築史家恩斯特‧鮑希曼（Ernst Boerschmann）經印度來華，[14] 受德國政府委託到山東膠州半島殖民地主管建築事務。在中國各地旅行時，鮑希曼萌生考察中國古建築的設想。這一設想後來在德國政府支持下展開。1906 至 1909 年，鮑希曼穿越中國十二個省區，行程數萬里，拍攝數千張中國建築照片。回國後，相繼出版六部論述中國建築的專著。1911 年，鮑

---

10 Thomas Allom, *China: in a series of views, displaying the scenery, architecture, and social habits, of that ancient empire*, London: Peter Jackson, Late Fisher, Son and Co., 1843.

11 李天綱編譯：《大清帝國城市印象：19 世紀英國銅版畫》，上海古籍出版社，2002 年，第 85 頁。

12 李天綱，前揭書，第 84-85 頁。

13 Robert W. Shufeldt, *1881-1887: Contributions to Science and Bibliographical Résumé of the Writings of R. W. Shufeldt*, New York, 1887.

14 其名或譯「柏石曼」，梁思成譯作「鮑希曼」（梁思成：《中國建築史》，天津：百花文藝出版社，1998 年，第 370 頁）。

希曼第一部有關中國建築的論著《中國建築和宗教文化之一：普陀山》在柏林出版；[15] 1913 年，又推出《中國建築和宗教文化之二：祠堂》一書。[16]

1914 年第一次世界大戰爆發，鮑希曼到軍中服役，1923 年才返回柏林工科大學繼續從事教學與學術研究，不久出版《中國建築與風景：十二省遊記》一書。[17] 此書附有萬里長城、北京故宮、西安、山西、遼寧、四川、浙江、廣西等地古建築照片凡兩百八十八幅。這本書為鮑希曼帶來廣泛的國際聲譽。1926 年該書出版英文譯本，題為《風景如畫的中國：建築與景觀：十二省考察記》。[18] 遲至 2005 年，鮑希曼的《中國建築與風景：十二省遊記》始有中文譯本。[19] 近年日本東洋文庫將此書原版掃描成電子版，刊於數位絲綢之路稀有書籍網站。除《中國建築與風景》之外，鮑希曼還出版兩卷本《中國建築》、[20]《中國建築的琉璃》，[21] 以及《中國的建築和宗教文化之三：中國的寶塔》。[22]

《中國建築和宗教文化之一：普陀山》一書凡七章，書中介紹普陀島的地理位置、島上佛寺的宗教意義和歷史，以及普陀山三大寺——普濟寺、法雨寺和慧濟寺的宗教生活。他還在書中介紹島上眾多墳墓、墓碑和石刻，並且描述當地居民在清明節和冬至掃墓的習俗。在該書結尾第七部，鮑希曼簡要總結普陀島作為佛教聖地而成為佛教信徒們理想歸宿的宗教含義，他將普陀山寺院建築與世界上其他民族的建築奇蹟，如埃及的金字塔進行比較，充分肯定普陀山佛教聖地作為人類共同擁有的文化遺產而具有的重大價值。

《中國建築和宗教文化之一：普陀山》一書以相當大的篇幅介紹法雨寺，鮑希曼不厭其煩地用五十七張照片、七十四幅實測圖和速寫，以及二十多處對於橫匾題詞和立柱上楹聯的臨摹，對法雨寺整個寺廟建築群落，包括四大天王殿、鐘樓、鼓樓、玉

---

15 Ernst Boerschmann, Die Baukunst und Religiöese Kultur der Chinesen: Band I. P'ut'o Shan, Berlin: Druck und Verlag von Georg Reimer, 1911.

16 Ernst Boerschmann, Die Baukunst und Religiöese Kultur der Chinesen: Band II, Gediacbtinistempel Tzé Táng, Berlin: Druck und Verlag von Georg Reimer, 1913.

17 Ernst Boerschmann, Baukunst und Landschaft in China: Eine Reise durch zwoelf Provinzen, Berlin und Zuerich: Atlantis, 1923.

18 Ernst Boerschmann, Picturesque China, Architecture and Landscape: a Journey through Twelve Provinces, New York: Brentano's Inc., 1926.

19 沈弘：《尋訪 1906—1909 西人眼中的晚清建築》，天津：百花文藝出版社，2005 年，第 173-178 頁。

20 Ernst Boerschmann, Chinesische Architektur, 2 Bande, Berlin: Verlag Ernst Wasmuth A-G, 1925.

21 Ernst Boerschmann, Chinesische Baukeramik, Berlin: Albert Lüdtke Verlag, 1927.

22 Ernst Boerschmann, Die Baukunst und Religiöese Kultur der Chinesen, Band III: Chinesische Pagoden. Berlin und Lepzig: Verlag von Walter de Gruyter & Co., 1931.

圖 11 - 2　鳥瞰普陀山法雨寺

佛殿、九龍殿、御碑亭、大雄寶殿、藏經閣、法堂、禪堂、齋堂、祖堂和方丈、達摩祖師殿，以及兩側的客廳和庫房，寺廟庭院外花園、池塘、海會橋、影壁、牌樓、旗杆和石獅等，做了詳盡描述。此外，書中還討論法雨寺大雄寶殿的祭壇上供奉的如來佛的七個化身，分別是南無甘露玉如來、南無離怖畏如來、南無廣博身如來、南無妙色身如來、南無保勝如來、南無多寶如來和南無阿彌陀如來。大殿的正前部供奉著的白衣大士觀音菩薩也有許多不同的化身，如送子觀音、浮海觀音、千手觀音、騎鰲觀音、慈航觀音、蓮台觀音和千首千臂觀音等。據說「文化大革命」中，普陀山上有一萬五千多尊菩薩被砸毀，三座主要寺廟的殿堂亦當作兵營。1980 年代以來，普陀山破敗不堪的佛殿陸續重修，比較鮑希曼拍攝的照片不難發現，殿堂內部裝飾和菩薩的模樣均和以前大不相同。

正如 20 世紀初西方研究東方古建築的瑞典學者喜龍仁一樣，鮑希曼漢學知識有限，不能與同時代中國建築史家梁思成、劉敦楨對中國古建築的研究同日而語，許多地方甚至不如日本學者，但他畢竟是普陀山佛寺建築科學考察的開拓者，尤其是他忠實記錄 20 世紀初普陀山佛寺的原貌，篳路藍縷，功不可沒。[23]

二、普陀山楊枝觀音碑與魚籃觀音碑

普陀山觀音道場之所以在萬曆六年復興，歸功於明神宗生母李太后。《明史‧孝定李太后傳》記載：「孝定李太后，神宗生母也，漷縣（北京通縣）人。侍穆宗於裕邸。隆慶元年三月封貴妃。生神宗。即位，上尊號曰慈聖皇太后……顧好佛，京師內外多置梵剎，動費鉅萬，帝亦助施無算。居正（張居正）在日，嘗以為言，未能用也。」[24]萬曆十七年，寧波同知龍德孚撰《補陀山志序》記載：「維時萬曆丙戌（十四年）七月七日，瑞蓮產慈寧宮，抽英吐翹，絕殊凡種。九月，瑞蓮再產宮中，重台結蕙，又殊前種。主上大加賞異，敕中使出示輔臣，圖而詠之。於是聖母，敕中使，二航蓮花部主法像，及續鍥藏經四十一函，並舊鍥藏經六百三十七函，直詣莊嚴妙海，鎮壓普門，答靈貺，而結勝果也。」[25]慈聖皇太后以為慈寧宮產瑞蓮，預示蓮花部主觀音菩

23 關於鮑希曼對中國古建築研究的貢獻，參見沈弘，前揭文，第 173-178 頁；賴德霖：〈鮑希曼對中國近代建築研究之影響試論〉，《建築學報》2011 年第 5 期，第 94-99 頁。

24 《明史‧孝定李太后傳》，第 3534-3536 頁。

25 〔明〕龍德孚撰：《補陀山志序》（王亨彥輯：《普陀洛迦新志》卷十二），《中國佛寺史志彙刊》第 1 輯第 10 冊，臺北：明文書局，1980 年，第 598 頁。

薩將降祥瑞於皇家，刊行十五部《大藏經》，並頒賜予全國名山，祈望明神宗早生皇子。普陀山、嶗山、峨眉山等是首批得到《大藏經》的佛教名山之一。

　　普陀山有三大鎮山之寶，其一為萬曆三十六年所刻「楊枝觀音碑」，現存法雨寺附近楊枝禪林庵。此碑高2.3公尺，寬1.2公尺，厚0.17公尺。碑上題記曰：「普陀佛像，摹自閻公，一時妙墨，百代欽崇。」線刻楊枝觀音立像。珠冠錦袍，瓔珞飄披，左手托淨瓶，右手執楊枝，線條流暢（圖11-3左）。

　　萬曆十六年，浙江指揮使侯繼高督師海疆，遊歷普陀山。他在《遊補陀洛迦山記》寫道：「往余得吳道子所繪大士像，質素而雅。近又得閻立本所繪，則莊嚴而麗。二人皆唐名手，余並勒之於石。明發，復詣寶陀（今普濟寺），植碑於前殿之中。」[26]萬曆二十六年，寶陀寺殿宇和碑刻毀於兵災。三十六年，寧紹參將劉炳文覓得閻立本所繪楊枝觀音碑拓本，請杭州工匠孫良重新勒碑，植於鎮海寺附近寺廟，遂以「楊枝庵」命名。此本或與侯繼高閣本相似。此碑保留至今，並著錄於費慧茂輯、印光序《歷朝名畫觀音寶相》一書。[27]

　　值得注意的是，楊枝觀音碑觀音像的通天冠與唐代石棺線刻仕女圖（如陝西乾陵懿德太子李重潤墓石棺線刻圖）不盡相同，卻與宋畫所繪通天冠相同，可見普陀山楊枝觀音碑並非唐代畫師閻立本之作。據我們調查，楊枝觀音碑很可能根據宮中典藏〈宋人觀音大士軸〉摹刻（圖11-3右）。〈宋人觀音大士軸〉現存臺北故宮博物院，縱131.7公分，橫56.2公分，[28]據臺北佛教藝術史家李玉珉考證：「畫中觀音像，身著華麗錦衣，披配各式瓔珞，藍色的長髮垂肩，首戴莊嚴寶冠，冠中安置一尊阿彌陀佛像。一手執柳枝，一手持透明玻璃水杯。足踏青白蓮花各一，款步而行，衣帶飄揚。其容貌寧和，狀甚安詳。觀音是阿彌陀佛的脅侍，手持水杯或淨瓶中盛甘露，喻滌除眾生無明塵垢，柳枝則代表觀音拔苦濟難。臺北故宮舊典藏目錄認為，這是一幅宋代畫家的作品。儘管這幅觀音的造形和流傳到日本的宋代觀音像近似，可是畫家造觀音的雙眉、鼻子和下巴特別敷染白粉，衣紋的線條比較粗，這些表現手法皆與宋畫不同，乃後人臨摹宋人觀音像。」[29]

　　如前所述，萬曆十六年，侯繼高還派人在普陀山寶陀寺（今普濟寺）刻了一方唐

26〔明〕侯繼高：《遊補陀洛迦山記》（王亨彥輯：《普陀洛迦新志》卷二），《中國佛寺史志彙刊》第1輯第10冊，臺北：明文書局，1980年，第132頁。

27費慧茂輯：《歷朝名畫觀音寶相》，上海淨緣社，1940年。

28臺北故宮博物院聯合管理處編：《故宮書畫錄》第四冊，臺北故宮博物院，1956年，第177頁；臺北故宮博物院編輯委員會編，前揭書，第三冊，第319-320頁。

29李玉珉：〈（傳）宋人觀音大士軸〉，收入李玉珉編：《觀音特展》，臺北故宮博物院，2000年，第213-214頁。

代畫家吳道子所繪魚籃觀音碑。明弘治十二年進士都穆《寓意編》記載：「余家自高祖南山翁以來，好蓄名畫。聞之，家君云：『妙品有吳道子〈魚籃觀音像〉、王摩詰〈輞川圖〉、范寬〈袁安臥雪圖〉。』惜今不存。」明人所謂吳道子魚籃觀音像，恐非吳道子之作，因為唐代文獻和繪畫中均無魚籃觀音像。魚籃觀音，唐代稱馬郎婦觀音，北宋才演變為魚籃觀音。[30] 目前所知最早的魚籃觀音像，是臺北故宮博物院藏宋人繪魚籃觀音像。

如前所述，普陀山寶陀寺的魚籃觀音碑很可能摹自北京慈壽寺的魚籃觀音碑（圖11-4）。萬曆十五年，明神宗朱翊鈞為祝賀生母李太后四十二歲生日，御製魚籃觀音碑，並親撰祝文，置於慈聖太后敕建的慈壽寺（北京海澱區玉淵潭鄉八里莊）。該寺建於明正德年間太監谷大用墓地，俗稱玲瓏塔。清乾隆十年孫承澤撰《春明夢餘錄》記載：「寺在阜成門外八里莊，明萬曆丙子（萬曆四年）為慈聖皇太后建，賜名慈聖。敕大學士張居正撰碑。有塔十三級，又有寧安閣，閣榜慈聖手書。後殿有九蓮菩薩像。」[31]

關於慈壽寺魚籃觀音碑，清乾隆年間英廉等編《日下舊聞考》記載：「右碑，前刻魚籃觀音像，贊同左，後刻關聖像並贊。明春坊諭德兼侍讀南充黃輝撰，萬曆辛丑年立。」[32] 右碑在塔西北，碑亭已毀，碑石尚存。碑座雕二龍戲珠，碑身刻魚籃觀音像，袒胸赤足，髻髮慈面，左手提竹籃，內盛鯉魚一尾，右臂微屈。雙腳兩側有蓮花七朵，腳下為草徑。像左刻正書「贊曰」，文同左碑。像右刻篆書「慈聖宣文明肅皇太后之寶」，文同左碑。旁書「大明萬曆丁亥年造」。慈壽寺廢棄於清光緒年間，僅存孤塔。塔北有兩塊萬曆年間石碑，左側為紫竹觀音像（亦稱九蓮菩薩），右側為魚籃觀音像，背面為關帝像。臺灣中正大學王俊昌在論文中刊布過一幅明魚籃觀音碑拓本，[33] 據稱拓於萬曆二十年，是目前所見最早的北京慈壽寺魚籃觀音碑拓本（圖11-5左）。

據1980年代中國全國文物普查資料，慈壽寺魚籃觀音碑是中國僅存的三幅明代魚籃觀音像之一，另一幅在四川西昌瀘山觀音閣。萬曆三十年，雲南沾益州（今雲南宣威）知州馬中良進京時，從宮中太監處獲御製魚籃觀音碑拓本。攜回西昌後，延請工匠勒碑，在瀘山建觀音精舍三楹存放。此碑一直保存至今，並有清中期拓本流傳於世，

---

30 唐人李復言撰《續玄怪錄‧延州婦人》記有馬郎婦觀音故事；宋人黃庭堅在一首觀音贊中用到馬郎婦的典故。
〔明〕侯繼高：《遊補陀洛迦山記》，第 132 頁。

31 〔清〕李衛等監修：《畿輔通志》卷五十一，雍正十三年刊本。

32 〔清〕英廉等編：《日下舊聞考》卷九十七〈郊坰西七〉，四庫全書本，第 1611 頁。

33 王俊昌：〈試探魚籃觀音文本的社會涵義〉，《中正歷史學刊》2006 年第 8 期，第 87-118 頁。本文所用拓本照片見第 117 頁。

圖 11-3 普
陀山楊枝觀音
碑拓片與臺北
故宮藏〈宋人
觀音大士軸〉

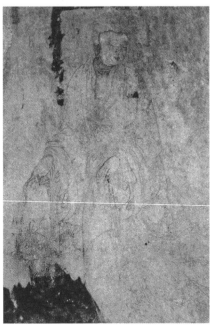

圖 11-4 北
京慈壽寺魚籃
觀音碑

圖 11-5 北京慈壽寺魚籃觀音碑萬曆二十年拓本

縱 180 公分，橫 88 公分。瀘山魚籃觀音碑右上角的碑文曰：「贊曰：惟我聖母，慈仁格天，感斯嘉垂，闕產瑞蓮，加大士像，勒石流傳，延國福民，霄壤同堅。」左上角碑文曰：「慈聖宣文明肅皇太后之寶，大明萬曆丁亥年造，原任雲南沾益州知州臣馬中良重刻石。」此碑右下角的童子原碑所無，重刻時補入（圖 11-5 右）。[34]

除了北京慈壽寺、西昌瀘山觀音閣之外，江蘇吳縣曇花庵也藏有一塊明代御製魚籃觀音碑，至今完好地供奉在吳縣胥口蔣墩漁洋里曇花庵。蘇州碑刻博物館藏有此碑

---

34 劉世旭、張正寧：〈西昌瀘山「魚籃觀音」畫像碑考略〉，《四川文物》1992 年第 3 期，第 48-49 頁。

拓片，但是品質較差。此碑畫面布局規範，題字圓潤遒勁，且雕工精緻，不知是否摹自萬曆十六年侯繼高在普陀山寶陀寺所刻魚籃觀音碑。

三、法雨寺的興建

南北朝時期，佛教在中國迅速發展，佛寺起初建在繁華的鬧市區。唐代詩人杜牧〈江南春〉詩曰：「南朝四百八十寺，多少樓台煙雨中。」南朝佛寺一般在寺前或宅院中心造塔，禮拜佛塔中的舍利是唐以前信徒巡禮的主要內容。普陀山元代佛寺——多寶塔仍保留南朝佛寺的傳統形式。隋唐以後，造像成風，佛殿普遍代替佛塔，佛塔則被擠出寺院，或另闢塔院，置於寺廟前後或兩側。唐代佛寺多依山而建，與秀麗的山水融為一體。究其原因，當與禪宗學說的興起有關，禪僧喜歡生活在「幽潤泉清、高峰月白」的山林中，以便在大自然中陶冶性情。唐代佛寺建築布局亦隨之變化，流行伽藍七堂制。

普陀山法雨寺位於普陀山錦屏峰腳下千步沙北端。北宋乾德五年（967年），太祖趙匡胤派太監來寶陀山（今普陀山）進香。神宗元豐三年（1080年），欽差大臣王舜封奉旨出使三韓（今朝鮮半島），遇風暴而望潮音洞叩禱，得以平安濟渡。歸國後，奏明皇帝，宋神宗賜建寶陀觀音寺，即今普濟寺前身。紹興六年（1136年），宋高宗詔令漁民遷出，島上闢為佛家淨土。南宋嘉定七年，宋寧宗指定普陀山專供奉觀音菩薩，普陀山便成了著名觀音道場。普陀山有普濟寺（前寺）、法雨寺（後寺）和慧濟寺（山頂寺）三大佛教建築群。萬曆八年，因泉石幽勝，大智禪師在光熙山（今錦屏山）結茅為庵，初名海潮庵；萬曆二十二年，改名海潮寺；三十四年敕名護國鎮海禪寺。崇禎十六年，鎮海寺圓通殿遭火焚燒。

普陀山佛教復興與明王室直接相關。萬曆十四年，慈聖太后「命工刊印續入藏經，四十一函。並舊刻藏經，六百三十七函。通行頒布本寺（指寶陀寺）」。[35] 為此，明神宗頒〈賜寶陀寺藏經敕〉。二十六年十月，寶陀寺遭火。明神宗於次年遣使再賜《大藏經》六百七十八函、《華嚴經》一部、《諸品經》二部，頒〈再賜藏經敕〉，萬曆二十七年，明皇室遣使賜普陀山「佛氏藏經舊刊六百三十七函。我聖母慈聖宣文明肅皇太后，續刊四十一函」，明神宗發布〈三賜全藏經敕〉。為了保存明皇室頒賜的《大

---

35 〔民國〕王亨彥輯：《普陀洛迦新志》卷四，《中國佛寺史志彙刊》第1輯第10冊，臺北：明文書局，1980年。
36 有關《永樂北藏》所用錦緞裝潢，參見中央美術學院美術系編：《中國錦緞圖案》，北京：人民美術出版社，1953年。

藏經》，普陀山大興土木，興造禪寺。普陀山觀音道場得以復興。萬曆年間所賜佛經當係《永樂北藏》。[36]

法雨寺天王殿，明代鎮海寺藏經閣（龍藏閣），原來藏有慈聖太后所賜南北大藏經。崇禎辛巳（崇禎十四年），雲南悉檀寺僧道源法師往朝南海，從普陀山請回萬曆嘉興藏一部。此藏原於萬曆十七年開始在五台山妙德庵雕刻。五台山交通不便，萬曆二十一年刻經地點遷到浙江。按紫柏大師和居士馮夢禎等人建議，在徑山化城寺寂照庵雕刻經版和印刷，並在嘉興楞嚴寺請經發行，故稱《徑山藏》或《方冊大藏》，屬於民間刻經。

2008年，我們在江蘇鎮江博物館參觀時，在展廳內見到一部《大乘妙法蓮華經》永樂十八年刻本（圖11-6），據說出自鎮江大港鎮東霞寺一尊佛像中。與之共出的還有《敕建南海名山普陀勝境》萬曆刻本（圖11-7）、崇禎十年《南海普陀山籤》等，可知這部《大乘妙法蓮華經》亦得自普陀山。《萬曆御製聖母印施佛藏經序》記載：「朕聞儒術之外，釋氏有作以虛無為宗旨，以濟度為妙用，其真詮密微，其法派閎演。貞觀而後，代譯歲增，兼總群言苞裡八極，貝葉有所不盡，龍藏（指《永樂北藏》）有所難窮。惟茲藏經繕始於永樂庚子（永樂十八年），梓成於正統庚申（正統五年），由大乘般若以下計六百三十七函。我聖母慈聖宣文明肅皇太后，又益以《華嚴玄談》以下四十一函，而釋典大備。」[37]該書稱鎮海寺有「龍藏閣」，說明當年曾經是慈聖太后所賜南北大藏經收藏之所。據周紹良考證，永樂十八年刊刻《大乘妙法蓮華經》為經折裝，每頁五行，每行十五字。[38]鎮江博物館藏《大乘妙法蓮華經》永樂十八年刻本，或許是鎮海寺龍藏閣藏經。不知什麼原因，被人從普陀山鎮海寺龍藏閣請回鎮江東霞寺，收藏在這尊佛像之中。鎮江博物館藏《敕建南海名山普陀勝境》將法雨寺稱作「敕建鎮海寺」，那麼此圖當繪於萬曆三十四年至四十年之間。所標「大明敕建普陀禪寺」即今普濟寺，而「太子塔」指多寶塔。其他明代地名如小洛迦山、海印池、永壽橋、紫竹林、潮音洞、千步沙等，一直沿用至今。

在萬曆帝生母慈聖太后大力支持下，普陀山大興土木，鎮海寺伽藍七堂當按明代官式建築修建。關於明代鎮海寺建築布局，周應賓《重修普陀山志》說：「智度橋（今海會橋），在鎮海寺（今法雨寺）前，剡人周汝登題。敕賜護國鎮海禪寺，在普陀寺（今普濟寺）東約五里許，一山矗峙，曰光熙峰（今錦屏山）。有麻城僧真融，自五

37 〔明〕周應賓撰：《重修普陀山志》卷一，《中國佛寺史志彙刊》第1輯第10冊，臺北：明文書局，1980年，第39-41頁。

38 周紹良：〈明永樂年間內府刊本佛教經籍〉，《文物》1985年第4期，第39-41頁。

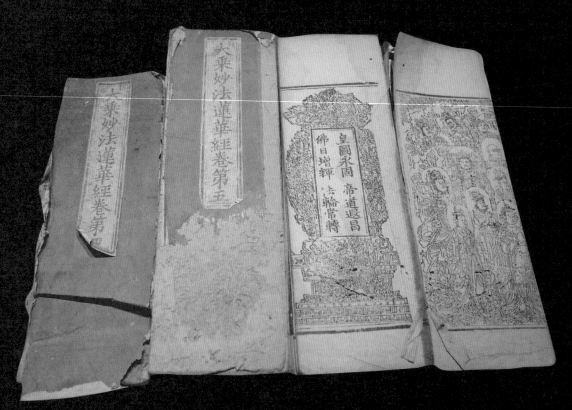

圖 11-6 鎮江博物館藏《大乘妙法蓮華經》永樂十八年刻本

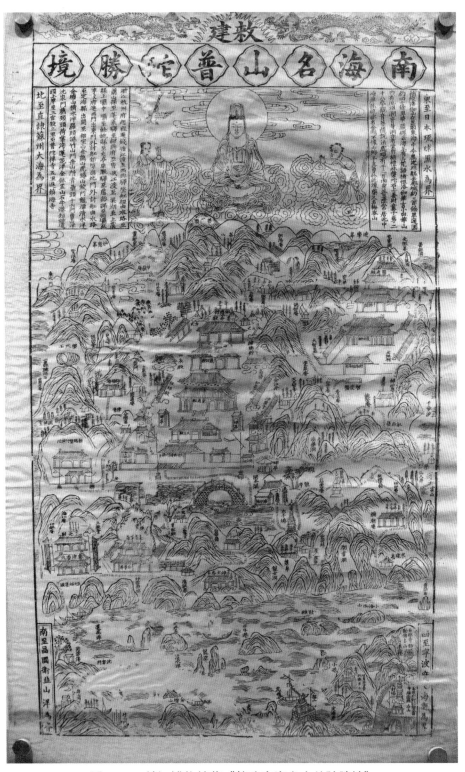

圖 11-7　鎮江博物館藏《敕建南海名山普陀勝境》

台、伏牛、峨嵋、鎏華，咸創飯僧之所。至萬曆八年，復來普陀，結茆數楹於峰下，漸建圓通等殿，然尚以海潮庵名，迄二十二年，郡守吳安國改額曰海潮寺。真融歿，其徒如壽等，又為增建殿宇，規制弘麗。三十四年，御馬監太監黨禮請於朝，賜今額。郡人大方伯馮叔吉、禮部主事屠隆記。圓通殿（今九龍殿）、天王殿（今大雄寶殿）、伽藍殿、祖師殿、山門（今九龍壁），俱在鎮海寺。千佛閣（今玉佛殿）、龍藏閣（今天王殿），奉南北藏經。止閣，在龍池上，郡司理陽羨何士晉題。景命堂、華嚴堂、大覺堂、淨業堂、龍王堂、土地堂（今天后閣）、延壽堂，俱在鎮海寺內。水月樓（今水月樓）、白華樓（今松風閣）、智食樓（今齋樓）、鐘樓（今鐘樓）、皷樓（今鼓樓），在鎮海寺。東西廂樓，各三十間，作十方公用之所。方丈（今方丈殿），在淨業堂（今藏經閣）左。香積廚、觀亭，在方丈後，會稽陶望齡題。華嚴銅塔，在寺東首，安供以鎮山門。千佛塔，在寺內。法雨寺大智塔，在鎮海寺西山之麓。」[39]

周應賓《重修普陀山志》卷一附有鎮海寺殿堂分布圖，書中提到法雨寺許多殿堂，可惜圖上沒有一一標注。無論如何，今天法雨寺殿堂的布局是明萬曆年間奠定的。從《重修普陀山志》卷一附圖看，法雨寺從右旁門進寺，門旁有土地祠。山門為中軸線起點，主要建築分別為：藏經閣（今天王殿）、千佛閣（今玉佛閣）、圓通殿（今九龍殿）、天王殿（今大雄寶殿），其後有方丈殿（今方丈殿），作為中軸線的終點。從《重修普陀山志》殿堂分布圖看，明代鎮海寺山門開在今天九龍壁，並以此作為該寺建築群中軸線的起點，從右邊進山門後為土地祠，山門正對藏經殿（今天王殿），殿後有東西兩配殿（今鐘鼓樓），藏經殿正對千佛閣（今玉佛閣），閣後有東西兩配殿，千佛閣正對圓通殿（今九龍殿）。圓通殿後有一無名寺（今大雄寶殿）作為鎮海寺建築群中軸線的終點。此圖簡略，《重修普陀山志》所述鎮海寺諸多佛殿未在圖上標出。明代禪院前一般設放生池，普濟寺和法雨寺前皆有放生池。法雨寺放生池上的海會橋，明代稱智度橋。清代山門天后閣，明代為土地祠；今九龍壁所在地為明代山門。進山門後，第一層院落主殿為天王殿（明代建藏經閣）。

法雨寺前放生池上的海會橋，《敕建南海名山普陀勝境》萬曆刻本稱之為「智度橋」。光緒十五年，法雨寺住持化聞募資重修。據浙江省文物考古研究所宋煊對浙江明清石橋的調查，「從石橋方面看，明代晚期還普遍採用縱聯並列砌法，清代早期開始較多採用錯縫的並列砌法」。[40]法雨寺山門天后閣，為明代土地祠所在地。《普陀洛迦新志》卷七記載：「天后閣在法雨寺前。清雍正九年，住持法澤建。宣統二年，開

39〔明〕周應賓撰：《重修普陀山志》卷一，第 117-119 頁。

40 宋煊：〈浙江明代海防遺跡〉，《東方博物》2005 年第 3 期，第 68 頁，注 26。

然重修。」[41]

　　法雨寺第一座殿堂是天王殿，原為明代鎮海寺藏經閣（或稱龍藏閣）所在地，內藏南北大藏經。天王殿供彌勒佛，東西兩旁為四大天王。天王殿之後，左右兩側為鐘鼓樓，然後是玉佛殿（明代千佛閣），其後左配殿為水月樓，右配殿為松風閣，再後是九龍觀音殿（明代圓通殿），左配殿為香積廚，右配殿為齋樓。周應賓《重修普陀山志》提到明代鎮海寺內有鐘鼓樓，但書中插圖及《敕建南海名山普陀勝境》萬曆刻本均未標出。為了便於討論，我們在圖上標出這些殿堂的位置（圖11-8）。

　　據《重修普陀山志》附圖，明代鎮海寺千佛閣原為兩層樓閣式建築，與北京智化寺萬佛閣相同，清康熙年間改為重簷歇山式，即今九龍殿。法雨寺第三座殿堂是九龍觀音殿，明代鎮海寺圓通殿所在地。康熙三十八年拆南京明故宮而建。據《敕建南海名山普陀勝境》萬曆刻本，明代鎮海寺圓通殿為單簷歇山式，清代改為重簷歇山式。古代供奉觀音、文殊、普賢三菩薩的佛殿，稱三大士殿，專供觀音的佛殿則稱圓通殿。

　　萬曆年間《重修普陀山志》記載：敕賜護國鎮海禪寺，有圓通殿。按照規制，「圓通大殿，七間十五架，面闊一四丈，進深八丈八尺，明間闊二丈八尺，左右次間各闊二丈四尺，左右稍間各闊二丈，左右次稍間各闊一丈五尺，高五丈八尺，甬道四丈」。[42]民國年間王亨彥編《普陀洛迦新志》卷五記載：「法雨禪寺……大圓通殿，七

圖11-8　周應賓《重修普陀山志》所見法雨寺建築布局

41　〔民國〕王亨彥輯：《普陀洛迦新志》卷七，《中國佛寺史志彙刊》第1輯第10冊，臺北：明文書局，1980年，第458頁。

42　〔明〕周應賓撰：《重修普陀山志》卷一，第118頁。

閒，十五架。高六丈五尺六，廣十二丈七尺，縱八丈二。上蓋九龍盤栱，及黃瓦，故又呼九龍殿。光緒五年，與大雄殿，立山重修九龍殿。」[43] 東配殿，明代稱「白華樓」，今稱松風閣。

法雨寺第四座佛殿為萬壽御碑殿，始建於康熙年間。殿中供奉千手觀音，明代此地無佛殿建築。《普陀洛迦新志》卷七記載：「萬壽御碑亭，一在普濟寺海印池北……一在法雨寺第五層，五閒。並清康熙四十一年建。安置康熙御製文碑石。法雨寺碑亭，亦名天章閣，御書亭。」[44]

法雨寺第三層院落的主殿是大雄寶殿，其後有藏經閣、方丈殿、三官閣等。法雨寺第五座殿堂是大雄寶殿，供奉釋迦牟尼佛，重簷歇山頂，明代有無名佛殿。大雄寶殿鋪設黑琉璃瓦，與明正統八年所建北京智化寺鋪黑琉璃瓦相同。法雨寺後山有方丈殿，方丈是寺院的最高領導者，印光法師曾經在此殿修行，明代此地無佛殿建築。

四、康熙拆遷明故宮舊殿至普陀山法雨寺調查

南京明故宮創建於至元二十五年（1289 年）十二月，南北長五華里，東西寬四華里。經過一年多時間，建成奉天、華蓋、謹身三大殿及乾清、坤寧二宮。明故宮以奉天殿為正殿，俗稱「金鑾殿」（圖 11-9）。建文四年六月，燕王朱棣攻破京師，「都城陷，宮中火起」，燒毀奉天殿等宮殿，建文帝與馬皇后在宮中自焚死（一說逃往南方）。

永樂十二年，尼泊爾高僧五明板的達室利沙（或譯「實哩沙哩卜得羅」）來朝。「永樂甲午（永樂十二年），入中國。謁文皇帝於奉天殿。應對稱旨。命居海印寺。」[45]南京奉天殿在靖難之役中毀於大火，永樂十二年明成祖會見尼泊爾高僧當在北京燕王府（今中南海）奉天殿，而非南京的奉天殿。由於南京奉天殿被焚毀，明成祖只好在南京奉天門接見外國貢使。《明太宗實錄》記載：永樂十三年「十一月壬子，麻林國及諸番國進麒麟、天馬、神鹿等物，上御奉天門受之，文武群臣稽首稱賀曰：『陛下聖德廣大，被及遠夷，故致此嘉瑞。』上曰：『豈朕德所致，此皆皇考深仁厚澤所被及，亦卿等勤勞贊輔，故遠人畢來。繼今，宜益盡心秉德，進賢達能，輔朕為理，遠人來

---

43 〔民國〕王亨彥輯：《普陀洛迦新志》卷七，第 262 頁。

44 〔民國〕王亨彥輯：《普陀洛迦新志》卷七，第 450 頁。

45 〔明〕釋明河：《補續高僧傳》卷二十五〈大善國師傳〉，《續修四庫全書·子部·宗教類》第 1283 冊，上海古籍出版社，1991 年，第 335 頁。

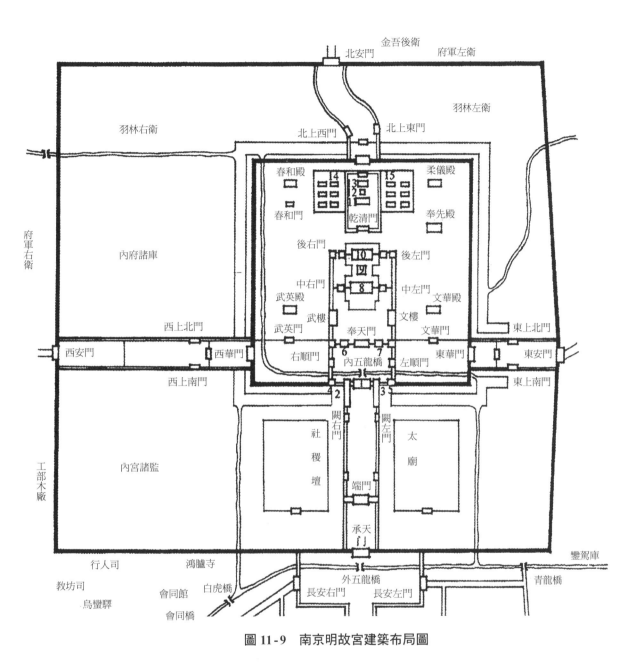

圖 11-9　南京明故宮建築布局圖

歸，未足恃也。』」。[46] 這座奉天門實乃南京奉天門（圖 11-9）。

　　洪熙元年，明仁宗詔令重修南京皇城，準備翌年還都南京，後因仁宗去世而作罷。宣德帝繼位後，也打算遷回南京，北京仍稱「行在」。正統六年，北京三大殿和乾清

---

46 《明太宗實錄》，第 1898 頁。

宮重建工程竣工。英宗詔告天下，廢除北京各衙署「行在」二字，重新確定北京為京師，以南京為陪都。正統十四年六月，南京風雨雷電。謹身、奉天、華蓋三殿皆災，奉天諸門亦毀。景泰元年四月，南京謹身殿災。由於南京三大殿、奉天門損毀嚴重，正德十四年十二月，明武宗至南京，不入舊內，而居南門內之公廨。天啟六年十月，西華門內紫城煙起，不見火光。禮臣往視，舊宮材木埋土中，煙從中出，土石皆焦熱，掘其地，以水沃之，三日始滅。由此可知，南京紫禁城金鑾殿在明天啟六年徹底焚毀。

崇禎十七年（清順治元年）正月「初十，修奉先殿及午門、左右掖門……四月三十日……謁奉先殿……以內守備府為行宮，駐蹕焉……五月十五，王即帝位於武英殿；詔以明年為宏光元年」。[47] 十一月「初四，西宮舊園落成，賜名慈禧殿」。[48] 清順治二年五月，南都降。明故宮成為清軍駐防城，在南京明故宮漢王府設將軍署。[49]換言之，1645 年清軍占領南京時，明故宮僅存奉先殿、內守備府、武英殿、慈禧殿和漢王府。康熙二十二年，玄燁第一次南巡江寧，以將軍署為行宮，作〈金陵舊紫禁城懷古〉詩。三十八年三月，康熙皇帝駕臨杭州，派乾清宮太監、提督顧問行內務府廣儲司郎中丁皁保、太監馬士恩鼎建普陀山寺。「又准兩寺住持奏請，發金陵城內琉璃瓦，一十二萬，改蓋兩寺大殿。」[50] 所謂「兩寺」，就指普濟寺和法雨寺。

普濟寺又稱「前寺」，占地面積 37,019 平方公尺，共有殿堂樓閣軒三百五十七間，建築總面積 15,288 平方公尺。普濟寺正山門：重簷歇山。正山門內為御碑殿，有明萬曆、清康熙御碑。普濟寺山門前海水龍紋丹墀（圖 11-10），當為金陵明故宮之物。

《普陀洛迦新志・營建門》卷七記載：「萬壽御碑亭，一在普濟寺海印池北，五間。高三丈八尺，深四丈，廣共六丈。」[51] 清康熙、雍正兩朝對法雨寺進行擴建，中軸線上依次為天王殿、玉佛殿、大圓通殿、萬壽御碑殿、大雄寶殿和藏經樓。由於地形的局限，清代擴建法雨寺時只在中軸線右側新建山門天后閣，明代山門改為天王殿，重簷歇山式，黑琉璃瓦頂，其後新建玉佛殿，面闊三間，重簷歇山式，黃琉璃頂，殿前有獅子望柱石圍欄，左右仍為鐘樓和鼓樓。明代大佛殿改為九龍觀音殿，明代祖師殿和伽藍堂分別擴建為水月樓、松風閣。九龍殿後新建萬壽御碑殿，殿宇五間，黃瓦蓋頂。明代法堂改為大雄寶殿，明代藏經樓繼續沿用，左右仍為方丈院和禪堂。方丈

47 〔清〕計六奇撰：《明季南略》卷二，上海：商務印書館，1936 年，第 24、40 和 41 頁。

48 計六奇，前揭書，第 106 頁。

49 〔明〕文震亨撰：《福王登極實錄》，收入吳跡人編：《痛史》，福州：福建人民出版社，1981 年。

50 〔民國〕王亨彥輯：《普陀洛迦新志》卷七，《中國佛寺史志彙刊》第 1 輯第 10 冊，臺北：明文書局，1980 年，第 219-220 頁。

51 〔民國〕王亨彥輯：《普陀洛迦新志》卷七，第 450 頁。

圖 11-10　普濟寺龍紋海水丹墀

院為全寺最高處，二層簷樓房一排共二十七間，分隔為五個院落。在清朝皇帝支持下，法雨寺占地面積 33,408 平方公尺，建築面積 15,956 平方公尺，現有殿宇三百八十二間，成為江南第一名剎。

　　關於金陵明故宮舊殿遷往普陀山之事，清雍正年間定海縣令黃應熊撰《重建普陀前後兩寺記》記載：「大圓通殿，七間，十五楹。周匝石闌，四十六柱，獅子生活，張牙欲撲。中供大觀世音一尊，白衣如意像各一尊，又內造觀音一尊，列十八尊者於旁。殿後乙太湖石琢送子觀音一尊，叩之琤琤然響，禱亦如響。聖祖御書之額，曰天花法雨者，麗於殿上。其殿蓋九龍盤栱及黃瓦，亦聖祖（指康熙）命撤金陵舊殿以賜者，故又呼九龍殿。」[52] 重簷歇山式宮殿亦稱「九脊殿」，所謂「歇山」是清式建築名稱。除正脊、垂脊之外，還有四條戧脊。正脊的前後兩坡是整坡，左右兩坡是半坡。重簷歇山頂的第二簷與廡殿頂的第二簷基本相同。在宮殿等級上僅次於重簷廡殿頂。天安門、太和門、保和殿、乾清宮等皆為重簷歇山頂。九龍殿高 22 公尺，重簷歇山式、黃琉璃頂，斗拱承托，平身科思重翹三昂，柱頭和角科是重翹四昂，下層面寬七間，外

---

52 〔民國〕王亨彥輯：《普陀洛迦新志》卷七，第 267 頁。

圖 11-11　鮑希曼於1874年拍攝的九龍殿

圖 11-12　九龍殿金柱龍紋柱礎

圖 11-13 九龍殿龍紋琉璃構件

圖 11-14 普陀山法雨寺九龍殿的藻井

加廊簷，上層五間，進深六間外加廊簷（圖 11-11）。

2006 年中國國務院下發國發（2006）19 號文，核定文化部確定的第六批全國重點文物保護單位，共計一千零八十處，將浙江普陀山法雨寺列為清式建築保護單位。殊不知，九龍殿保存金陵明故宮許多建築構件，如龍紋石雕柱礎、龍鳳紋琉璃瓦，以及精美的九龍藻井。法雨寺九龍殿台基海水龍紋丹墀，與 1966 年蘇州市虎丘鄉新莊明墓出土、現藏中國國家博物館的〈憲宗元宵行樂圖卷〉所繪丹墀相同，當為金陵明故宮之物。

1990 年代，趙振武、丁承朴對普陀山古建築進行科學勘測，繪製許多古建築平面圖和剖面圖，1997 年所出《普陀山古建築》一書，極大便利後人的研究。[53] 從建築規格看，九龍殿採用重簷歇山頂，而明故宮正殿奉天殿應採用重簷廡殿頂，那麼九龍殿的梁架並非從明故宮金鑾殿落架拆遷。重簷歇山頂為明故宮的謹身殿建築樣式，這座宮殿在清代官式建築中屬於第二等級。南京明故宮謹身殿、奉天門，以及萬曆年間重建的北京故宮建極殿（清代改稱「保和殿」），皆面闊九間，進深五間，而法雨寺九龍殿面闊僅七間，面闊 35.35 公尺，進深 20.31 公尺，殿內共立四十八根大柱。殿中八根金柱的柱礎是精緻的石雕龍紋柱礎，可能係金陵明故宮之物（圖 11-12）。

中國古代琉璃建材可分四類：一類是筒瓦和板瓦，用來鋪蓋屋頂。第二類是脊飾，亦即屋脊上的裝飾，有大脊上的鴟尾（正吻）、垂脊上的垂獸、戧脊上的走獸等等。走獸的數目根據建築物的大小和等級而決定。明清宮殿的脊獸最多十一個，最少三個，其排列順序是，最前面的是騎鶴仙人，然後為龍、鳳、獅子、麒麟、獬豸、天馬等。第三類是琉璃磚，用於砌築牆面和其他部位。第四類是琉璃貼面花飾，有各種不同的動植物、人物故事，以及各種幾何紋樣，裝飾性很強。主要使用黃、綠、藍三色，往往以黃色為最高等級，只能用在皇宮、社稷、壇廟等皇家建築上。即便在皇宮中，也不是全部建築都用黃色琉璃瓦，次要建築用綠色琉璃或綠色琉璃「剪邊」（鑲邊），皇太子府用綠色琉璃，而文淵閣則用黑色琉璃。

中國古代宮殿建築裝飾什麼樣的琉璃，有著森嚴的等級制度。如脊獸的等級、大小、奇偶、數目、次序均有嚴格規定。關於普陀山琉璃瓦的來源，康熙年間裴璉撰《重蓋大殿琉璃瓦記略》記載：「潮公主席普濟九年，闢荒舉廢，百度改觀。乃治梅岑之麓，為息耒之園。將以憩勞而悅定焉。未幾，山左陶客，有以工琉璃瓦之技見售者。公慨然曰：吾費資以宴身，何如竭財以奉佛哉！且琉璃之蓋，寶陀舊事也。於是輟息耒之役，而專志於陶。諏日治廠，廠竟，工曰：山中土粗而鹵，不可用。必得閩之福州、

---

53 趙振武、丁承朴：《普陀山古建築》，北京：中國建築工業出版社，1997 年，第 75-79 頁、第 139-160 頁。

越之蕭山，其土乃可治耳。遂治畚鍤，發徒眾，帆數大艘以往。自掘至運，及出舟，入廠，往返崎糧之具，約泥一斤，費錢十文。一瓦，約用泥一十五斤。一殿，計瓦三萬。蓋一瓦未見，而三四千緡立盡矣。役將半，璉以志事入山。見所冶之瓦，已崇復鉅，既圓且方。殿之脊，別冶大瓦。其中刻劃螭虬，禽鳥葩卉之屬，精妙欲活。四周八隅，翬飛矢棘之區，各踞獅子鎮天神於其端。威神生動，鑑明玉潤。其工之巧，而成之難，如此。公憂工甫半，而資竭。陶人且言，冬可畢，春可蓋，我輩悉力安心，以俟和尚大緣之至耳。公於是屬予預為之記。遂敘述以遺公。使覽者，知公用心之苦、成功之難，而敬佛如此其至也。」[54]

金陵明故宮龍紋瓦當皆為行龍（奔龍），而且以側面龍樣式出現，明代石雕和瓷器有正面龍紋，但是迄今未見明代有正面龍紋瓦當。因此，九龍殿的正面龍紋瓦當顯然是清代之物（圖 11-13）。

中國古建築往往在梁下用天花枋組成木框，目的是不露出建築梁架，框內放置密且小的木方格，俗稱「天花」。藻井是高級天花，一般用在殿堂明間正中，形式有矩形、八角、圓形、斗四、斗八等形式。九龍殿頂部內槽九龍藻井，原是南京明故宮之物。康熙三十八年從明故宮整體搬遷來。九條木雕金龍，一龍盤頂，八龍環八根重柱，古樸典雅。

按照北宋李誠《營造法式》的記載，斗拱屬於一種大木作，但是在建築物裝修所用小斗拱則屬於小木作。宋代以後小斗拱才開始用於藻井。元明時代在藻井上大量使用小斗拱，但斗拱挑簷功能逐漸弱化，逐漸演變成以裝飾為主的構件。

元明時代藻井的最大的特點是，採用大量小斗拱作為裝飾用在藻井裡，其後又裝飾各種花紋，藻井裝飾性逐漸加強。不光是藻井上有這些小木作的裝飾性東西，就連大殿承簷的大斗拱也比古代小得多，於是斗拱挑簷的功能減弱，而出簷變短了，不像早期斗拱那樣出簷比較大，如山西代縣元至正年建文廟大成殿三爪龍紋藻井。

北京故宮三大殿、天壇祈年殿裝飾有明清皇家最高等級的藻井。其中太和殿蟠龍藻井最後一次重建於康熙年間，藻井內雕有一條俯首下視的巨龍，口銜銀白寶珠，與大殿內巨柱上的金色蟠龍互相映襯。這座藻井位於大殿的正中央，共分上、中、下三層，上為圓井，下為方井，中為八角井，這種設計體現中國傳統文化「天圓地方」之說。普陀山法雨寺九龍藻井與北京故宮太和殿不同，按照古樸典雅的九龍戲珠圖案雕刻，一條龍盤頂，八條龍環八根垂柱昂首飛舞而下，正中懸吊一盞琉璃燈，組成九龍戲珠的立體圖案（圖 11-14），為我們研究金陵明故宮藻井提供生動的第一手資料。

54〔民國〕王亨彥輯：《普陀洛迦新志》卷七，第248-249頁。

12

尚蒂伊的中國花園

　　隨著中國經濟崛起，越來越多的中國遊客飛往巴黎，或在香榭麗舍大街的名牌店瘋狂購物，或到羅浮宮等博物館欣賞西方古典藝術。一個朋友私下對我說：東西方遊客逛巴黎，羅浮宮是必不可少的節目，主要看三個美人。通常用十分鐘欣賞希臘美神維納斯雕像，十分鐘在希臘勝利女神雕像前合影留念，十分鐘觀賞義大利文藝復興時期大畫家達文西的名作〈蒙娜麗莎〉，再用三十分鐘排隊上廁所，一小時結束全部參觀過程。對於中國人來說，巴黎其實還有許多地方值得一看。巴黎北郊尚蒂伊宮就有一座中國花園，見證中華帝國昔日的輝煌與夢想。

　　早在 13 世紀，歐洲人就從《馬可‧波羅遊記》一書了解到中國皇家園林藝術，這位義大利旅行家寫道：南宋行在（今杭州）有「華麗宮殿，國王范福兒（Fanfur，波斯語「天子」）之居也。其先王圍以高牆，周有十哩，內分三部，中部有一大門，由此而入……牆內餘二部，有小林，有水泉，有果園，有獸圈，畜獐鹿、花鹿、野兔、家兔」。[1] 不過，中國園林藝術對歐洲產生實質性影響，還是從 18 世紀初開始的。

　　明萬曆九年（1655 年），義大利傳教士衛匡國在阿姆斯特丹出版他的名著《中華地圖新集》（*Novus Atlas Sinensis*）。[2] 關於紫禁城的花園，他在書中寫道：「有一條河引進皇宮，可以行舟，它在宮裡分成許多小叉，既可交通，也可遊樂，它們隨著一些小山而曲折，小山在河的兩側，全由人工堆成。中國人堆山的奇技發展到極其精細的水平，山上按照特殊的規則種著樹木和花卉；有人在花園裡見到過非常奇特的假山。」[3] 中國園林模仿自然，那些錯落有致的小山、迂迴盤繞的石徑、蜿蜒曲折的小溪，

1　（法）沙海昂校注：《馬可‧波羅行紀》，馮承鈞譯，上海書店出版社，2001 年重印本，第 363-364 頁。

2　高泳源：〈衛匡國（馬爾蒂尼）的《中國新圖志》〉，《自然科學史研究》1982 年第 4 期，第 366-372 頁。

3　陳志華：《中國造園林藝術在歐洲的影響》，濟南：山東畫報出版社，2006 年，第 21-22 頁。

與歐洲古典園林講究對稱、幾何形布局、筆直的林蔭道，形成鮮明對照。

在中國園林藝術影響下，自然風景花園首先在英國興起，18 世紀中葉逐漸取代古典主義園林在歐洲的統治地位。這種自然風景花園經英國人稍加改造，傳入法國後，稱作「中英花園」（Jardin Sino-Anglo）或「英中花園」（Jardin Anglo-Chinois）。由於這種花園的濃郁中國色彩，也有人徑稱「中國花園」（Jardin Chinois）。除了法國之外，這種中國色彩的自然風景花園相繼傳入德國、俄國，乃至整個歐洲大陸，並與 18 世紀風靡法國、頗具中國色彩的洛可可藝術（Rococo Art）一起，在歐洲上流社會形成一股追求東方時尚的「中國熱」。

1840 年，鴉片戰爭爆發，舊中國愚昧落後的一面在西方人面前暴露無遺。1748 年，義大利那不勒斯發現龐貝遺址，至 19 世紀中葉，這座羅馬古城的神祕面紗被逐步揭開，從中發現大批精美的古羅馬藝術品。龐貝城的發現重新恢復西方人對古典藝術的信心。新古典主義藝術在歐洲崛起，並迅速取代洛可可藝術，而西方大造中國花園之風亦戛然而止。19 世紀以來，歐洲有許多中國花園被拆毀，重新恢復成歐洲的古典主義花園。不過，仍有一些中國花園在歐洲一直保存下來，巴黎北郊的尚蒂伊宮就是突出一例。2009 年春，我在法國高等實驗學院講學期間，專程到巴黎以北 40 公里的尚蒂伊小鎮，尋訪傳說中的「中國花園」。

尚蒂伊宮地處巴黎北郊森林的西南緣，從巴黎的里昂火車站乘慢車一個小時，快車二十五分鐘可達尚蒂伊小鎮，再從火車站步行三十分鐘可達王宮所在地。尚蒂伊還是法國耶穌會的一個中心，許多歐洲耶穌會士都是從這裡派往中國的。法國耶穌會士榮振華（Joseph Dehergne）於 1936 年從法國前往中國，曾在上海天主教大學——震旦大學講授歷史和法文課，自 1946 年起任《震旦大學學報》學術幹事，旅居中國長達十五年，著有《中國的猶太人》一書。[4] 1951 年回國後，他一直在尚蒂伊主持巴黎耶穌會檔案館工作。1974 年以來，尚蒂伊耶穌會中心一共召開過七屆國際漢學討論會。由於人生地不熟，我和朋友叫了一輛計程車當嚮導。我們首先興致勃勃地趕到耶穌會所在地——楓丹，不料大門緊閉。原來，在當今世界經濟危機的大潮下，遠離塵世的耶穌會也未能倖免。由於經濟拮据，這處風景秀麗的花園式建築已賣給私人，不再對外開放。我們只好改道去尚蒂伊宮，儘管耶穌會與王宮在火車站的不同方向，但是兩地之間實際上只有幾分鐘車程。

巴黎及附近王宮是外國遊客們必不可少的參觀項目，我的一個學生參觀巴黎近郊凡爾賽宮時，據說排了四個多小時的隊，閉館前一小時才進去，令人驚訝。我們到尚

4　（法）榮振華、李渡南等著：《中國的猶太人》，耿昇譯，石家莊：大象出版社，2005 年。

蒂伊宮時，遊客已在門口排起長龍，好在我們只等了半個小時。從尚蒂伊宮大門口的
遊覽指南上，可知這座王宮是 17 世紀末路易十四時代的孔蒂王子出資，由凡爾賽宮
設計者、法國建築大師勒諾特設計的。在法國大革命期間，這座王宮一度遭到摧毀。
1875 至 1885 年奧諾雷・多梅為了保存歐馬公爵，也就是國王路易之子亨利・奧爾良
的畫廊，在 14 世紀奧熱蒙堡壘的基礎上重新修建王宮。1886 年，歐馬公爵將王宮及
藏品全部捐贈給法蘭西學院。此後，尚蒂伊宮成為法國國家級博物館之一，今稱「孔
蒂博物館」。

　　歐洲王宮一般採用宮殿、花園、園林三位一體形式。尚蒂伊宮建在巴黎北郊一座
大森林邊緣地帶，花園占地面積達 7,800 公頃，宮殿則建在花園的中心。如果說遊王
宮需要兩小時，那麼遊覽整個花園至少需要六小時。由於花園面積巨大，很少有人能
夠遊遍整個花園。為此，管理者在王宮大門門口安排遊覽車，可以乘車遊覽花園各個角
落。尚蒂伊宮門前有一對青銅獵犬，與義大利藝術大師郎世寧為圓明園大水法創作的
十二生肖青銅獸如出一轍。

　　尚蒂伊皇家花園由三個頗具特色的主題花園組成，分別為 17 世紀落成的法蘭西花
園、18 世紀末興建的中國花園、19 世紀初建成的英倫花園。法蘭西花園與王宮相連，
由凡爾賽宮設計者勒諾特親自操刀，巧妙地將湖泊、河道、噴泉、樹木與草坪融為一
體。武則天的寵臣王鎮宅在長安城太平坊曾經建過一個噴泉，《唐語林》記載：「宅
內有自雨亭子，簷上飛流四注，當夏處之，凜若高秋，又有寶鈿井欄，不知其價。」[5]
《舊唐書・西域傳下》記載：拂林國盛暑時，「引水潛流，上遍於屋宇……觀者惟聞
屋上泉鳴，俄見四簷飛溜，懸波如瀑，激氣成涼風」。[6] 據傅熹年考證，「自雨亭子傳
自拂林國，唐和西域、中亞交通頻繁，服飾、器用、圖案紋飾受自西域影響很多。自
雨亭子之事說明建築上也受影響」。[7] 拂林國，即東羅馬帝國。如果傅先生的推測是正
確的，那麼唐長安城「自雨亭子」當即羅馬人發明的人工噴泉（fountain）。

　　噴泉是歐洲人的一大發明，如法國凡爾賽宮和大運河之間的勒托噴泉。清代稱噴
泉為「水法」。圓明園大水法就是法國耶穌會士蔣友仁模仿歐洲噴泉設計監造的，而
大水法的十二生肖青銅獸首則由義大利藝術家郎世寧主持設計。[8] 除了圓明園之外，乾
隆朝權臣和坤還在自己的官邸建過一座水法，為了掩人耳目，偷偷地建在室內，這座

5　〔宋〕王讜撰：《唐語林》，北京：中華書局，1987 年，第 498 頁。

6　《舊唐書・西戎傳》，第 5314 頁。

7　傅熹年主編：《中國古代建築史》第二卷，北京：中國建築工業出版社，2001 年，第 442 頁。

8　（法）畢梅雪：〈郎世寧與乾隆皇帝西洋樓的多學科研究〉，《國立博物館學報》1989 年第 4 期，臺北，第 1-12
　　頁；《國立博物館學報》1989 年第 5 期，第 1-16 頁。

圖 12-1　巴黎北郊的尚蒂伊宮

圖 12-2　尚蒂伊王宮門前的青銅獵犬

圖 12-3　中國花園的假山

圖 12-4　英國17世紀畫家筆下的中國水車

室內水法近年在和珅舊宅（今北京恭王府）發現。尚蒂伊宮的噴泉比較簡單，沒有任何雕塑裝飾，只在噴水池旁陳設一些古典藝術風格的大理石雕像。中國花園與法蘭西花園相鄰，標誌性建築是一座規模不大的假山，上面有石塊砌築的登山小路。假山前有一條蜿蜒曲折的小河，河邊建茅草小屋。18 世紀中國最大的對外開放口岸在廣州，歐洲的中國花園實際上可能按照廣東花園模式建造。清人俞洵慶《荷廊筆記》記載：「廣州城外濱珠江之西，多隙地，富家大族及士大夫宦成而歸者，皆於是處治廣囿，營別墅，以為休息遊宴之用。……其宏觀巨構，獨擅台榭水石之勝者，咸推潘氏園。園有一山，岡陂峻坦，松檜蓊蔚，石徑一道可以拾級而登。」[9] 尚蒂伊宮中國花園的假山，與俞洵慶所述清代廣東花園如出一轍。

中國花園的水車似乎更能畫龍點睛，說明這是中國農舍。水車是中國人發明的，自瓦特發明蒸汽機後，英國人似乎對機器最有興趣。1793 年馬戛爾尼率領英國使團訪華時，對中國水車感到十分新奇。英國使團翻譯斯當東（G. T. Staunton）記錄中國水車的製作和工作流程。他在《英使謁見乾隆記實》中寫道：「當地人創造了一個很巧妙的設計，用更經濟的材料，有效地解決了問題。他們從河床到河岸牢牢地打下成行的硬木木樁，每排都是兩根，向河岸垂直。在兩根木樁上面，架上一個十英尺左右長的耐久的大輪軸。輪子包括兩個大小不等的輪緣。靠近河岸的輪緣的直徑比外緣的直徑略短十五英寸。」[10] 英國使團畫師托馬斯·希基（Thomas Hickey）還把這個水車畫了下來，題為〈瓜島水車〉。[11] 中國花園農舍旁的水車，正是模仿中國水車設計製造的。

穿過尚蒂伊中國花園則進入英倫花園。花園中間是一座小湖，離岸邊不遠處建有一座英式小樓，樓前有幾匹駿馬在漫步；湖邊有瀑布飛瀉，湖中有白天鵝在水中嬉戲。顯然，這座花園刻意模仿 18 世紀風靡英國的自然風景花園。

走進尚蒂伊宮，珠光寶氣迎面撲來，金碧輝煌的豪華裝潢，令人眩目。宮內臥房、會客廳、餐廳、書房極盡豪華；牆壁和天花板上裝飾的世界名畫、古典藝術風格的大理石雕像，鱗次櫛比；各類高檔家具、東西方名貴陶瓷餐具充斥其中。展櫃內有名貴鑽石，琳琅滿目的珠寶首飾，伊斯蘭藝術風格的玻璃器，中國、日本和西方的各類瓷器，古埃及文物乃至中國玉器等，可謂盡收天下寶物。宮內所藏世界名畫和文物不亞於羅浮宮藏品，拿破崙時代大畫家安格爾的名作〈泉〉就保存在尚蒂伊宮，這幅畫從1820 年開始直到 1856 年才最後完成，堪稱安格爾畢生致力於美的結晶。雖是他晚年

9 李天綱編譯：《大清帝國城市印象》，上海古籍出版社，2002 年，第 202 頁。

10（英）斯當東：《英使謁見乾隆紀實》，葉篤義譯，上海書店出版社，1997 年，第 483 頁。

11 李天綱編譯，前揭書，第 178-179 頁。

的作品，所繪裸體女性的美姿卻超過他以往所有同類作品。總之，尚蒂伊宮藏品的各個方面，無不顯示王宮主人昔日的奢華生活。

我們感興趣的是尚蒂伊宮收藏的中國文物。在王宮正門內有兩個藏寶櫃，上層格子內有一件清代仿古玉觚（一種商代禮器），一件清代玉佛手，下層格子內陳設許多明清時代官窯青花和粉彩瓷，甚至包括圓明園燒造的琺瑯彩瓷。我們懷疑，這些中國文物可能是法國遠征軍當年從圓明園劫掠的戰利品。在 17 世紀西歐上流社會，往往以擁有中國瓷器為榮，將之視為最高級的饋贈品，作為藝術欣賞的古玩、宗教寺廟和王室貴族宮廷的裝飾品等等。中國瓷器對洛可可藝術風格產生過深刻的影響。[12]

尚蒂伊宮的圖書館有著豐富的藏書，頂天立地的書架上，大都是羊皮燙金書皮的西方典籍。不過，我們在一個展櫃中看到一部印刷精良的《全像西廂記》（圖12-7）。在西方羊皮書的汪洋大海中（圖12-8），這部清刻本中國圖書顯得格外與眾不同。結束尚蒂伊宮的遊覽後，我們找不到回火車站的計程車。當地的規矩是電話訂車，由於路途太近，計程車司機都不肯來，只好步行到火車站。在一位好心的當地居民指點下，我們沿著一條筆直的林蔭大道邊走邊看，不到半個小時就走到火車站。途中經過一個活馬博物館和一個巨大的賽馬場，不遠處是一望無際的大森林，所以這裡的空氣格外清新。

我們到尚蒂伊那天是個星期六，路邊停滿雷諾、賓士、BMW 和法拉利。從車牌號碼看，大部分是從巴黎來度假的，青年男女成雙結對在林蔭道上散步；法國年輕人相當浪漫，旁若無人地當街索吻；有的則拖家帶口，身旁的小孩子在大草坪上追跑打鬧，看樣子是全家來度週末，盡情享受大自然賦予尚蒂伊的優美風景和清新空氣。縱然尚蒂伊有著金碧輝煌的王宮，收藏無數價值連城的世界級寶物，但是在我看來，它最美麗動人之處還是優美的自然環境。崇尚自然的中國園林藝術在這裡大放異彩，吸引無數遊客前來度假或觀光遊覽。無論如何，尚蒂伊之行為我在巴黎的學術訪問留下極其美好的回憶。

---

12 葉文程：《中國古外銷瓷研究論文集》，北京：紫禁城出版社，1988 年，第 337 頁。

圖 12-5　中國花園的農舍和水車

圖 12-6　尚蒂伊宮收藏的清代瓷器

圖 12-7　尚蒂伊宮圖書館藏《全像西廂記》清刻本

圖 12-8　尚蒂伊宮的圖書館

參考文獻

古　籍

〔明〕佚名:《兩種海道針經》,向達點校,中華書局,1961。

〔清宣統〕佚名:《香山縣鄉土志》,中山市地方志編纂委員會辦公室影印本,1988。

(葡)佚名:〈葡萄牙人發現和征服印度紀事(手稿)〉,楊平譯,《文化雜誌》(澳門)1997年夏季號,第17-18頁。

B

〔漢〕班固:《漢書》,中華書局,1975。

〔明〕勃蘭肹等:《元一統志》,趙萬里校輯,中華書局,1966。

(英)博克舍(Charles R. Boxer)編注:《十六世紀中國南部行紀》,何高濟譯,中華書局,1990。

C

〔晉〕陳壽:《三國志》,中華書局,1975。

〔清〕陳鍈等編修:《海澄縣志》,載《中國方志叢書》第92冊,臺北成文出版社,1968。

〔明〕陳文輔:〈都憲汪公遺愛祠記〉,載〔清〕舒懋官、王崇熙編修:《新安縣志》卷二三,清嘉慶二十四年刊本,第6-7頁。

〔明〕程君房:《程氏墨苑》,載《四庫全書存目叢書‧子部‧譜錄類》第79冊,齊魯書社,1995。

(朝)成倪:《慵齋叢話》,載陳滿銘編:《韓國漢籍民俗叢書》第3冊,臺北萬卷樓圖書股份有限公司,2012。

D

〔唐〕杜佑:《通典》卷一九一《邊防典》,上海:商務印書館,1935。

F

〔晉〕法顯:《法顯傳校注》,章巽校注,上海古籍出版社,1985。

〔明〕范景文編:《南樞志》,載《中國方志叢書‧華東地方》第453種,臺北成文出版社,1983。

〔清〕傅維鱗：《明書》，載《四庫全書存目叢書・史部》第 40 冊，齊魯書社，1996。

G

〔晉〕葛洪：《抱朴子內外篇校釋》增訂本，王明校釋，中華書局，1986。

〔清〕高士奇：《江邨銷夏錄》，臺北漢華文化事業股份有限公司，1971，第 446-447 頁。

〔明〕高濂：《遵生八箋》，載《四庫全書珍本九集》卷十四，第 13 冊，上海：商務印書館，
1935。

〔清〕顧祖禹：《讀史方輿紀要》，中華書局，2005。

〔明〕顧炎武：《天下郡國利病書》，載《續修四庫全書》，上海古籍出版社，2013。

〔明〕顧應祥：《靜虛齋惜陰錄》，載北京圖書館古籍編輯組編：《北京圖書館古籍珍本叢刊》第 64 冊，
書目文獻出版社，1987。

H

〔清〕郝玉麟等監修：《福建通志》，載《景印文淵閣四庫全書》第 530 冊，臺北商務印書館，
1986。

〔明〕何喬遠：《閩書》，廈門大學古籍整理研究所歷史系古籍整理研究室點校，福建人民出版社，
1995。

〔明〕何良俊：《四友齋叢說》卷三八《四友齋畫論》，載《四庫全書存目叢書・子部》第 103 冊，
齊魯書社，1995。

〔清〕黃虞稷：《千頃堂書目》，瞿鳳起、潘景鄭整理，上海古籍出版社，2001。

〔明〕黃榆：《雙槐歲抄》，中華書局，1999。

〔明〕黃省曾：《西洋朝貢典錄校注》，謝方校注，中華書局，1991。

〔清〕黃可垂：《呂宋紀略》，載〔清〕王大海編《海島逸志》，姚楠、吳琅璇校注，香港學津書店，
1992。

〔明〕侯繼高：〈遊補陀洛迦山記〉，載〔民國〕王亨彥輯《普陀洛迦新志》卷二，《中國佛寺史志
匯刊》第 1 冊，臺北明文書局，1980。

J

〔清〕嵇璜、劉墉等：《續通典》，紀昀等校訂，浙江古籍出版社，2000。

〔清〕計六奇：《明季南略》，上海：商務印書館，1936。

〔清〕計六奇：《明季北略》，中華書局，1984。

〔清〕江日昇：《臺灣外記》，福建人民出版社，1983。

〔明〕姜紹書：《無聲詩史　韻石齋筆談》，印曉峰點校，華東師範大學出版社，2009。

〔明〕蔣一葵：《長安客話》，北京古籍出版社，1960。

〔明〕蔣一葵：《堯山堂外紀》，載《四庫全書存目叢書・子部》第 148 冊，齊魯書社，1995。

L

〔清〕藍鼎元：《平臺紀略》清雍正元年刊本，中華書局，1991。

〔明〕郎瑛：《七修類稿》，上海書店出版社，2009。

〔清〕勒德洪等：《大清歷朝實錄》，中華書局，1985-1987。

〔明〕李東陽等：《大明會典》，載《續修四庫全書》卷七九一《史部‧政書類》卷一一二，上海古籍出版社，2002。

〔明〕李東陽：《李東陽集》，岳麓書社，1984，第 421-422 頁。

〔明〕李東陽：《懷麓堂集》卷三二〈南隱樓記〉，載〔清〕于敏中等輯：《摛藻堂四庫全書薈要‧集部》第 64 冊，臺北世界書局影印，1985。

〔明〕李東陽：《懷麓堂集》，上海古籍出版社，1991。

〔明〕李光縉：《景璧集》，江蘇廣陵古籍刻印社，1996。

〔明〕李開先：《中麓畫品》，載王伯敏、任道斌編：《畫學集成》，河北美術出版社，2002。

〔明〕李鱗：〈跋周東村長江萬里圖後〉，載〔明〕唐順之：《荊川先生文集》卷十七，上海涵芬樓藏明萬曆刊本，載張元濟等編：《四部叢刊初編》第 1590 冊，上海：商務印書館，1919，第 23 頁。

〔明〕李日華：《味水軒日記》，屠友祥校注，上海遠東出版社，1996。

〔明〕李賢等：《大明一統志》，三秦出版社，1990。

〔明〕凌濛初：《初刻拍案驚奇》，天津古籍出版社，2004。

〔明〕劉侗、于奕正：《帝京景物略》，北京古籍出版社，1983。

〔後晉〕劉昫等：《舊唐書》，中華書局，1975。

〔明清〕琉球國史官編：《歷代寶案》第一集，臺灣大學影印本，1972。

〔清〕劉獻廷：《廣陽雜記》，汪北平、夏志和點校，中華書局，1957。

〔明〕羅洪先：《念庵集》卷十〈跋九邊圖〉，載《文瀾閣四庫全書》，杭州出版社，2006。

M

〔明〕馬歡：《瀛涯勝覽校注》，馮承鈞校注，上海：商務印書館，1935（中華書局，1955 重印）。

〔明〕茅元儀編：《鄭和航海圖》，向達整理，中華書局，1961。

N

〔明〕倪岳：〈青溪漫稿〉，載《四庫明人文集叢刊》，上海古籍出版社，1991。

O

〔明〕歐陽玄、王沂、楊宗瑞等：《金史》，中華書局，1975。

P

（西）帕萊福（Juan de Palafoxy Mendoza）等：《韃靼征服中國史》，何高濟譯，中華書局，2008。

（葡）皮列士（Tomé Pires）：《東方志：從紅海到中國》，何高濟譯，江蘇教育出版社，2005。

（葡）平托（Fernão M. Pinto）：《遠遊記》，金國平譯，葡萄牙大發現紀念澳門地區委員會等，1999。

Q

〔清〕錢謙益：《列朝詩集小傳》，上海古籍出版社，1983。

〔清〕屈大均：《廣東新語》，中華書局，1985。

S

（法）沙海昂（A. J. H. Charignon）校注：《馬可・波羅行紀》，馮承鈞譯，上海：商務印書館，1936（上海書店出版社，2001 重印）。

〔明〕沈德符：《萬曆野獲編》，中華書局，1959。

〔明〕沈榜：《宛署雜記》，北京古籍出版社，1983 再版。

〔清〕史澄：《光緒廣州府志》，載《中國方志叢書》第 1 號，《廣東省廣州府志》第 2 冊，臺北成文出版社，1966。

〔明〕釋明河：《補續高僧傳》，載《續修四庫全書・子部・宗教類》第 1283 冊，上海古籍出版社，1991。

〔明〕慎懋賞：《四夷廣記》，載鄭振鐸輯：《玄覽堂叢書續集》，國立中央圖書館，1947。

〔漢〕司馬遷：《史記・西南夷列傳》，中華書局，1972，第 2993-2994 頁。

（英）斯當東（George T. Staunton）：《英使謁見乾隆紀實》，葉篤義譯，上海書店出版社，1997。

（阿拉伯）蘇萊曼、艾布・載德、哈桑・西拉菲：《中國印度見聞錄》，穆根來等譯，中華書局，1983。

〔明〕宋濂等撰：《元史》，中華書局，1976。

〔明〕宋應星：《天工開物》，中國社會出版社，2004。

T

〔清〕談遷：《國榷》，張宗祥校點，北京古籍出版社，1958。

W

〔東吳〕萬震：《南州異物志》，載〔宋〕李昉：《太平御覽》卷八〇八《珍寶部七》引，中華書局，1960，第 3591 頁下。

〔明〕汪大淵：《島夷志略校釋》，蘇繼廎校釋，中華書局，1981。

〔宋〕王讜：《唐語林》，中華書局，1987。

〔明〕王寵：《雅宜山人集》，載《四庫全書存目叢書・集部》第 79 冊，齊魯書社，1997，第 23-24 頁。

〔明〕王圻：《續文獻通考》，載《四庫全書存目叢書・子部》第 185 冊，齊魯書社，1997。

〔明〕王士點、商企翁編次：《秘書監志》，高榮盛點校，浙江古籍出版社，1992。

〔明〕王世懋：《窺天外乘》，載王雲五主編：《叢書集成初編》第 2810-2811 冊，上海：商務印書館，1937。

〔明〕文震亨：《福王登極實錄》，載由繆等主編：《中國野史集成》第 33 冊，巴蜀書社，1993。

〔明〕吳朴：《渡海方程》，收入〔明〕董谷編：《碧里雜存》卷下，載樊維城輯：《鹽邑志林》第十七冊，上海：商務印書館，1937，第 93-96 頁。

〔清〕吳長元輯：《宸垣識略》，北京古籍出版社，1983。

〔明〕烏斯道：《春草齋文集》，載《景印文淵閣四庫全書・集部六・別集類五》第 1232 冊，臺北商務印書館，1983-1986。

X

〔明〕謝肇淛：《五雜俎》，上海書店出版社，2001 年。

〔明〕謝廷傑：《兩浙海防類考》，上海圖書館藏萬曆三年刻本。

〔清〕謝曼等監修:《江西通志》,載《景印文淵閣四庫全書》第 515 冊,臺北商務印書館,1983。

〔明〕熊夢祥:《析津志輯佚》,北京圖書館善本部輯,北京古籍出版社,1983。

〔唐〕玄奘、辨機:《大唐西域記校注》,季羨林等校注,中華書局,1985。

Y

〔明〕嚴從簡:《殊域周咨錄》,余思黎點校,中華書局,1993。

〔明〕葉盛:《水東日記》,魏中平校點,中華書局,1980。

(摩洛哥)伊本・巴圖塔:《伊本・白圖泰遊記》,馬金鵬譯,寧夏人民出版社,1985。

〔唐〕義淨:《大唐西域求法高僧傳校注》,王邦維校注,中華書局,1988。

〔清〕印光任、張汝霖:《澳門紀略》,上海古籍出版社,1990。

〔清〕英廉等:《日下舊聞考》卷九七〈郊坰西七〉,北京古籍出版社,1983。

〔明〕應檟、劉堯誨等:《蒼梧總督軍門志》,臺灣學生書局,1970(中國國家圖書館全國圖書縮微
複製中心,1991 重印)。

〔明〕俞汝楫:《禮部志稿》,載《景印文淵閣四庫全書》第 598 冊,臺北商務印書館,1983。

Z

〔明〕湛若水:《甘泉先生文集》,北京大學圖書館藏明嘉靖十五年刻本,第 7-8 頁。

〔清〕張廷玉等:《明史》,中華書局,1977。

〔明〕張輔、楊士奇等:《明實錄》,黃彰健等校勘,中研院歷史語言研究所校印,1962。

〔明〕鄭若曾:《籌海圖編》,李致忠點校,中華書局,2007。

〔明〕鄭舜功:《日本一鑑》明抄本,民國二十八年影印。

〔南明〕鄭大郁:《經國雄略》,載哈佛大學哈佛燕京圖書館編:《美國哈佛大學哈佛燕京圖書館
藏中文善本彙刊 19》,收入《中國古籍海外珍本叢刊》,商務印書館/廣西師範大學出版社,
2003。

〔民國〕趙爾巽等:《清史稿》,中華書局,1977。

〔明〕周應賓:《重修普陀山志》萬曆三十五年刻本,載《中國佛寺史志彙刊》第 9 冊第 1 輯,臺北
明文書局,1980。

〔清〕周學曾等:《晉江縣志》,福建人民出版社,1990。

〔明〕祝允明:《野記》,上海:商務印書館,1936。

〔明〕朱紈:《甓餘集》,載陳子龍等選輯:《明經世文編》第 205 卷,中華書局,1962。

〔明〕朱紈:《甓餘雜集》,載湯開建主編:《明清時期澳門問題檔案文獻匯編》第 5 卷,人民出版社,
1999。

〔明〕朱思本撰,〔明〕羅洪先、胡松增補:《廣輿圖》,載《續修四庫全書》第 586 冊,上海古
籍出版社,2002,第 412-528 頁。

〔明〕朱謀垔:《畫史會要》,載徐娟主編:《中國歷代書畫藝術論著叢編》第 1 冊,中國大百科全
書出版社,1997。

〔明〕鄒維璉:《達觀樓集》卷一八〈奉剿紅夷報捷疏〉,載《四庫全書存目叢書・集部》第 183 冊,
齊魯書社,1997。

中文論著

A

（土耳其）愛賽・郁秋克主編：《伊斯坦布爾的中國寶藏》，歐凱譯，伊斯坦堡：阿帕設計出版印刷公司，2001。

（義）白蒂（Patrizia Carioti）：《遠東國際舞台上的風雲人物——鄭成功》，莊國土等譯，廣西人民出版社，1997。

（紐西蘭）安東尼・里德（Anthony Reid）：《1400—1650 年貿易時代的東南亞》（一），錢江譯，《南洋資料譯叢》2008 年第 1 期，第 47-63 頁。

（紐西蘭）安東尼・瑞德：《東南亞的貿易時代：1450—1680 年》第二卷，商務印書館，2010。

北京市文物研究所等：《北京玉河——2007 年度考古發掘報告》，科學出版社，2008。

北京大學考古文博學院、江西省文物考古研究所、景德鎮市陶瓷考古研究所：〈江西景德鎮觀音閣明代窯址發掘簡報〉，《文物》2009 年第 12 期，第 39-57 頁。

貝逸文：〈論普陀山南海觀音之形成〉，《浙江海洋學院學報》2003 年第 3 期，第 26-31 頁轉 76 頁。

（法）畢梅雪（Michéle Pirazzoli-t'Serstevens）：〈郎世寧與乾隆皇帝西洋樓的多學科研究〉，《國立博物館學報》（臺北）1989 年第 4 期，第 1-12 頁；《國立博物館學報》（臺北）1989 年第 5 期，第 1-16 頁。

（法）畢梅雪：〈哈伊馬角酋長國朱爾法古城遺址出土的遠東陶瓷（十四—十六世紀）及其作為斷代、經濟與文化發展的標誌〉，趙冰等譯，《歷史、考古與社會——中法學術系列講座》第 4 號（法國遠東學院北京中心，2003），第 3-12 頁。

（英）博克瑟（Charles R. Boxer）：〈鄭芝龍（尼古拉・一官）興衰記〉，松儀摘譯，《中國史研究動態》1984 年第 3 期，第 14-21 頁。

（法）伯希和（Paul Pelliot）：〈利瑪竇時代傳入中國的歐洲繪畫與版刻〉，李華川譯，《中華讀書報》2002 年 11 月 6 日。

（荷）包樂史（Leonard Blussé）：〈荷蘭東印度公司時期中國對巴達維亞的貿易〉，溫廣益譯，《南洋資料譯叢》1984 年第 4 期，第 69 頁。

C

曹建文：〈克拉克瓷器在景德鎮窯址的發現〉，張之鑄主編：《中國當代文博論著精編》，文物出版社，2006，第 430 頁。

陳方主編：《南頭風物》，海天出版社，1990。

陳覆生：〈紀功與記事：明人〈抗倭圖卷〉研究〉，《中國國家歷史博物館館刊》2012 年第 2 期，第 8-33 頁。

陳得芝：〈《混一疆理歷代國都之圖》西域地名考釋〉，劉迎勝主編《《大明混一圖》與《混一疆理圖》研究——中古時代後期東亞的寰宇圖與世界地理知識》，鳳凰出版集團，2010，第 6-7 頁。

陳高華：〈元代泉州舶商〉，載《陳高華文集》，上海辭書出版社，2005，第 543-545 頁。

陳佳榮、謝方、陸峻嶺編《古代南海地名匯釋》，中華書局，1986。

陳佳榮：〈清浚元圖記錄泉州對伊斯蘭地區的交通〉，《海交史研究》2009 年第 1 期，第 27-33 頁。

陳佳榮：〈現存最詳盡、準確的元朝疆里總圖——清濬《廣輪疆里圖》略析〉，《海交史研究》2009 年第 2 期，第 1-30 頁。

陳佳榮：〈新近發現的《明代東西洋航海圖》編繪時間、特色及海外交通地名略析〉，《海交史研究》2011 年第 2 期，第 52-66 頁。

陳擎光：〈從宗教性紋飾探討十七至十八世紀中國貿易瓷供需之問題〉，《中國古代貿易瓷國際學術討論會論文集》，臺北歷史博物館，1994。

陳泗東：〈李贄的家世、故居及其妻墓碑——介紹新發現的有關李贄的文物〉，《文物》1975 年第 1 期，第 34-43 頁。

陳志華：《中國造園林藝術在歐洲的影響》，山東畫報出版社，2006。

陳自強：〈論吳朴的海洋意識〉，《漳州師範學院學報》2008 年第 3 期，第 112-116 頁。

陳宗仁：〈Lequeo Pequeño 與 Formosa——十六世紀歐洲繪製地圖對臺灣海域的描繪及其轉變〉，《臺大歷史學報》第 41 期，2008 年，第 109-164 頁。

崔福元：〈近代非洲沿海的航海標柱〉，《航海》2003 年第 1 期，第 20-21 頁轉第 19 頁。

D

鄧之誠：《骨董瑣記全編》，鄧珂點校，北京出版社，1996。

F

（美）范岱克（Paul A. van Dyke）：〈荷蘭東印度公司在 1630 年代東亞的亞洲區間貿易中成為具有競爭力的原因與經過〉，查忻譯，《暨南史學》第三輯，暨南大學出版社，2000，第 123-144 頁。

范金民、夏愛軍：《洞庭商幫》，黃山書社，2005。

范金民〈鄭和〈婁東劉家港天妃宮石刻通番事蹟記〉校讀〉，朱誠如、王天有編：《明清論叢》第 10 輯，紫禁城出版社，2010，第 337-845 頁。

方豪：〈十六世紀浙江國際貿易港 Liampo 考〉，載《方豪六十自定稿》上冊，臺灣學生書局，1969，第 91-121 頁。

方豪：《中國天主教史人物傳》，中華書局重印本，1988。

費慧茂輯：《歷朝名畫觀音寶相》，上海淨緣社，1940。

（法）費瑯（G. Fernand）：《阿拉伯波斯突厥人東方文獻輯注》，耿昇、穆根來譯，中華書局，1989。

（義）菲立普‧米尼尼（Filippo Mignini）等編：《利瑪竇——明末中西科學技術文化交融的使者》，首都博物館，2010，第 224 頁。

馮明珠主編：《經緯天下：飯塚一教授捐贈古地圖展》，臺北故宮博物院，2005。

馮鵬生：《中國書畫裝裱技法》，北京工藝美術出版社，2003。

福建省博物館：《漳州窯》，福建人民出版社，1997。

福建省泉州海外交通史博物館：《泉州灣宋代海船發掘與研究》，海洋出版社，1987。

傅衣凌：《明清時代商人及商業資本》，人民出版社，1956。

傅熹年主編：《中國古代建築史》第二卷，中國建築工業出版社，2001。

付陽華：〈中國畫「淵明逸致圖」的漸次豐滿〉，《文藝研究》2006 年第 9 期，第 131-138 頁。

（美）弗蘭克（Andre G. Frank）：《白銀資本》，劉北城譯，中央編譯出版社，2000。

G

（英）甘淑美（Teresa Canepa）：〈葡萄牙的漳州窯貿易〉，《福建文博》2010 年第 3 期，第 63 頁。

（英）甘淑美：〈十六世紀晚期和十七世紀早期葡萄牙和西班牙的克拉克瓷貿易〉，鄭培凱主編：《逐波泛海——十六至十七世紀中國陶瓷與物質文明擴散國際學術研討會論文集》，香港城市大學中國文化中心，2012，第 257-286 頁。

耿引增：《中國人與印度洋》，大象出版社，2009。

高泳源：〈衛匡國（馬爾蒂尼）的〈中國新圖志〉〉，《自然科學史研究》1982 年第 4 期，第 366-372 頁。

高榮盛：〈元代海外貿易的管理機構〉，《元史論叢》第七輯，江西教育出版社，1999，第 87-96 頁。

耿寶昌：《明清瓷器鑑定》，紫禁城出版社，1993。

廣西文物考古寫作小組：〈廣西合浦西漢木槨墓〉，《考古》1972 年第 5 期，第 28 頁。

廣東省文物管理委員會等編：《南海絲綢之路文物圖集》，廣東科技出版社，1991。

廣州象崗漢墓發掘隊：〈西漢南越王墓發掘初步報告〉，《考古》1984 年第 3 期，第 222-230 頁。

廣州市文物管理處：〈廣州東山明太監韋眷墓清理簡報〉，《考古》1977 年第 4 期，第 280-283 頁。

故宮博物院／上海博物館編：《明清貿易瓷》，上海書畫出版社，2015。

顧國蘭：〈淺析戴進〈靈谷春雲圖〉〉，《國畫家》2005 年第 2 期，第 66-67 頁。

龔纓晏、楊靖：〈近年來 Liampo、雙嶼研究述評〉，《中國史研究動態》2004 年第 4 期，第 13-19 頁。

龔纓晏：〈中國古地圖上的雙嶼〉，《文化雜誌》（澳門）第 72 期，2009，第 140-152 頁。

龔纓晏：〈古代西方手稿中的中國地圖〉，《地圖》2011 年第 1 期，第 131 頁。

龔纓晏：〈國外新近發現的一幅明代航海圖〉，《歷史研究》2012 年第 3 期，第 156-160 頁。

郭育生、劉義杰：〈《東西洋航海圖》成圖時間初探〉，《海交史研究》2011 年第 2 期，第 67-81 頁。

H

胡廷武、夏代忠主編：《鄭和史詩》，雲南人民出版社，2006。

黃時鑒：〈巴爾布達《中國新圖》的刊本、圖形和內容〉，《中國測繪》2009 年第 6 期，第 62-69 頁。

黃盛璋：〈《過洋牽星圖》起源阿拉伯與中國發展、提高的貢獻指謎解難〉，劉迎勝主編：《《大明混一圖》與《混一疆理圖》研究》，鳳凰出版社，2010，第 135-136 頁。

黃薇：《廣東台山上川島「花碗坪」遺址出土明代外銷瓷器及其相關問題研究》，北京大學考古文博學院碩士論文，2006。

黃薇、黃清華：〈廣東台山上川島花碗坪遺址出土瓷器及相關問題〉，《文物》2007 年第 5 期，第 78-88 頁。

黃薇、黃清華：《上川島與十六世紀中葡早期貿易》，載香港城市大學中國文化中心陶瓷下西洋研究小組編：《陶瓷下西洋——早期中葡貿易中的外銷瓷》，香港城市大學出版社，2010，第 59-69 頁。

J

紀念葡萄牙發現事業澳門地區委員會編：《澳門：從地圖繪製看東西方交匯》，澳門東方基金會，

2011。

江蘇太倉市普查組：〈江蘇太倉海運倉遺址〉，中國國家文物局編：《2008 年第三次全國文物普查
　　重要新發現》，科學出版社，2009。

江蘇省淮安縣博物館：〈淮安縣明代王鎮夫婦合葬墓清理簡報〉，《文物》1987 年第 3 期，第 4 頁。

金誠、吳雙：〈歷史上的「西涯八景」〉，《海內與海外》2009 年第 12 期，第 56 頁。

金建榮：〈謝時臣繪畫考述〉，《藝術百家》2008 年第 5 期，第 110 頁。

金國平、吳志良：《西力東漸——中葡早期接觸追昔》，澳門基金會，2000。

金國平、吳志良：〈歐洲首幅中國地圖的作者、繪製背景及年代〉，《澳門理工學報》2003 年第 1 期，
　　第 79-87 頁。

金國平、吳志良：〈葡萄牙史料所載鄭和下西洋史事探微〉，陳信雄、陳玉女編：《鄭和下西洋國
　　際學術研討會論文集》，臺南稻鄉出版社，2003，第 330-331 頁。

金國平、吳志良：〈歐洲首幅中國地圖的作者、繪製背景及年代〉，《澳門理工學報》2003 年第 1 期，
　　第 79-87 頁。

金國平、吳志良：《過十字門》，澳門成人教育學會，2004。

金國平、吳志良：〈「巴喇西」與「巴兒西」試考〉，載金國平、吳志良：《過十字門》，澳門成
　　人教育學會，2004，第 410-420 頁。

金國平編譯：《西方澳門史料選萃（15—16 世紀）》，廣東人民出版社，2005。

金國平、吳志良：〈流散於葡萄牙的中國明清瓷器〉，《故宮博物院院刊》2006 年第 3 期，第 98-113 頁。

金國平、吳志良：〈鄭芝龍與澳門——兼談鄭氏家族的澳門黑人〉，載金國平、吳志良：《早期澳
　　門史論》，廣東人民出版社，2007。

金國平、吳志良：〈1511 年滿剌加淪陷對中華帝國的衝擊——兼論中國近代史的起始〉，《學術研究》
　　2007 年第 7 期，第 73-95 頁。

金國平、吳志良：〈「火者亞三」生平考略：傳說與事實〉，中國社會科學院歷史研究所明史研究室編：
　　《明史研究論叢》第十輯，紫禁城出版社，2012，第 226-244 頁。

金國平、吳志良：〈1541 年別琭佛哩時代訂製瓷之圖飾、產地及訂製途徑考〉，鄭培凱主編：《逐
　　波泛海——十六至十七世紀中國陶瓷與物質文明擴散國際學術研討會論文集》，香港城市大學中
　　國文化中心，2012，第 287-300 頁。

金國平：〈「The Selden Map of China」中「化人」略析——兼考「佛郎機」與「佛郎機國」〉，中
　　國社會科學院歷史研究所明史研究室編：《明史研究論叢》第十二輯，中國廣播電視出版社，
　　2014，第 209-223 頁。

金國平、吳志良：《從葡萄牙語及琉球漢語文獻論析 Cheilata 之生平與事蹟》（待刊）。

金敬軒：〈本世紀來關於秦漢古象郡的爭論〉，《中國史研究動態》1995 年第 4 期，第 9-12 頁。

K

孔祥吉：〈蔡金台密札與袁世凱告密之真相〉，《廣東社會科學》2005 年第 5 期，第 133-137 頁。

L

賴德霖：〈鮑希曼對中國近代建築研究之影響試論〉，《建築學報》2011 年第 5 期，第 94-99 頁。

李毅華：〈兩件正德朝阿拉伯文波斯文瓷器——兼談伊斯蘭文化的影響〉，《故宮博物院院刊》
　　1984 年第 3 期，第 49-52 頁。

李金明：〈明初泉州港衰落原因新論〉，《海交史研究》1996 年第 1 期，第 57-61 頁。

李玉珉：〈（傳）宋人觀音大士軸〉，李玉珉編：《觀音特展》，臺北故宮博物院，2000，第 213-214 頁。

李德霞：〈淺析荷蘭東印度公司與鄭氏海商集團之商業關係〉，《海交史研究》2005 年第 2 期，第 67-80 頁。

李啟斌：〈牽星術〉，劉南威主編：《中國古代航海天文》，科學普及出版社廣州分社，1989。

李天綱編譯：《大清帝國城市印象：19 世紀英國銅版畫》，上海古籍出版社，2002。

李玉安、黃正雨編：《中國藏書家通典》，中國國際文化出版社，2005。

李宏為：〈沉寂數百年 一鳴傳天下——《大明混一圖》引起世人關注〉，《歷史檔案》2004 年第 1 期，第 133-136 頁。

李慶新：〈明前期市舶宦官與朝貢貿易管理〉，《學術研究》2005 年第 8 期，第 102-148 頁。

李零：〈論西辛戰國墓裂瓣紋銀豆——兼談我國出土的類似器物〉，《文物》2014 年第 9 期，第 58-70 頁。

栗建安：〈克拉克瓷與漳州窯〉，《中國文物報》2000 年 10 月 22 日。

（義）利瑪竇（Matteo Ricci）：《利瑪竇札記》，金尼閣（Nicolas Trigault）整理，何高濟等譯，中華書局，1983。

（義）利瑪竇：《利瑪竇全集》，劉俊餘、王玉川譯，臺北光啟出版社／輔仁大學出版社，1986。

（義）利瑪竇：《利瑪竇書信集》上冊，羅漁譯，《利瑪竇全集》第 3 冊，臺北光啟出版社／輔仁大學出版社，1986。

梁欣立：《北京古橋》，北京圖書館出版社，2007。

梁二平：〈尋訪漂在英倫的「大明東西洋航海圖」〉，《深圳晚報》2011 年 10 月 18 日。

梁啟超：〈論太平洋海權及中國前途〉，《新民叢報》（橫濱）1903 年第 26 號。

梁思成：《中國建築史》，百花文藝出版社，1998。

林梅村：《絲綢之路考古十五講》，北京大學出版社，2006。

林梅村：〈元人畫跡中的歐洲傳教士〉，《九州學林》第五卷第四期，香港城市大學／上海復旦大學，2008，第 204-231 頁。

林梅村：〈尋找成吉思汗〉，《兩岸發展史學術演講專輯》第六輯，臺北中央大學出版中心，2009，第 83-159 頁。

林梅村：〈六橫島訪古〉，《澳門研究》2010 年第 2 期，第 169-184 頁。

林梅村：〈大航海時代東西方文明的交流與衝突：15 ～ 16 世紀景德鎮青花瓷外銷調查之一〉，《文物》2010 年第 3 期，第 84-96 頁。

林梅村：《蒙古山水地圖》，文物出版社，2012。

林梅村：〈鄭芝龍航海圖——牛津大學鮑德林圖書館藏《雪爾登中國地圖》名實辯〉，《文物》2013 年第 9 期，第 64-82 頁。

林梅村：〈最後的輝煌——落馬橋型元青花〉，《大朝春秋——蒙元考古與藝術》，故宮出版社，2014，第 339-367 頁。

林天人：〈坐看天下小 故宮新藏地圖芻議〉，載馮明珠主編：《經緯天下：飯塚一教授捐獻古地圖展》，臺北故宮博物院，2001。

林仁川：《明末清初私人海上貿易》，華東師範大學出版社，1987，第 85-87 頁。

林南中：〈早期葡萄牙銀元流入閩南小考〉，《中國錢幣》2014 年第 1 期，第 25 頁。

廖大珂：《福建海外交通史》，福建人民出版社，2002。

劉朝輝：〈明代瓷器外銷與沿海貿易港口：香港竹篙灣出土瓷器及相關問題研究（摘要）〉，鄭培凱主編：《逐波泛海——十六至十七世紀中國陶瓷與物質文明擴散國際學術研討會論文集》，香港城市大學中國文化中心，2012，第 43-44 頁。

劉世旭、張正寧：〈西昌瀘山「魚籃觀音」畫像碑考略〉，《四川文物》1992 年第 3 期，第 48-49 頁。

劉九庵：《宋元明清書畫家傳世作品年表》，上海書畫出版社，1997。

劉新光、李孝聰：〈狀元羅洪先與《廣輿圖》〉，《文史知識》2002 年第 3 期，第 26-34 頁。

劉森、吳春明：〈明初青花瓷業的伊斯蘭文化因素〉，《廈門大學學報》2008 年第 1 期，第 121-128 頁。

劉迎勝：〈汪大淵兩次出洋初考〉，《「鄭和與海洋」學術研討會論文集》，中國農業出版社，1988，第 301-312 頁。

劉迎勝：〈唐元時代的中國伊朗語文與波斯語文教育〉，《新疆大學學報》1991 年第 1 期，第 18-23 頁。

劉迎勝：〈《混一疆理歷代國都之圖》相關諸圖間的關係——以文字資料為中心的初步研究〉，劉迎勝主編：《《大明混一圖》與《混一疆理圖》研究：中古時代後期東亞的寰宇圖與世界地理知識》，鳳凰出版社，2010，第 88-99 頁。

劉迎勝：《絲路文化：海上卷》，浙江人民出版社，1995。

劉迎勝：《海路與陸路——中古時代東西交流研究》，北京大學出版社，2011。

陸位世：〈十六世紀雙嶼港港址考略〉，《普陀潮》2008 年第 5 期，第 50-51 頁。

陸九皋：〈謝廷循〈杏園雅集圖卷〉〉，《文物》1963 年第 4 期，第 24 頁。

陸明華：《明代官窯瓷器》，上海人民出版社，2007。

陸明華：〈明弘治景德鎮官窯：瓷業的衰落〉，劉新園主編：《景德鎮陶瓷》1986 年第 2 期，第 53-36 頁。

駱愛麗：《十五—十六世紀的回回文與中國伊斯蘭教文化研究》，臺北文史哲出版社，2008，第 167-168 頁。

M

馬興東：〈〈故馬公墓誌銘〉的歷史價值〉，《雲南民族學院學報》1994 年第 3 期，第 64 頁。

（蘇）馬吉多維奇，約·彼：《世界探險史》，屈瑞譯，世界知識出版社，1988。

馬文寬、孟凡人：《中國古瓷在非洲的發現》，紫禁城出版社，1987。

馬建春：〈元代東傳回回地理學考述〉，《回族研究》2002 年第 1 期，第 14-18 頁。

馬金科主編：《早期香港史研究資料選輯》上冊，香港三聯書店，1998。

毛德傳：〈「雙嶼」考略〉，《中國方域——行政區劃與地名》1997 年第 2 期，第 24-25 頁。

毛德傳：〈十六世紀的上海——雙嶼歷史地理考略〉，《舟山師專學報》1996 年第 4 期，第 31-34 頁轉 84 頁。

（美）牟復禮（Frederick W. Mote）、（英）崔瑞德（Denis C. Twitchett）主編：《劍橋中國明代史》，張書生等譯，中國社會科學出版社，1992。

穆益勤編：《明代院體浙派史料》，上海人民美術出版社，1985，第 6-7 頁。

莫小也：《十七—十八世紀傳教士與西畫東漸》，中國美術學院出版社，2002，第 47-52 頁。

（義）莫拉·瑞納爾迪（Maura Rinaldi）：〈克拉克瓷器的歷史與分期〉，曹建文、羅易扉譯，《南方文物》2005 年第 3 期，第 83-84 頁。

N

納巨峰：〈明武宗回教信仰考〉，《世界宗教研究》2012 年第 2 期，第 143-157 頁。

P

（西）帕萊福（Juan de Palafoxy Mendoza）等：《韃靼征服中國史》，何高濟譯，中華書局，2008。

（法）裴華行（Henri Bernard）：《利瑪竇評傳》，管震湖譯，商務印書館，1993。

（德）普塔克（Roderich Ptak）：〈明正德嘉靖年間的福建人、琉球人與葡萄牙人：生意伙伴還是競爭對手〉，趙殿紅譯，《暨南史學》第二輯，暨南大學出版社，2003，第 320 頁。

Q

錢江：〈一幅新近發現的明朝中葉彩繪航海圖〉，《海交史研究》2011 年第 1 期，第 1-7 頁。

錢江：〈古代亞洲的海洋貿易與閩南商人〉，亞平、路熙佳譯，《海交史研究》2011 年第 2 期，第 40 頁。

錢茂偉：〈明代寧波雙嶼港區規模的重新解讀〉，張偉主編：《浙江海洋文化與經濟》第 1 輯，海洋出版社，2007，第 152-158 頁。

R

任世江、何孝榮：〈明代「倭患」問題辨析〉，《歷史教學》2008 年第 5 期，第 5-6 頁。

（法）榮振華（Joseph Dehergne）：《在華耶穌會使列傳及書目補編》，耿昇譯，中華書局，1995。

（法）榮振華、李渡南等：《中國的猶太人》，耿昇譯，大象出版社，2005。

S

（英）斯當東（George T. Staunton）：《英使謁見乾隆紀實》，葉篤義譯，上海書店出版社，1997。

孫喆：《康雍乾時期輿圖繪製與疆域形成研究》，中國人民大學出版社，2003，第 37-44 頁。

孫光圻、蘇作靖：〈中國古代航海總圖首例──牛津大學藏《雪爾登中國地圖》研究之一〉，《中國航海》2012 年第 2 期，第 84-88 頁。

孫果清：〈混一疆理歷代國都之圖〉，《地圖》2005 年第 4 期，第 89-90 頁。

孫果清：〈最早的北京城古代地圖──《北京城宮殿之圖》〉，《地圖》2007 年第 3 期，第 106-107 頁。

（英）蘇立文（Michael Sullivan）：《東西方美術的交流》，陳瑞林譯，江蘇美術出版社，1998。

宋峴：〈鄭和航海與穆斯林文化〉，《回族研究》2005 年第 3 期，第 64 頁。

宋后楣：〈元末閩浙畫風與明初浙派之形成二〉，《故宮學術季刊》（臺北）1989 年第 1 期，第 127 頁。

宋煊：〈浙江明代海防遺跡〉，《東方博物》2005 年第 3 期，第 68 頁。

〔清〕孫承澤：《春明夢餘錄》卷六六，北京古籍出版社，1992，第 1280 頁。

孫機：〈簡論「司南」兼及「司南佩」〉，《中國歷史文物》2005 年第 4 期，第 9 頁。

單國強：《戴進》，吉林美術出版社，1996，第 118-124 頁。

邵彥：〈明代永樂宣德宮廷繪畫藝術〉，《文物天地》2010 年第 10 期，第 27 頁。

施存龍：〈葡人入居澳門前侵入我國「南頭」考實〉，《中國邊疆史地研究》1999 年第 2 期，第 51-63 頁。

沈藝：《澳門聖保祿教堂與日本教難》，北京外國語大學碩士學位論文，2014，第 30 頁。

沈藝：〈日本教難與澳門聖保祿教堂〉，《澳門研究》2015 年第 1 期，第 124-137 頁。

沈弘：《尋訪 1906─1909 西人眼中的晚清建築》，百花文藝出版社，2005，第 173-178 頁。

T

（澳）塔林‧尼古拉斯（Nicholas Tarling）主編：《劍橋東南亞史》第 1 卷，賀聖達等譯，雲南人民
　　出版社，2003。

臺北故宮博物院聯合管理處編：《故宮書畫錄》，臺北故宮博物院，1956 年。

譚志泉：〈西海老人──名畫家周懷民〉，載北京什剎海研究會、什剎海歷史文化旅遊風景區管理
　　處編：《京華勝地什剎海》，北京出版社，1993，第 111-115 頁。

湯開建：〈平托《遊記》Liampo 紀事考實〉，載湯開建：《澳門開埠初期史研究》，中華書局，
　　1999，第 27-57 頁。

湯開建：〈中葡關係的起點：上、下川島──Tamão 新考〉，載《澳門開埠初期史研究》，中華書局，
　　1999，第 27-57 頁。

湯開建：〈澳門──西洋美術在中國傳播的第一站〉，《美術研究》2002 年第 4 期，第 42 頁。

陶喻之：〈利瑪竇畫藝膚談〉，《新民晚報》2010 年 3 月 29 日 B7 版。

陶喻之：〈關於新發現徐光啟行書詩扇與相傳利瑪竇畫通景屏幅〉，《文化雜誌》（澳門）第 72 期，
　　2010，第 127-142 頁。

陶亮：〈論葡萄牙東方海上貿易帝國的興衰〉，《印度洋經濟體研究》2015 年第 4 期，第 37 頁。

W

汪前進、胡啟松、劉若芳：〈絹本彩繪《大明混一圖》研究〉，載曹婉如等編：《中國古代地圖集》
　　明代卷，文物出版社，1995，第 54-55 頁。

王俊昌：〈試探魚籃觀音文本的社會涵義〉，《中正歷史學刊》2006 年第 8 期，第 87-118 頁。

〔民國〕王亨彥輯：〈普陀洛迦新志〉，載《中國佛寺史志彙刊》第 1 輯，臺北明文書局，1980。

王彬：《北京微觀地理筆記》，三聯書店，2007。

王彬、徐秀珊：《北京地名典》修訂版，中國文聯出版社，2008。

王慕民：〈十六、十七世紀葡萄牙與寧波之關係〉，《澳門研究》1999 年第 1 期，第 1-31 頁。

王宏凱：〈劉大夏焚毀鄭和出使水程質疑〉，《鄭和研究論文集》第一輯，大連海事大學出版社，
　　1993。

王元林：〈明代初期廣東沿海貢舶貿易港考〉，《中國歷史地理論叢》2003 年第 1 期，第 57 頁。

王建保：〈宋加洛瓷器的磁州窯風格〉，《收藏》2014 年第 8 期，第 52-53 頁。

王平：〈16─17 世紀伊朗捍衛霍爾木茲島主權論〉，《重慶大學學報》2007 年第 3 期，第 107-108 頁。

王子今：〈秦漢時期南嶺道路開通的歷史意義〉，《中國社會科學報》2012 年 12 月 28 日第 A06 版。

王仲殊：〈試論鄂城五里墩西晉墓出土的波斯薩珊朝玻璃碗為吳時由海路傳入〉，《考古》1995 年
　　第 1 期，第 81-87 頁。

王元林：〈秦漢時期番禺等嶺南港口與內地海上交通的關係〉，《中國古都研究》第二十三輯，三
　　秦出版社，2007 年，第 151-174 頁。

（葡）文德泉（Padre M. Teixeira）：〈中葡貿易中的瓷器〉，吳志良主編：《東西方文化交流》，
　　澳門基金會，1994，第 207-215 頁。

聞人軍：〈南宋堪輿旱羅盤的發明之發現〉，《考古》1990 年第 12 期，第 1127-1131 頁。

翁文灝：〈清初測繪地圖考〉，《地學雜誌》第 18 卷第 3 期，1930，第 405-438 頁。

巫鴻：《重屏：中國繪畫中的媒材與再現》，文丹譯，上海人民出版社，2009。

吳珊珊、李永昌：〈中國古代海洋觀的特點與反思〉，《海洋開發與管理》2008 年第 12 期，第 15-16 頁。

吳征宇：〈海權的影響及其限度——阿爾弗雷德‧塞耶‧馬漢的海權思想〉，《國際政治研究》
　　2008 年第 2 期，第 97-107 頁。

X

夏蓓蓓：〈鄭芝龍：十七世紀的閩海巨商〉，《學術月刊》2002 年第 4 期，第 59-62 頁。
夏鼐：〈揚州拉丁文墓碑和廣州威尼斯銀幣〉，《考古》1979 年第 6 期；收入中國社會科學院考古
　　研究所編：《夏鼐文集》下卷，社會科學文獻出版社，2000，第 117-126 頁。
（美）希提（Philip K. Hitti）：《阿拉伯通史》、馬堅譯，商務印書館，1990。
席龍飛等主編：《中國科學技術史　交通卷》，科學出版社，2004 年。
冼劍民：〈南越國邊界考〉，《廣東社會科學》1992 年第 3 期，第 85-90 頁。
香港大學馮平山博物館、景德鎮市陶瓷考古研究所編：《景德鎮出土五代至清初瓷展》，香港大學
　　馮平山博物館，1992。
香港城市大學中國文化中心陶瓷下西洋研究小組編：《陶瓷下西洋——十三至十五世紀中國外銷瓷》，
　　香港城市大學出版社，2003。
香港城市大學中國文化中心陶瓷下西洋研究小組編：《陶瓷下西洋——早期中葡貿易中的外銷瓷》，
　　香港城市大學出版社，2010。
徐明德：〈論十六世紀浙江雙嶼港國際貿易市場〉，《海交史研究》1987 年第 1 期，第 14-24 頁。

Y

（法）雅克‧布羅斯（Jacques Brosse）：《發現中國》，耿昇譯，山東畫報出版社，2002。
（葡）雅依梅‧科爾特桑（J. Cortesao）：《葡萄牙的發現》6 卷本，王華峰等譯，中國對外翻譯出
　　版公司，1996。
嚴敦杰：〈牽星術——我國明代航海天文知識一瞥〉，《科學史集刊》9，科學出版社，1966，第
　　77-88 頁。
楊雨蕾：〈韓國所見《兩儀玄覽圖》〉，《文獻》2002 年第 4 期，第 273 頁。
楊仁愷：〈明代繪畫藝術初探〉，載《中國美術五千年》第 1 卷，人民美術出版社等聯合出版，
　　1991，第 325 頁。
楊仁愷：《國寶沉浮錄——故宮散佚書畫見聞考略》，上海古籍出版社，2007。
楊國楨：《閩在海中》，江西高校出版社，1998。
葉喆民：〈義大利所藏中國古陶瓷考察記略〉，《故宮博物院院刊》2000 年第 3 期，第 11-12 頁。
葉文程：《中國古外銷瓷研究論文集》，紫禁城出版社，1988，第 337 頁。
（義）伊拉里奧‧菲奧雷（Hilario Fiore）：〈畫家利瑪竇〉，白鳳閣、趙洋仲譯：《世界美術》
　　1990 年第 2 期，第 26-27 頁。
（義）伊拉里奧‧菲奧雷：〈畫家利瑪竇與〈野墅平林圖〉〉，楊仁愷主編《遼寧省博物館藏寶錄》，
　　上海文藝出版社／香港三聯書店，1994，第 152-153 頁。
尹吉男：〈明代宮廷畫家謝環的業餘生活與仿米氏雲山繪畫〉，《藝術史研究》第九輯，中山大學
　　出版社，2007，第 103 頁。
尹吉男：〈關於淮安王鎮墓出土書畫的初步認識〉，《文物》1988 年第 1 期，第 67 頁。

Z

張先清：〈17世紀歐洲天主教文獻中鄭成功家族故事〉，《學術月刊》2008年第3期，第139-140頁。

張榮、劉義杰：〈《順風相送》校勘及編成年代小考〉，《國家航海》第三輯，上海古籍出版社，2012，第78-96頁。

張增信：〈十六世紀前期葡萄牙人在中國沿海的貿易據點〉，《中國海洋發展史論文集》卷二，臺北，1986，第75-104頁。

張增信：《明季東南中國的海上活動》上編，臺北私立東吳大學中國學術著作資助委員會，1988。

張文：〈了解非洲誰占先？——《大明混一圖》在南非引起轟動〉，《地圖》2003年第3期，第7-15頁。

張文德：〈《明史西域傳》失剌思考〉，葉奕良主編：《伊朗學在中國論文集》第三集，北京大學出版社，2003，第263頁。

張文德：《明與帖木兒王朝關係史研究》，中華書局，2006。

鄭錫煌：〈中國古代地圖學史大事記‧清代〉，曹婉如等編：《中國古代地圖集》清代卷，文物出版社，1997。

鄭廣南：《中國海盜史》，華東理工大學出版社，1998。

鄭和下西洋六百週年籌備領導小組等編：《雲帆萬里照重洋》，中國社會科學出版社，2005。

鄭鶴聲、鄭一鈞編：《鄭和下西洋資料匯編》，海洋出版社，2005。

鄭一鈞：〈關於「南京靜海寺鄭和下西洋殘碑」〉，胡廷武、夏代忠主編：《鄭和史詩》，雲南人民出版社，2005，第106頁。

鄭培凱、李果等：〈香港西北區出土陶瓷的文化意義〉，《東方博物》2012年第4期，第23-34頁。

鄭培凱主編：《逐波泛海——十六至十七世紀中國陶瓷與物質文明擴散國際學術研討會論文集》，香港城市大學中國文化中心，2012。

（法）趙冰、羅伯特‧卡爾特爾等：〈阿拉伯聯合酋長國哈伊馬角酋長國佐爾法‧努杜德港口遺址出土中國瓷片〉，《文物》2014年第11期，第33-46頁。

趙曉華：〈明利瑪竇野墅平林圖屏幅〉，《遼寧省博物館藏書畫著錄‧繪畫卷》，遼寧美術出版社，1998。

趙振武、丁承樸：《普陀山古建築》，中國建築工業出版社，1997。

中央美術學院美術系編：《中國錦緞圖案》，人民美術出版社，1953，第1-24頁。

中共廣州市委宣傳部、廣州市文化局編：《廣州文化遺產》文獻輯要卷，文物出版社，2008。

周敏民編：《地圖中國：圖書館特藏》，香港科技大學圖書館，2003。

周振鶴：〈西洋古地圖裡的中國〉，載周敏民編：《地圖中國：圖書館特藏》，香港科技大學圖書館，2003，第1-2頁。

周鈺森：《鄭和航路考》，臺北海運出版社，1959。

周紹良：〈明永樂年間內府刊本佛教經籍〉，《文物》1985年第4期，第39-41頁。

周永衛：〈西漢前期的蜀商在中外文化交流史上的貢獻〉，《史學月刊》2004年第9期，第37-38頁。

周運中：〈論《武備志》和《南樞志》中的《鄭和航海圖》〉，《中國歷史地理論叢》2007年第2輯，第146頁。

周運中：〈鄭和下西洋阿拉伯海航線考〉，《暨南史學》第七輯，廣西師範大學出版社，2007，第145-146頁。

周運中：〈《大明混一圖》中國部分來源試析〉，劉迎勝主編《《大明混一圖》與《混一疆理圖》研究——中古時代後期東亞的寰宇圖與世界地理知識》，鳳凰出版集團，2010，第100-119頁。

周運中：〈明初張璇下西洋卒於孟加拉國珍貴史料解讀〉，《南亞研究》2010 年第 2 期，第 123-133 頁。
周運中：〈牛津大學藏明末萬老高閩商航海圖研究〉，《文化雜誌》（澳門）2013 年夏季刊，第 1-22 頁。
周益鋒：〈「海權論」東漸及其影響〉，《史學月刊》2004 年第 4 期，第 39 頁。
莊國土：〈論 17—19 世紀閩南海商主導海外華商網路的原因〉，《東南學術》2001 年第 3 期，第 68 頁。
鄒愛蓮、霍啟昌編：《澳門歷史地圖精選》，文華出版社，2000。

西文論著

Ahmad, Sayyid Maqbul, "Cartography of al-Sharīf al-Idrīsī", in: *Harley/Woodward* 1992, pp. 156-174.

Allom, Thomas, *China: In a Series of Views, Displaying the Scenery, Architecture, and Social Habits, of that Ancient Empire*, London: Peter Jackson, Late Fisher, Son and Co., 1843.

Andaya, Leonard Y., *The World of Maluku: Eastern Indonesia in the Early Modern Period*, Honolulu: University of Hawaii Press, 1993, pp. 152-156.

Boerschmann, Ernst, Die Baukunst und Religiöese Kultur der Chinesen: Band I (P'ut'o Shan), Berlin: Druck und Verlag von Georg Reimer, 1911.

Boerschmann, Ernst, Die Baukunst und Religiöese Kultur der Chinesen, Band II (Gediacbtinistempel Tzé Táng), Berlin: Druck und Verlag von Georg Reimer, 1913.

Boerschmann, Ernst, *Baukunst und Landschaft in China: Eine Reise durch zwoelf Provinzen*, Berlin und Zuerich: Atlantis, 1923.

Boerschmann, Ernst, Chinesische Architektur, 2 Bande, Berlin: Verlag Ernst Wasmuth A-G, 1925.

Boerschmann, Ernst, *Picturesque China, Architecture and Landscape: A Journey through Twelve Provinces*, New York: Brentano's Inc., 1926.

Boerschmann, Ernst, Chinesische Baukeramik, Berlin: Albert Lüdtke Verlag, 1927.

Boerschmann, Ernst, Die Baukunst und Religiöese Kultur der Chinesen, Band III (Chinesische Pagoden), Berlin und Lepzig: Verlag von Walter de Gruyter & Co., 1931.

Bosworth, C. E. and Bullet R., *The New Islamic Dynasties: A Chronological and Genealogical Manual*, Columbia University Press, 1996, p. 275.

Boxer, Charles R., *South China in the Sixteenth Century*, London: The Hakluyt Society, 1953.

Brook, Timothy J., *Mr. Selden's Map of China: Decoding the Secrets of a Vanished Cartographer*, New York, Bloomsbury, 2013.

Brown, Roxanna M., "Xuande-Marked Trade Wares and the 'Ming Gap'", *Oriental Art Magazine*, XLIII-2, 1997, pp. 2-6.

Brown, Roxanna M. and Sjostrand Stein, *Maritime Archaeology and Shipwreck Ceremics in Malaysia*, Kuala Lumpur: Department of Museum and Antiquities, 2004.

Brown, Roxanna M., *The Ming Gap and Shipwreck Ceramics in Southeast Asia: Towards a Chronology of Thai Trade Ware*, Bangkok: The Siam Society under Royal Patronage, 2009.

Carswell, John, *Blue and White: Chinese Porcelain around the World*, London: British Museum, 2000.

Clunas, Craig (ed), *Chinese Export Art and Design*, London: Victoria and Albert Museum, 1987.

Crick, Monlque, "The First Chinese Trade Ceranics Made to Order for the Portuguese Market"，《中國古代貿易瓷國際學術研討會論文集》，臺灣歷史博物館，1994，第 82-94 頁。

Goddio, Franck, Stacey Pierson et al., *Sunken Treasures: Fifteenth-century Chinese Ceramics from the Lena Cargo*, London: Periplus Publishing, 2000.

Goddio, Franck, *Treasures of The San Diego*, Rundfunk Berlin-Brandenburg, 2007.

Howe, Christopher, *The Origins of Japanese Trade Supremacy: Development and Technology in Asia from 1540 to the Pacific War*, Chicago: The University of Chicago Press, 1996, pp.11, 14-16.

Harley, John Brian/David Woodward (eds.), *The History of Cartography, vol.2, Book. 1: Cartography in the Traditional Islamic and South Asian Societies; Book. 2: Cartography in the Traditional East and Southeast Asian Societies*, Chicago: University of Chicago, 1992.

Hayes, James, "Archaeological Site at Penny's Bay, Lantau", *JHKAS*, XI, 1984-1985, pp. 95-97.

Hitti, Philip Khuri, *History of the Arabs*, London, Macmillan, 1936.

Ibn Battuta, *The Travels of Ibn Battuta A.D. 1325-1354*, vol. I-IV, trans. by H.A.R. Gibb, London, 1994.

Kerr, Rose, "16th and 17th Century Chinese Export Ceramics for the Middle East in the Victoria and Albert Museum", 鄭培凱主編：《逐波泛海──十六至十七世紀中國陶瓷外銷與物質文明擴散國際學術研討會論文集》，香港城市大學中國文化中心，2012，第 130-146 頁。

Krahl, Regina and Nurdan Erbahar, *Chinese Ceramics in the Topkapi Saray Museum, Istanbul: A Complete Catalogue*, London: Sotheby's Pubns., 1986.

Kockelberg, Iris, *Mercator: Exploring New Horizons*, Antwerp: Plantijn-Moretus Museum, 2012, pp. 95-99.

Lam, Peter Y. K., "Ceramic Finds of the Ming Period from Penny's Bay-An Addendum", *JHKAS*, XIII, 1989-1992, pp. 79-90.

Lin Li-Chiang, *The Proliferation of Images: The Ink-stick Designs and the Printing of the Fang-shih mo-p'u and the Ch'eng-shih mo-yuan*, Ph.D. Dissertation (Princeton University, 1998), pp. 202-204.

Lin Meicun and Ran, Zhang, "Zheng He's voyages to Hormuz: the archaeological evidence", *Antiquity 89*, London: Cambridge University Press, 2015, pp. 417-432.

Lion-Goldschmidt, Daisy, "Les porcelaines chinoises du palais de Santos", *Arts Asiatiques*, Extrait du tome XXXIX-1984, pp. 3-70.

Laufer, Berthold, "Chhristian Art in China", Mitteilungen des Seminars für Orientalische Sprachen, Berlin: In Kommission bei Walter de Gruyter [etc.], 1910.

Lochschmidt, Maria Fernanda, Chinesisches Blauweiß Exportporzellan Die portugiesischen Bestellungen vom Anfang des 16 Jahrhunderts bis 1722: Eine neue Chronologie mit Beiträgen zu Form und Dekor, Wien, im April, 2008.

Mahan, Alfred T., *The Influence of Sea Power Upon History: 1660-1783*, Boston: Little, Brown, 1890.

Maqbul, Ahmad, S., "Cartography of al-Sharīf al-Idrīsī", J. B. Harley and D. Woodward, *The History of Cartography vol. 2 Book 1: Cartography in the traditional Islamic and South Asian Societies*, Chicago: University of Chicago Press, 1992, pp. 156-174.

MacKenzie, D. N., *A Concise Pahlavi Dictionary*, London: Oxford University Press, 1971.

Mills, John Vivian Gottlieb (tr. and ed.), *Ying-Yai Sheng lan: The Overall Survey of the Ocean's Shores (1433), by Ma Huan*, Cambridge: Hakluyt Society, 1970 (rprt. Bangkok: White Lotus, 1997).

觀滄海

Mote, Frederick Wade/Twitchett, Denis Crispin(eds.), *The Cambridge History of China, Vol. 7: The Ming Dynasty (1368-1644), Part 1*. Cambridge: Cambridge University, 1988.

Olsin, Benjamin B., "A Sixteenth Century Portuguese Report concerning an Early Javanese World Map", *Hist. cienc. saude-Manguinhos*, vol. 2, no. 3 Rio de Janeiro Nov./Feb. 1996, pp. 97-104.

Pelliot, Paul, "La Peinture et la Gravure Européennes en Chine au Temps de Mathieu Ricci", *T'oung Pao 20*, 1921, pp. 1-18.

Pelliot, Paul, "Le Hoja et le Sayyid Husain de L'histoire de Ming", *T'oung Pao*, 39, 1949, pp. 193-208.

Pierson, Stacey, Crick, Monique and Goddio, Franck: *Sunken Treasures of the Lena Cargo*, London: Periplus Publishing, 2000.

Rinaldi, Maura, *Kraak Porcelain: A Moment in the History of Trade*, London: Bamboo Publishing, 1989.

Pirazzoli-t'Serstevens, Michéle, "La céramique extr me-orientale a Julfar dans l'émirat de Ra's al-Khaimah (XIV-XVI siècle), indicateur chronologique, économique et culturel", *Cabier* No.4, Centre de Pekin, 2003, pp. 3-11.

Pope, John Alexander, *Chinese Porcelains from the Ardebil Shrine*, Washington: Freer Gallery of Art, 1956.

Priestman, Seth M. N., *Settlement & Ceramics in Southern Iran: An Analysis of the Sasanian & Islamic Periods in the Williamson Collection*, Durham University: M.A. Thesis, 2005.

Roemer, H. R., "The Safavid Period", in: *Cambridge History of Iran*, vol. VI, Cambridge University Press, 1986, p. 339.

Shufeldt, Robert W., *1881-1887: Contributions to Science and Bibliographical Résumé of the Writings of R. W. Shufeldt*, New York, 1887.

Sezgin, Fuat, *Mathematische Geographie und Kartographie im Islam und ihr Fortleben im Abendland*, 4 vols. Frankfurt: Institut für Geschichte der Arabisch-Islamischen Wissenschaften an der Johann Wolfgang Goethe-Universitat, 2000-2007.

Stevenson, Edward Luther, *Willem Janszoon Blaeu, 1571-1638: A Sketch of His Life and Work, with an Especial Reference to His Large World Map of 1605*, New York: De Vinne Press, 1914.

Stiffe, A. W., "The Island of Hormuz (Ormuz)", *The Geographical Magazine* 1 (London, 1874), pp. 12-17.

Sjostrand, Sten, "The Xuande wreck ceramics", *Oriental Art Magazine*, XLIII-2, 1997, pp. 7-14. Sjostrand, Sten and Sharipah Lok Lok bt. Syed Idrus, *The Wanli Shipwreck and its Ceramic Cargo*, Department of Museum Malaysia, 2007.

Suarez, Thomas, *Early Mapping of Southeast Asia*, Hong Kong: Periplus Editions (HK) Ltd., 1999. Tomalin, Victoria et al., "The Thaikkal-Kadakkarappally Boat: an Archaeological Example of Medieval Shipbuilding in the Western Indian Ocean", *The International Journal of Nautical Archaeology*, 33-2, 2004, pp. 253-263.

Walter, Lutz (ed.), *Japan: A Cartographic Vision: European Printed Maps from the Early 16th to the 19th Century*, Munich: New York: Prestel Verlag, 1994.

Wiesner, Ulrieh, *Chinesische Keramik auf Hormuz: Spuren einer Handelsmetropole im Persischen Golf*, Cologne: Museum für Ostasiatische Kunst, Kleine Monographien 1, 1979.

Whitehouse, David, "Chinese Porcelain in Medieval Europe", *Medieval Archaeology*, vol. 16, 1973.

Yu, Chun-Fang, *Kuan-yin: the Chinese Transformation of Avalokitesvara*, New York: Columbia University Press, 2001.

日文論著譯著

本田實信：《回回館譯語》，胡軍譯，中央民族大學東干研究所，2005，第 241-242 頁。

宮紀子：〈《混一疆理歷代國都之図》への道〉，《モンゴル時代の出版文化》，名古屋大學出版會，2006。

久時：〈鉄砲記〉，《南浦文集》卷上，寬永二年（1625 年）。

鈴木敬：《明代絵畫史研究──浙派》，東京大學出版社／木耳社，1968。

木宮泰彥：《日中文化交流史》，胡錫年譯，商務印書館，1980。

青山定雄：〈元代の地図について〉，《東方学報》第 8 卷，東京，1938。

三上次男：《陶瓷之路》，李錫經等譯，文物出版社，1984。

杉村棟編：《世界美術大全集 東洋編》第 17 卷，東京：小學館，1999。

杉山正明：〈東西の世界図が語る人類最初の大地平〉，《大地の肖像──絵図・地図が語る世界》，京都大學學術出版會，2007。

藤田豐八：〈葡萄牙人占據澳門考〉，何健民譯，《中國南海古代交通叢考》，上海：商務印書館，1936。

小葉田淳：《中世南島通交貿易史の研究》，東京：刀江書院，1968。

岩生成一：〈明末日本僑寓支那人甲必丹李旦考〉，《東洋学報》第 23 卷第 3 號，東京，1936。

原田尾山纂：《日本現在支那名畫目錄》，東京：大塚巧芸社，昭和十三年（1938 年）。

後　記

　　2013 年，在澳門文化局的資助下，我們開啟「大航海時代中外文化交流史」課題研究。這項研究的主要目的是將考古學引入中外關係史研究，為大航海時代中外文化交流史研究開闢一個新的天地。為此，我們多次帶研究生赴廣東上川島、浙江舟山六橫島，乃至波斯灣霍爾木茲島實地考察；同時，考察倫敦大英博物館、巴黎吉美博物館、紐約大都會藝術博物館所藏大航海時代文物藏品。這項研究相繼得到香港城市大學中國文化中心主任鄭培凱教授、中國國家文物局水下文化遺產保護中心水下考古研究所姜波所長的大力支持，最終得以圓滿完成。承蒙澳門文化局將本書納入 2016 年度出版計畫，我們又根據出版社要求對書稿進行修改和加工整理。北京外國語大學金國平教授對本書修改提出許多具體意見，北京大學考古文博學院研究生黃瑩、達吾力江、郝春陽、劉瑞等同學幫助核對資料、校對文字、加工圖片，一併在此表達我由衷的感謝。由於本書討論的問題錯綜複雜，我們不可能「畢其功於一役」，書中的錯誤自然要由作者負責。

2016 年 2 月 13 日於京城藍旗營寓所

歷史大講堂

觀滄海：青花瓷、鄭芝龍與大航海時代的文明交流

2021年3月初版　　　　　　　　　　　　　　　　定價：新臺幣520元
有著作權‧翻印必究
Printed in Taiwan.

著　　　者	林	梅	村		
叢書主編	王	盈	婷		
校　　　對	蘇	淑	君		
內文排版	林	婕	瀅		
封面設計	兒		日		

出　版　者　聯經出版事業股份有限公司　　副總編輯　陳　逸　華
地　　　址　新北市汐止區大同路一段369號1樓　　總編輯　涂　豐　恩
叢書主編電話　（02）86925588轉5316　　總經理　陳　芝　宇
台北聯經書房　台北市新生南路三段94號　　社　長　羅　國　俊
電　　　話　（02）23620308　　發行人　林　載　爵
台中分公司　台中市北區崇德路一段198號
暨門市電話　（04）22312023
台中電子信箱　e-mail：linking2@ms42.hinet.net
郵政劃撥帳戶第0100559-3號
郵撥電話　（02）23620308
印　刷　者　文聯彩色製版印刷有限公司
總　經　銷　聯合發行股份有限公司
發　行　所　新北市新店區寶橋路235巷6弄6號2樓
電　　　話　（02）29178022

行政院新聞局出版事業登記證局版臺業字第0130號

本書如有缺頁，破損，倒裝請寄回台北聯經書房更換。　　ISBN　978-957-08-5703-0（平裝）
聯經網址：www.linkingbooks.com.tw
電子信箱：linking@udngroup.com

國家圖書館出版品預行編目資料

觀滄海：青花瓷、鄭芝龍與大航海時代的文明交流/
林梅村著 . 初版 . 新北市 . 聯經 . 2021年3月 . 272面 .
19×26公分（歷史大講堂）
ISBN　978-957-08-5703-0（平裝）

1.東西方關係　2.文明史　3.航海

630.9　　　　　　　　　　　　　　　　　110001074